U0492519

多双边贷款
项目案例集

财政部国际财金合作司 ◎编

中国财经出版传媒集团
经济科学出版社
Economic Science Press

图书在版编目（CIP）数据

多双边贷款项目案例集／财政部国际财金合作司编．—北京：经济科学出版社，2022.3

ISBN 978-7-5218-3301-0

Ⅰ．①多… Ⅱ．①财… Ⅲ．①国际贷款-贷款项目-案例-中国 Ⅳ．①F832.6

中国版本图书馆CIP数据核字（2021）第255835号

责任编辑：刘 莎 李 雪 袁 溦
责任校对：靳玉环
责任校对：王世伟

多双边贷款项目案例集

DUOSHUANGBIAN DAIKUAN XIANGMU ANLIJI

财政部国际财金合作司 编

经济科学出版社出版、发行 新华书店经销

社址：北京市海淀区阜成路甲28号 邮编：100142

总编部电话：010-88191217 发行部电话：010-88191522

网址：www.esp.com.cn

电子邮箱：esp@esp.com.cn

天猫网店：经济科学出版社旗舰店

网址：http://jjkxcbs.tmail.com

北京鑫海金澳胶印有限公司

787×1092 16开 24印张 420000字

2022年3月第1版 2022年3月第1次印刷

ISBN 978-7-5218-3301-0 定价：118.00元

（图书出现印装问题，本社负责调换。电话：010-88191510）

版权所有 版权必究 打击盗版 举报热线：010-88191661

QQ：224291300 营销中心电话：010-88191537

（电子邮箱：dbts@esp.com.cn）

序言 Preface

改革开放是我国的基本国策，积极利用外资是改革开放事业的重要内容。我国与国际金融组织和外国政府及贷款机构开展的多双边贷款合作自1979年开始以来，在党中央、国务院的统一领导和"积极、合理、有效"利用外资方针指引下，立足于国家重大发展战略和推进经济社会稳定发展，通过不懈努力，各项工作取得显著成绩。截至2021年底，我国利用多双边贷款累计承诺额1 878亿美元，支持贷款项目3 840个，项目遍及全国31个省、自治区、直辖市，项目内容涉及基础设施建设、工农业发展、应对气候变化、生物多样性保护、节能环保、农村扶贫、职业教育、医疗卫生、灾后重建等众多经济建设和社会发展领域。多双边贷款合作在借用国外优惠资金、引进先进技术和设备的同时，积极学习吸收国际先进理念和经验，并与国内具体实践相结合，对深化改革开放、促进制度创新、加快社会经济建设、推进对外经济贸易和财金关系发展起到了重要而独特的作用。

《多双边贷款项目案例集》通过对2000年以来实施的多双边贷款项目进行筛选，选取了35个具有代表性的项目案例汇编成册。书中案例梳理剖析了近年来我国多双边贷款项目的经验做法和创新举措，为今后各级政府主管部门和项目单位规划设计和实施贷款项目提供参考借鉴；分析总结了多双边贷款项目在推动我国改革开放和经济社会发展中的重要作用，对下一阶段如何继续利用好多双边贷款资金提出思考和建议。《多双边贷款项目案例集》涵盖了目前与我国进行贷款合作的国际金融组织和外国政府及贷款机构，内容详实丰富，体现了多双边贷款工作互惠互利、合作共赢的实际成效，为组织开展相关国内外宣传工作提供了较好素材。

习近平总书记指出,按照新发展理念推动我国经济社会发展,是当前和今后一个时期我国发展的总要求和大趋势。新形势下,继续积极有效开展多双边贷款合作,是我国财政部门深入贯彻新发展理念,将国内发展与国际合作相结合,充分利用"两个市场、两种资源"促进新发展阶段建设的有效措施和具体体现。下一阶段的多双边贷款合作工作,需要继续拓宽和挖掘合作领域与合作机会,不断提高贷款项目创新性、示范性和知识合作水平,助力高质量发展。

2022年3月15日

目 录
Contents

▶ **北京市**
　1. 德国复兴信贷银行贷款京北植被恢复项目　⋯　*2*
　2. 亚洲基础设施投资银行贷款北京空气质量改善项目　⋯　*14*

▶ **天津市**
　3. 亚洲开发银行贷款天津海河污染控制和生态恢复项目　⋯　*23*

▶ **河北省**
　4. 亚洲开发银行和德国复兴信贷银行贷款河北大气污染防治项目　⋯　*34*

▶ **山西省**
　5. 世界银行贷款山西煤层气开发与利用项目　⋯　*45*

▶ **辽宁省**
　6. 亚洲开发银行贷款辽宁小城镇综合发展项目　⋯　*54*

▶ **吉林省**
　7. 奥地利贷款吉林汽车工业高等专科学校项目　⋯　*63*

▶ **黑龙江省**
　8. 亚洲开发银行贷款黑龙江三江平原湿地保护项目　⋯　*73*

▶ **上海市**
　9. 世界银行贷款上海建筑节能和低碳城区建设项目　⋯　*83*

▶ **江苏省**
　10. 世界银行贷款江苏淮河流域洼地治理工程项目　⋯　*92*

▶ **浙江省**
　11. 法国开发署贷款浙江生物多样性保护和发展利用项目　⋯　*104*
　12. 世界银行贷款浙江宁波城镇生活废弃物循环利用项目　⋯　*115*

目录 Contents

▶ 安徽省
13. 亚洲开发银行贷款安徽巢湖水环境治理项目　　…　*126*

▶ 福建省
14. 世界银行贷款福建湄洲湾航道扩建项目　　…　*138*

▶ 江西省
15. 世界银行贷款江西三清山机场建设项目　　…　*148*

▶ 山东省
16. 世界银行贷款山东生态造林项目　　…　*157*

▶ 河南省
17. 日本国际协力银行贷款河南造林项目　　…　*167*

▶ 湖北省
18. 法国开发署贷款湖北武汉公共建筑节能改造项目　　…　*180*

▶ 湖南省
19. 国际农业发展基金贷款湖南中西部地区农村综合发展项目　　…　*190*
20. 世界银行贷款湖南政府性债务管理能力提升项目　　…　*199*

▶ 广东省
21. 世界银行贷款广东农业面源污染治理项目　　…　*212*

▶ 广西壮族自治区
22. 新开发银行贷款广西崇左生态水系修复工程项目　　…　*220*

▶ 海南省
23. 欧洲投资银行贷款海南东方感城风电一期项目　　…　*228*

▶ 重庆市
24. 世界银行贷款重庆统筹城乡发展与改革二期卫生项目　　…　*238*

▶ 四川省
25. 法国开发署贷款四川城镇基础设施灾后重建项目 ... *249*

▶ 贵州省
26. 世界银行贷款贵州文化与自然遗产保护项目 ... *261*

▶ 云南省
27. 世界银行贷款云南学前教育发展实验项目 ... *271*
28. 亚洲开发银行贷款云南洱海高原湖泊水环境综合治理项目 ... *281*

▶ 陕西省
29. 亚洲开发银行贷款陕西能效提升与环境促进项目 ... *295*

▶ 甘肃省
30. 亚洲开发银行贷款甘肃天水城市基础设施发展项目 ... *307*

▶ 宁夏回族自治区
31. 以色列政府贷款宁夏农田水利建设项目 ... *321*

▶ 新疆维吾尔自治区
32. 德国复兴信贷银行贷款新疆乌鲁木齐轨道交通1号线项目 ... *331*
33. 亚洲开发银行贷款新疆阿克苏综合城市发展和环境改善项目 ... *342*

▶ 农业农村部
34. 亚洲开发银行贷款农业综合开发长江绿色生态廊道项目 ... *353*

▶ 国家开发投资集团
35. 亚洲开发银行贷款京津冀大气污染防治项目 ... *363*

▶ 宣传片及部分项目展示 ... *373*

天津市

河北省

北京市

1. 德国复兴信贷银行贷款京北植被恢复项目

一 项目介绍

（一）基本信息

本项目建设内容包括森林经营和水体恢复相关配套设施（见图1-1、表1-1）。

图1-1 京北植被恢复项目

资料来源：北京市财政局。

表1-1 项目基本信息

项目名称	德国复兴信贷银行贷款京北植被恢复项目
所在地区	北京市、河北省
行业领域	林业、水务
项目参与方	财政部、国家林业和草原局、德国复兴信贷银行（KfW）、北京市发展和改革委员会、北京市财政局、北京市审计局、北京市园林绿化局、北京市水务局，以及北京市密云区、怀柔区、昌平区、延庆区园林绿化局和水务局，河北省丰宁满族自治县林业局和水务局，德国农业技术咨询公司（GFA）、项目监测中心（北京市林业勘察设计院）
项目主要内容	（1）制订水源保护区近自然生态景观恢复综合方案（规划）；（2）通过开展近自然森林经营，提高项目区水源保护林的质量和功能；（3）通过实施小型水体生态恢复工程，使项目区小型水体的生态功能得到恢复；（4）详细制定并推进生态系统服务可持续融资的创新机制；（5）通过签订和实施项目合作协议等方式，促进基于密云水库流域水源保护方面的跨地区和跨部门合作；（6）提高项目利益相关方在近自然景观恢复规划和实施方面的能力
项目当前阶段	已完工
多双边贷款机构	德国复兴信贷银行（KfW）
贷款所属类型	技术援助贷款

（二）项目融资信息

本项目德方资金共计500万欧元，其中贷款额为250万欧元，赠款250万元欧元，截至目前已全部到账完成。

（三）项目评级信息

本项目共进行了3次评估，分别由项目咨询机构德国农业技术咨询公司（GFA）、德国复兴信贷银行（KfW）和北京市财政局组织实施。

德国农业技术咨询公司（GFA）和德国复兴信贷银行（KfW）分别于2014年9月和2016年3月组织国内外专家对项目进行评估，均采用国际上通用的OECD（经合组织）项目评估法。评估涵盖相关性、效率、效果、影响和可持续性5个方面，分为6级（1级最好，6级最差）。两次评估得出了一致结论，即相关性、效率、效果和影响均为1级，可持续性为2~3级，总体评价为优秀。

2017年12月，北京市财政局组织专家完成了本项目的绩效评价，综合绩效评价为"高度成功"，考核结果为优秀（90分）。其中，相关性准则的评价等级为"高度相关"，效率准则的评价等级为"效率非常高"，效果准则的评价等级为"非常满意"，可持续性准则的评价等级为"可持续"。

二 项目贷款的实操流程

（一）项目准备

2004年12月，中德两国签署了政府间财政合作协议；之后，北京市园林绿化局向德国复兴信贷银行提交了"京北风沙危害区植被恢复与水资源保护林可持续经营"项目建议书。以此为基础，北京市园林绿化局准备了项目的前期可行性研究报告并报市发改委；2005年市发改委批复了《关于京北风沙危害区植被恢复与水源保护林可持续经营项目建议书（代可行性研究报告）的批复》（京发改〔2005〕2767号）；2006年11月至2007年1月，由GFA咨询公司和Silva Verde公司委派专家组成的可行性研究小组到项目区进行考察，帮助北京市园林绿化局修改和完善其项目建议书。2007年3月至4月，德国复兴信贷银行评估小组访问中国，对项目进行了评估，与北京市园林绿化局会谈，就项目的目标、措施、成果、预算和资金来源，以及项目咨询和德方资金支付程序等签署了会议纪要；2007年下半年，依照国内项目管理的有关规定，北京市园林绿化局组织有关技术人员完成了项目初步设计；2008年1月，市发改委做出《关于京北风沙危害区植被恢复与水源保护林可持续经营项目初步设计概算的批复》（京发改〔2008〕28号）；2008年8月，财政部与德国复兴信贷银行（KfW）双方代表签署了《中德财政合作"京北风沙危害区植被恢复与水源保护林可持续经营"项目贷款财政协议》；2009年4月，北京市园林绿化局与德国农业技术咨询公司签署了咨询合作协议，专家正式开始工作，项目正式启动；2017年5月，收到德方最后一笔报账回款，至此完成全部包括德方赠款及贷款资金共计500万欧元的提款报账工作，提款报账工作较财政协议约定时间提前一年圆满完成。

（二）项目实施与执行

本项目从开始就制定了项目管理办法以及财务管理办法，之后北京市园林绿化局与北京市水务局、北京市园林绿化国际合作项目管理办公室与丰宁县林业局签署了项目合作协议，项目的组织和管理按照这些管理办法来实施。此外，项目的实施还按照项目的财政协议、单独协议、转赠协议、转贷协议约定的内容进行。同时，本项目管理依照相关招投标要求和合同进行。

1. 组织管理

项目执行机构是北京市园林绿化局，5个项目区县分别设立了项目办。在北京市林业勘察设计院建立了项目监测中心。北京市水务局是小型水体恢复子项目的实施机构。北京市水土保持工作总站和各区县水务局都指派了相应人员参与项目。在市级和县级都设立有项目领导组。

2. 技术咨询

德国农业技术公司负责咨询和培训。其目的是加强项目执行机构中各级的组织、管理和技术能力。咨询支持的领域范围如职权范围中规定，职权范围将构成咨询合同的组成部分。咨询服务将以首席技术咨询进行间歇性短期访问的形式提供，并以各个专业的国际和国内短期专家作为补充。咨询的主要任务是在如下方面向项目执行机构提供支持：（1）财务和行政项目管理；（2）参与式项目实施；（3）森林经营规划和实施；（4）小型水体恢复；（5）质量数量控制和验收。

3. 招标与合同

本项目设计签署了多种合同，每种类型都有合同模板。区（县）项目办与村委会签署合同，各村委会与护林员签署合同。如果要雇用专业团队，则合同由区（县）项目办、乡镇森林站或村委会与这些专业团队签署。此外，车辆采购、水体恢复的规划设计施工，均采用招投标方式确定。

4. 资金管理

项目的中方配套资金包括北京市发展和改革委员会提供的2 100万元人民币以及北京市水务局提供的1 109万元工程配套。北京市发展和改革委员会将中方配套资金拨给市项目办，市项目办再将资金拨给区（县）项目办，区（县）项目办负责实施。在市项目办进行审核批准之后，区（县）项目办可付款。小型水体施工的资金由北京市水务局拨给各县级。市项目办和市水务局共同对整个付款程序负责。在验收后，市项目办将收集付款凭证，并编制报账文件再向赠款申请资金。

5. 跨地区跨部门合作

河北省丰宁县被选为了最适合的试点区，因为它不仅位于密云水库流域内，还与北京市接壤，因此在该县实施了中德项目。北京市园林绿化局同意将丰宁项目县作为北京市项目县并且同等对待，如使用北京市内一样的项目程序和费用定额。经专家组鉴定，河北省的水源保护林实施中采用了统一的技术和财务标准程序，这种标准运行机制在丰宁县得到了成功验证。

6. 项目检查验收

项目工程分为森林经营和水体恢复两部分。水体恢复工程完工后于2012年12月一次性验收，森林经营工程自2010~2016年，每年对当年完成的工程检查验收。两个工程的检查验收均分三步或三级进行，首先由项目区县组织专家验收，其次由市级项目管理办公室组织专家（含项目监测中心）验收，最后由德方组织的中外专家组验收。此外，在施工全周期内，采用监理旁站和技术人员现场监督方式对项目活动进行检查。每次德国林业和水体咨询专家来京，均在项目区进行技术指导和检查。

7. 能力建设

据不完全统计，项目共实施了6 716个学员日。市项目办共执行了83个培训日，相当于3 180个学员日。区（县）项目办实施了关于林业项目活动的63次培训。由市项目办和区（县）项目办组织、由赠款报账费用的培训涉及了1 080名学员或包括了2 884个培训日（女性学员占15%）。培训主题包括林业和小型水体恢复领域的项目规划、管理和技术培训。国际培训包括两次德国考察学习（共涉及27名参与者）、还有一次由市水务局出资的6人国外考察学习。此外，还计划2014年11月安排12名关键的项目技术人员到德国进行一次实习。市项目办执行了5次国内考察学习，共包括49名参与者，考察目的地包括宁夏、贵州、甘肃、云南和内蒙古，考察目的是对中德项目中获得的经验进行交流和提高。区（县）项目办对护林员提供了许多培训。其中大多数是在岗培训，而且并非由项目资金专项出资。估计共有2 420名护林员接受过近自然森林经营管理和原理方面的培训。还对护林员队长进行了一次专项课题培训，课题是如何对目标树和干扰树进行专业标识以及如何对间伐进行监管。

8. 传播和宣传

项目从事了多项宣传和传播活动，具体包括印刷1 200份双语项目手册，出版62期项目时事通讯，主持接待国际和国内专家、政府官员和技术人员的50次项目考察（共计800人次）。小型水体恢复和近自然森林经营的手册已基本完成，有关项目程序和成果专业的视频纪录片也已将近完工。市项目办有关此项目的推广报告已在中国知名新闻电视频道播放，在中国主要报纸上发表刊登，并在项目现场的战略性位置都设立了信息公告板。

三、项目贷款的特点

（一）本项目贷款体现的战略

1. 国别行业发展战略

德国复兴信贷银行是全球气候和环境保护等领域最大的融资者之一，自20世纪70年代以来一直是德国绿色资金的主要提供者，其在发展绿色金融和促进可持续发展中发挥着基础性作用。本项目对保护环境和气候、促进可再生资源的发展有积极作用，且其符合德国复兴信贷银行绿色金融的理念。

2. 本贷款项目的重点战略

本项目的实施改善和维护了密云水库流域森林和小型水体以水源保护为主的生态功能，制定并推进生态系统服务可持续融资的创新机制，极大地改善了水体的自我恢复和生态保育功能。这从根本上符合京冀的可持续发展理念，对首都地区的水源地进行了有效保护。

（二）本项目贷款的主要特点

本项目贷款的借款人为北京市园林绿化局，转贷机构为中国进出口银行，由北京市财政局出具了还款保证书，承诺如借款人未能根据转贷协议按期如数偿付转贷协议项下到期全部债务，北京市财政局保证接到通知后30个工作日内履行连带保证责任。现本项目贷款已纳入北京市政府存量债务进行管理。

根据协议规定，本项目贷款每年支付未拨付贷款金额的0.25%作为义务承诺费，义务承诺费的计算时期应从财政协议签署后三个月时算起，到德方贷款资金拨付完毕时结束。贷款方每年支付0.75%的贷款利息。贷款自2018年12月30日开始偿还本金，每年6月30日和12月30日分两次偿还本金及利息，至2048年6月30日偿还完全部贷款。贷款资金的支付采取报账制，项目执行机构垫付全额资金，项目内容通过验收后，报请德国复兴信贷银行从项目资金里付还，还款数额以人民币为准。提款报账申请书须有项目执行机构，转贷机构（中国进出口银行）、贷款管理机构（北京市财政局）、项目代理机构（北京国际贸易公司及中国机械设备进出口总公司）共同签名。

四 项目的产出与成效

（一）项目主要产出

1. 实物类产出

（1）森林经营。在5个项目区（县）32个乡镇104个村，按照引进德国的先进近自然森林经营理念和项目形成的技术标准系列，编制了65个近自然森林经营规划（参与式规划），并按规划完成了森林经营工程15.2万亩[①]（超过15万亩的计划任务）。

（2）水体恢复。引进德国先进的小型水体生态恢复理念和技术，按照项目编制的小型水体生态恢复工程规划和设计，在5个区（县）完成7个小型水体（延庆区上水沟和西沟里小流域、昌平区王家园和花果山小流域、密云区黄峪口小流域和怀柔区北宅小流域，以及河北丰宁满族自治县兆茨榆沟小流域）的生态修复工程103.7千米（超过100千米的计划任务）。

2. 非实物类产出

（1）技术咨询。共完成了8位德国专家和12位中方专家的项目技术咨询工作，完成21份专家咨询报告及项目相关技术标准。

（2）技术培训。共组织了80余次约3 500人次的技术培训（室内培训），内容包括森林经营规划和施工、小型水体生态恢复、项目管理软件使用、小型商业计划、项目管理等。

（3）项目宣传。编发项目动态和短消息52篇，在《外事与港澳通讯》报道5篇，在《中国绿色时报》报道3篇。此外，编制印刷了中英文项目折页4 000余份。

（二）项目主要成效

1. 对项目所在地的影响

（1）项目区村民的参与意识得到提升。

通过工程参与式管理，当地群众积极参与到本项目工程决策、实施等各个环节，极大地激发了利益相关方的责任感，当地村民的主人翁意识明显得到体现，参与项目实施的热情高涨。

（2）项目区民生得到明显改善。

当地村民从参与本项目的工程实施等工作中获得了劳务收入，工程修筑了桥梁、道路，方便了村民出行，居民生计得到改善。据统计，直接参与工程实施的农民数量约为6 075人，平均每人获得劳务收入4 000元，能占到其全年收入的30%。

[①] 为方便说明，本书中采用非法定官方面积单位"亩"，1亩≈0.067公顷。

村民将修剪的树枝作为薪柴，减少的打柴对森林的破坏。同时，通过改善水体生态环境，营造了开展生态旅游等活动的有利条件。项目区30%的村民因环境条件改善而办起了民俗旅游和生态旅游，村民的自我发展能力得到提升。

2. 对项目所属行业的影响

本项目的实施，使小型水体生态恢复工程的7条小流域的面貌产生了明显变化，工程周边的生态环境显著改善。提升了小流域水体质量，水体的自我恢复和生态保育功能得到改善。实施森林经营工程后，林分结构得到改善，林木生长明显加快，林下生物多样性增加。主要表现在林木胸径增长加快，林下乡土树种，如榆树、椴树、五角枫等天然更新增多。

总之，通过项目实施，增加了项目利益相关方实施国际合作项目的能力，尤其是丰富了与国际接轨的项目管理知识和经验、增加项目管理及执行单位在国际中的竞争力，对林业和水保行业的发展起到了理念引领和技术支撑的积极作用。

五 项目的总结思考

（一）项目创新亮点及进一步优化的思考

在项目实施过程中做了多项尝试和探索，主要包括以下几个方面：

1. 跨部门跨地区合作

基于密云水库流域的林业水利跨部门合作及北京市与河北省的跨地区合作是项目管理机制的创新，也是项目的特色之一。自项目实施初期，北京市园林绿化局与北京市水务局，北京市园林绿化国际合作项目管理办公室与河北省丰宁县分别签署了项目合作协议。林水、京冀在合作协议框架下开展项目活动，项目总体规划和相关标准，以及项目管理和技术措施在不同部门和地区间是完全一致的，这种合作方式取得了良好的效果，得到社会各界的充分认可。在京津冀一体化建设过程中，某些做法和思路值得借鉴和推广。

2. 林水综合规划

在同一个自然的小流域内，将森林经营工程（一般在流域内的山坡上）与水体（在流域内的沟道）恢复工程同时规划，林水措施协调配合，互相补充，最大限度地发挥林水及流域整体最大生态功能。这是第一次在一个规划内同时设计林业措施和水利措施的尝试，充分体现了规划的科学性与合理性。在未来的流域综合治理中，应加强和深化林业与水务行业间的合作。

3. 参与式规划

这是本项目采取的一种新的规划方式。参与式规划的核心是把发言权、分析权和决策权交给当地村民，项目人员只是协助者。在森林经营项目区确定和森林经营方案编制过程中，项目人员多次到村户调查、开会，征求村民意见，将村民的意见和想法融入森林经营活动中。通过参与式规划，收集到了项目村的社会经济情况、不同人群对项目的需求、村庄资源分布、林务员组织方式、村民农事活动季节历等。项目的65个森林经营规划均为参与式规划。当地农民不仅参与了森林经营规划活动和森林经营活动，而且也是项目结束后的森林的经营管理者，参与式规划是实现项目可持续发展的重要基础。

4. 成体系的技术规范

本项目引进自然森林经营和小型水体生态恢复理念和技术，通过项目工程的实施，凝练形成新的技术标准。包括《参与式森林经营规划指南》《近自然森林经营监测指南》等，涵盖从规划设计到检查验收全过程指导项目活动。此外，还根据项目成果于2012年凝练形成发布北京地方标准《近自然森林经营技术规程》，极大地推动了近自然森林经营技术在北京的推广和应用。同时，形成了小型水体生态恢复规划、设计和检查验收系列技术。在此基础上，于2014年编制并发布了北京市地方标准《河道生态修复技术指南》。

5. 加强能力建设

培训是提高项目人员综合能力、保证项目实施质量的重要措施，也是项目实施的前提。由于本项目活动均使用德国技术，因此，开展了大量的技术培训工作。本项目共组织技术培训20余次（其中国际培训3次，国内省外培训5次），培训内容包括参与式林业规划、提款报账、近自然森林经营、森林经营方案编制和监测等，以及小型水体生态修复技术、工程设计和检查验收等。

此外，本项目采用的提款报账制和通过银行或信用社直接将劳务费转至林务员账户也是项目的2个创新点。

6. 财务专用软件的开发及使用

项目单独建立财务核算系统，核算体系包括市项目办及各区县项目办，各项目单位单独进行核算由市项目办进行汇总。这种财务管理方式确保了财务管理的完整性，提高了财务效率，为项目管理提供了及时有效的运行保障。

（二）项目不足之处及进一步改进的思考

1. 森林经营技术的推广应用有待加强

由于本项目是试验性质的，某些技术是超前的，与国内现行的管理和技术不同，这实际上也是实施该项目的初衷。因此，项目形成的理念和技术目前只是部分推广，还未能大范围应用。如为了形成结构合理的林分结构，要以一定的强度伐除林中的干扰树。但是，由于与现行的采伐规定有矛盾和冲突，项目形成的技术标准不能在生产中全面推广应用。还需要不断加强项目理念技术的宣传，建立示范基地开展示范和培训，让林业系统和社会各界，尤其是在现行有关规定层面上，逐步接受项目的理念和技术。

2. 项目森林经营的可持续性不够

森林经营是一项长期的工作，需要不断开展下去。然而项目结束后，没有后续专项资金支持，项目形成的经营规划也无法持续落实。尽管项目编制了10年的森林经营方案，但项目结束后依然采用我国现行的管理和技术来开展经营，按照项目规划的森林经营很难持续。

3. 建议与思考

（1）实施国际合作项目应充分考虑中国的特殊国情、国际汇率问题和项目实施的现实状况，编制科学合理的可行性研究报告，尽量避免可行性研究报告的内容在实践中有较大的变化。

（2）加强多种形式的国际合作，借助外部智力资源改善我国生态环境，不断引进和交流国际先进理念和技术，在推广应用中进行完善、创新，引领大都市水源地的保护与管理向更高水平发展。

（3）编制基于密云水库流域的保护和恢复规划。密云水库是北京市最重要的饮用水源地，保护好密云水库水源地是首都经济、社会可持续发展的有力保障，受到各级政府和广大市民的广泛关注。项目实施中，在多方面进行了创新，形成了森林经营和水体恢复的系列技术。建议在密云水库流域范围（约1.6万平方千米）内编制水源地保护与恢复规划，以指导流域内以森林经营和水体恢复为主的林水恢复工程的开展。

（4）继续深化跨部门跨地区合作。基于密云水库流域深化跨部门跨地区合作，共同推进流域内景观恢复。争取在技术上深化，在政策和管理上有所突破。在大都市水源地保护方面形成中国北京案例，进而影响和推动世界范围内类似工作的开展。

（5）在采伐指标和采伐强度审批方面有所突破。在坚持近自然森林经营理念和技术的前提下，基于森林可持续经营原则，建议按照批复的森林经营方案进行采伐。项目经过近自然森林经营措施的实施，高密度人工纯林存在的生态问题得到了初步解决，现场可见乔灌草形成的复层林，达到了预期设计效果。建议北京地区进一步扩大近自然森林经营面积，对油松、侧柏等高密度人工林进行改造，改善林木健康状况、恢复生物多样性、提升生态系统服务功能、提高生态产品质量。同时应注意，近自然森林经营适用于高密度的人工林，天然林生态问题仍需交由自然力解决。

（6）沟道湿地整治项目虽然也取得预期的效果，形成了接近自然溪流的景观，生物多样性恢复效果也比较明显。但建议注意成本与效益问题，平衡自然性与安全性问题。

（7）本项目的援赠款资金采取提款报账方式支付，即由中方全额垫付资金后再向德方申请回补资金，此种方式确保了外方资金支付的真实高效，但在项目的实际运转中需要大额周转资金，这就对项目的管理特别是资金周转方面提出了挑战。

2. 亚洲基础设施投资银行贷款北京空气质量改善项目

一 项目介绍

（一）基本信息

本项目的建设内容包括管线、调压站（箱）等"煤改气"工程所需的设施设备（见图2-1、表2-1）。

图2-1 北京空气质量改善项目

资料来源：北京燃气集团。

表2-1 项目基本信息

项目名称	亚洲基础设施投资银行贷款北京空气质量改善项目
所在地区	北京市
行业领域	环保
项目参与方	北京燃气集团
项目主要内容	为落实北京的"煤改气"而实施本项目,项目覆盖10个区,涉及468个村,完成通气超20万户,建设管线共计4 883千米
项目当前阶段	完工
多双边贷款机构	亚洲基础设施投资银行
贷款所属类型	投资贷款

本项目的建设内容包括管线、调压站(箱)等"煤改气"工程所需的设施设备。

(二)项目融资信息

本项目融资金额为2.5亿美元(约合15.82亿元人民币)。

二、项目贷款的实操流程

按照国家《大气污染防治行动计划》和《北京市2016~2020年加快推动民用散煤清洁能源替代工作方案》有关要求，北京燃气集团承接了北京空气质量改善和煤替代项目，并于2018年底陆续竣工投入使用。

亚投行于2017年12月11日，批准对本项目贷款2.5亿美元，这是亚投行首个落户北京的对华项目。2018年3月19日，由亚洲基础设施投资银行（亚投行）与北京市燃气集团有限责任公司、中国清洁发展机制基金管理中心在北京市举行签约仪式，正式标志着亚投行在华首笔投资正式落地北京"煤改气"项目。

三、项目贷款的特点

（一）本项目贷款体现的战略

1. 国别行业发展战略

煤炭曾是农村居民最常用的炊事和供暖能源，虽成本低廉，但煤炭燃烧会产生大量的硫化物、粉尘等有害物质，危害人体健康和大气环境。本项目是助力推行农村"煤改气"，这高度契合了我国提倡绿色可持续发展的理念。同时，本项目符合亚投行"简洁、廉洁、清洁"的核心价值观，助力"北京蓝"。

2. 本贷款项目的重点战略

本项目建成后将有效降低京津冀区域碳排放量，减少大气污染，并高度契合当前亚投行在华"京津冀及其周边大气污染治理和节能减排"的投资方向。本项目的实施有效降低了北京地区的空气可悬浮细颗粒物浓度，减少煤炭等化石能源的消耗，可以积极应对气候变化，减少京津冀地区乃至全国的温室气体排放量。长远来讲，可以增强气候适应性。

（二）本贷款项目的主要特点

1. 北京市委、市政府给予政策支持和资金支持

一是北京市委、市政府及相关机构出台招投标简化政策。根据"一会三函"相关政策，出台煤改气项目简化招标政策，即勘察设计免招标、施工监理及设备采购邀标政策，为本项目工程的实施提供强有力的政策保障。二是将本项目工程列入2017年重点项目。自项目工程启动以来，在办理立项、规划、安全质量报监、施工、路政、交通、园林、水务、三穿工程、拆迁等各项手续的过程中，北京市区两级政府及各委办局、各专业管理单位给予鼎力支持，为工程顺利开展创造有利条件。三是北京市委、市政府及相关机构给予了很大的资金支持力度，对于本项目均按工程建设投资30%的比例给予固定资产投资资金补助。

2. 创新农村煤改气工程管理模式，填补行业管理空白，提升管控水平

从四个方面实现创新模式，加强管控：一是建立企业标准，填补行业空白。2016年北京燃气集团成立专家团队，编写出台了农村煤改气相关技术规程等覆盖全流程的企业标准，并于2017年推广应用，最终形成北京市地方标准，在燃气行业领域具有里程碑式意义。二是加强项目设计阶段的管控，有效降低项目成本。根据企业标准和因地制宜、因户制宜的原则，提高项目的设计深度和设计文件质量，使设计文件能更加有效地指导工程实施，将工程投资控制在1.2万元/户的合理范围内，从源头控制工程投资。三是完善管理流程和制度体系，加强工程过程管控。建立流程化管理体系文件，加强工程质量、进度、投资、安全四大管控。同时，发挥审计监督和监察职能，建立和落实《招标监察管理规定》，为清空计划落实提供制度支持。四是创新农村运营管理模式。实施项目时，突破传统型城市燃气管理模式，结合农村地区实际情况和用气特点，在运营维护、销售服务、安全巡检等方面创新管理模式。建立《农村煤改气地区运营管理指导意见》《新农村综合运营管理方案》《新农村居民用户安全巡检服务的工作要求》《农村煤改气LNG点供站运营管理规范》等管理文件，实现个性化、专业化管理，确保农村煤改气地区生产运营、销售服务、安全管理等工作有规可循。

四 项目的产出和成效

（一）项目的主要产出

1. 实物类产出

（1）2014~2018年农村煤改气体实施情况：自2014年起，北京燃气因地制宜，按照"宜管则管、宜罐则罐"的工作思路，采用市政管道天然气、液化天然气等多种供应方式，实施天然气入村工程，在2015年进行2个农村煤改气试点、2016年成功实施85个村煤改气的基础上，2017年完成328个村，2018年完成57个村。

（2）2017年农村煤改气体实施情况：农村煤改气覆盖10个区44个镇，涉及328个村，户内实现通气12.6万户，建设管线3 482千米，调压站（箱）420座，完成投资39.7亿元。2017年全年PM2.5平均浓度低于60微克/立方米。2017年清空计划总体实施情况——2017年建设管线3 676千米，调压站（箱）433座，完成投资74.3亿元，实现燃煤锅炉煤改气4 633蒸吨、农村煤改气户内通气12.6万户的工作目标。

（3）至2018年底农村煤改气实施情况：2018年农村煤改气覆盖3个区17个镇57个村2.4万户农村煤改气，完成管线705千米，调压站箱92座，实现通气1.5万户，完成投资6亿元。累计完成468个村庄约20.9万户农村煤改气工作。建设管线4 883千米，调压站（箱）599座，完成投资62.6亿元，可压减燃煤62万吨。

2. 非实物类产出

降低京津冀区域碳排放，减少大气污染；编制了农村"煤改气"相关技术规程和企业标准。

（二）项目的成效

自2014年起，北京燃气集团采用市政管道天然气、液化天然气等多种供应方式，实施天然气入村工程，大幅改善村民生活质量，在当地获得了一定的积极影响和社会效益。

一是有效降低燃煤污染，改善空气质量。目前北京地区已初步实现村庄无煤化，空气质量得到大幅改善。相比2013年，2019年空气质量达标天数为240天，较

2013年增加64天；重污染天数逐年减少，从2013年的58天下降到2019年的4天，减少54天。2019年连续280天未发生PM2.5重污染，远超2013年的87天。全年实现替代燃煤65万吨，减排污染物46.5万吨，其中二氧化碳减排45.6万吨、二氧化硫减排1 282.5吨、氮氧化合物减排3 774吨、烟尘减排3 188吨，为打赢北京"蓝天保卫战"提供有力支持。

二是打造示范项目，创新企业管理手段。北京燃气集团以与亚投行合作本项目为契机，学习国际规则，创新管理手段，提高技术水平，努力打造示范项目，扩大行业影响力，进一步拉动国内优质企业与新兴多边开发机构合作的积极性、主动性。

三是建设宜居乡村，助力乡村振兴。在实施农村"煤改气"项目中，面对农村居民固化的炊事供暖习惯，以及因村庄散落而增加的施工难度，项目方与当地村委会建立互信的合作关系和畅通的沟通机制，共克难关，累计帮助460余个村庄拆除数万只燃煤锅炉烟囱，使得居民炊事供暖更为高效清洁，大幅改善农村生活条件。为满足居民便捷购气，推出手机APP、自助售气机和银行客户端等多种缴费渠道。在用气安全方面，提出了"嵌入式"服务理念，通过逐户上门进行安全宣传，每年至少组织2次入户巡检等方式，为农村居民提供多方位、全时段用气保障服务。

如今，村庄整洁一新，雾霾天数大幅减少，对降低当地居民呼吸疾病也起到积极作用，居民生活质量和幸福指数得到显著提高。

五 项目的总结思考

（一）项目创新亮点及进一步优化的思考

1. 加强过程管控，大幅降低施工成本

通过与亚投行合作本项目，项目方突破自身管理局限，充分借鉴国际金融组织项目管理经验，结合农村项目特点，提出"结果导向+全流程"管控理念，建立从项目设计到工程实施全流程目标节点管控机制，以"一村一策"为原则，提高工程质量、进度、投资和安全管控水平，将单户施工成本由2万~4万元降低至1.2万元。

2. 创新管理理念，开拓农村燃气运营管理新模式

根据农村地区实际情况和用气特点，在传统城市燃气管理模式方面有所突破，填补了对农村区域的运营维护、销售服务和安全巡检等方面的空白。建立《农村煤改气地区运营管理指导意见》等制度，规范农村天然气运营管理手段，夯实农村用气安全保障，提高服务水平，实现农村天然气供销人性化、专业化和科学化管理。

3. 加速技术革新，首创行业技术标准

在项目实施过程中，项目方以维护群众利益为根本，以保护生态环境为原则，注重信息公开透明和民众意见反馈，并为此组建专家团队，研究制订合理的项目规划实施方案，特别是在燃气管线铺设路线、调压站安装点位等方面实现重要突破。同时，编制了农村"煤改气"相关技术规程和企业标准，并已于2017年推广应用，最终形成北京市地方技术标准。

（二）项目不足之处及进一步改进的思考

一是国有企业要积极参与多双边合作，"接轨"国际先进理念。国有企业作为我国经济社会发展的中坚力量，积极参与多双边合作，将推动我国进一步实现开放型贸易和多边主义战略。从企业外部看，给予适度的国际资源倾斜和多双边合作机会是国有企业突破发展瓶颈的"助推器"。特别是像北京燃气集团这类传统公用事业企业，通过高频参与多双边合作，将有效提高企业战略视野、管理水平和创新能力，进一步激发企业创新动力。从企业内部看，应紧跟时代，放眼世界，通过内部专设国际合作团队，依托亚投行、新开发银行等新兴多边开发机构，参与国际交流，对标国际标准，加强技术赋能、理念赋能，促进企业高质量发展。

二是探索多边开发机构合作模式，加强社会资本合作，促进行业发展。社会资本处于我国经济资本结构基础层，具有资金充裕、覆盖面大和活跃度高的特点。在面临当前经济下行和新冠肺炎疫情冲击的双重压力下，对于传统城燃企业而言，地缘优势将逐步弱化，未来资金难免受困，亟须拓展新的合作机会，摆脱原有单一的

资本结构和融资方式，共同探索多边开发机构合作模式，以国有资本为支点，撬动社会资本，推动行业转型升级。

三是注重培育优质项目，增加项目成果溢出效应。建议各级政府继续加强引领，持续加大对公用事业企业支持力度，联合新兴多边开发机构选取有一定影响力的企业共同培育优质项目。运用新贷款模式，应用新技术、新理念，打造品牌惠民项目，传播优秀项目经验，增加项目附加值。

山西省

河北省

天津市

3. 亚洲开发银行贷款天津海河污染控制和生态恢复项目

一 项目介绍

（一）基本信息

项目建设内容包括污水处理厂以及铺设相关管网、湿地公园、大沽河堤岸修复与加固、新建防波堤、建设环境监测与应急管理中心（见图3-1、表3-1）。

图3-1 天津海河污染控制和生态恢复项目

资料来源：天津市财政局。

表3-1 项目基本信息

项目名称	亚洲开发银行贷款天津海河污染控制和生态恢复项目
所在地区	天津市
行业领域	污水、环境、基础设施建设
项目参与方	天津市财政局 天津港保税区管委会 天津临港建设开发有限公司 天津临港港务集团有限公司
项目主要内容	（1）海河口南岸地区污水处理（包括污水处理厂的建设）工程； （2）湿地生态恢复工程； （3）大沽河堤岸修复与加固工程； （4）风暴潮灾害减灾工程； （5）环境监测与应急管理中心工程。
项目当前阶段	完工
多双边贷款机构	亚洲开发银行
贷款所属类型	政策发展贷款

（二）项目融资信息

本项目贷款金额为1亿美元，现贷款到账金额1亿美元。

（三）项目评级信息

2019年度国际金融组织贷款赠款项目绩效评价是实施顺利；本项目完工报告中

的评级（项目实施咨询公司编制）为非常成功。

二、项目贷款的实操流程

1. 项目上报及立项：2009年
2. 项目准备：2009~2011年
3. 多双边贷款机构评估：2010年2月5日~2010年9月29日
4. 项目谈判：2011年11月14~15日
5. 项目审批：2011年12月
6. 项目实施与执行：2012年8月~2019年12月
7. 项目检查和评价：项目检查见表3-2

表3-2 项目检查

1. 贷款批准日期	2011年12月13日
2. 贷款协议签订日	2012年3月6日
3. 贷款生效日	2012年8月20日
4. 项目实施	2012年6月至2019年12月
5. 项目完工日期	2019年12月31日
6. 项目贷款关账日	2019年12月31日
7. 项目财务关账日	2020年4月23日
8. 项目检查	

三、项目贷款的特点

（一）本项目贷款体现的战略

1. 国别行业发展战略

（1）《亚洲开发银行2011~2015中国国别合作伙伴战略》：环境可持续增长；

（2）《提升合作伙伴关系：中华人民共和国与亚洲开发银行2016~2020年》：气候变化减缓和适应行动；环境可持续性与污染控制。

2. 本贷款项目的重点战略等

（1）亚行《2020战略》；

（2）亚行《2030战略》优先发展计划第3项优先政策，"应对气候变化，加强气候和灾难适应性，提高环境可持续性"以及第4项优先政策"城市更宜居"；

（3）国家"十二五"规划"第六篇绿色发展建设资源节约型、环境友好型社会"战略计划。

（二）本项目贷款的主要特点

（1）对象：亚洲开发银行。

（2）期限：25年，包括5年宽限期。

（3）利率：LIBOR（伦敦同业拆借利率）上浮。

（4）抵质押与担保情况：财政担保。

（5）提款方式：预付金账户提款、归垫提款。

（6）管理方法：根据《贷款协定》《项目协议》约定，本项目执行机构为临港经济区管委会，后并入天津港保税区管委会，本项目实施机构为天津临港建设开发有限公司（原名为天津临港工业区建设开发有限责任公司）和天津临港港务集团有限公司。

（7）最终债务人：天津临港建设开发有限公司、天津临港港务集团有限公司。

（8）贷款的比较等：

亚洲开发银行贷款项目在项目各个阶段都特定的管理方法和流程，以下简要概述其与国内银行贷款项目的区别：

① 项目程序：亚行从项目甄别到贷款批准至贷款支付，都有自己的操作程序，与国内银行贷款项目有本质区别。在项目前期，亚行在批准贷款之前，要进行各类检查，如项目甄别、项目准备技术援助调查、技术援助启动调查、中期调查、最终调查和事实调查等流程，还要完成移民安置计划、社会行动计划、少数民族发展计划、环境影响评价等，得到批复后方可进行贷款谈判。国内银行贷款项目审核相对简化，一切以符合国家相关规定为准。

② 资金使用：亚行贷款的使用需要与采购计划以及合同包采购相结合。即贷款只可用于采购计划中的合同支付，并需要根据合同相应条款进行贷款资金使用和支付。但是国内银行贷款大多对项目分包没有具体要求。

③ 采购：亚行贷款项目需要遵守其采购指南进行采购，有其特有的招标采购流程和评标标准。国内银行贷款只要符合国家和地方相关规定即可。如亚行贷款项目不对投标人的地方准入标准进行限制、招标公示期截至开标前等，国内各地区普遍存在对投标人进行地方准入限制、需完成本地备案后方可参与投标，招标公示期通常为5个工作日等。

四 项目的产出和成效

（一）项目的主要产出

1. 实物类产出

（1）建设污水处理厂以及铺设相关管网；

（2）建设一座湿地公园；

（3）大沽河堤岸修复与加固；

（4）建设防波堤；

（5）建设一座环境监测与应急管理中心。

2. 非实物类产出

（1）机构能力加强；

（2）项目管理建设。

（二）项目的成效

1. 对项目所在地的影响

本项目位于天津市滨海新区天津港保税区临港区域，天津海河河口地区南岸。项目的实施对项目所在地的影响主要体现在以下几个方面：

（1）项目建成有利于项目区域社会经济的发展。

项目通过对海河污染的控制和环境的改善、对风暴潮灾害的防御和应急管理的加强，大大改善了项目区域的投资环境，并因此吸引了更多企业进驻项目区域。进驻企业的增加和进驻后所带来的收益，反映在税收的增长上。2018年，滨海新区全年区级一般公共预算收入463.72亿元。其中，税收收入408.94亿元，增长2.5%。从主要税种看，增值税138.86亿元，增长9.9%；企业所得税105.70亿元，增长8.2%。

进驻企业的增加，一方面带来了税收的增加；另一方面还增加了就业，居民收入也因此得到很大提高。这两个方面都有助于项目区域的社会经济发展。据统计，从2012~2018年，滨海新区共新增就业76.7万人次，城镇居民人均可支配收入从2012年的29 172元提高到2018年的49 611元，增长了70.06%，年平均增长9.27%；农村居民人均可支配收入从2012年的13 886元提高到2018年的23 898元，增长了72.10%，年平均增长9.49%。全区居民的收入水平逐年提高。滨海新区地区生产总值（GDP）也从2012~2019年，以每年4%~8%的增速稳步增长。

财政税收的增加，同时增加了民生工程资金支出，促进社会发展。根据《关于天津市滨海新区2018年决算草案及2019年以来预算执行情况的报告》，2019年1~7月，全区一般公共预算和政府性基金预算安排的民生支出占财政总支出的71.4%。其中，教育支出35.9亿元，比上年增长11.4%；科学技术支出36亿元，比上年增长182.9%；卫生健康支付14.4亿元，比上年增长7.1%；节能环保支出7.7亿元，比上年增长237%等。

（2）促进项目所在地经济包容性增长。

经济包容性增长是寻求社会和经济协调发展、可持续发展的增长方式，其宗旨为减少贫苦和不平等。本项目实施以来，一直通过增加就业的方式来增加项目所在地和周边地区低收入人群的收入，来减少贫苦和地区差异。项目实施直接创造1.44万人次工作机会，发放工资总额1亿余元，人均月增加收入约7 000元，这与天津市城镇居民2018年在职员工的月平均工资5 871元相比还要高。并且项目实施用工主要来自农村务工者。据统计，在项目中工作的非技术工人80%以上来自农村。根据统计，农村居民人均可支配收入与城镇居民相比更少，所以本项目实施主要为外来务工者提供就业机会，有利于贫困的减少，缩短地区之间的不平等，促进项目区经济包容性增长。

（3）改善了项目区的居住环境。

海河河口污染控制和生态恢复项目改善了渤海湾的水质和大气环境，增加了临港区域绿化面积，特别是项目项下的湿地生态恢复工程，在临港区域建设了一座湿地公园，即临港生态湿地公园，很大程度改善了项目区的居住环境。湿地公园占地63公顷，东至渤海十路，南至珠江道，西临海滨大道，北起长江道，周长3.88千米。湿地公园建设前为浅海滩涂，景观效果单调。湿地生态恢复项目在该区域打造了8个自然景点，通过水系、道路、堤岸、桥梁、景观花木等元素将该地建设成为一个兼具现代西方与中国传统之美的生态园林。湿地公园于2013年开始对外开放，已经累计接待了游客数十万人，且游客人数呈逐年上升趋势。临港生态湿地公园深受大家的喜爱，是当地居民重要的休闲、娱乐场所，并于2014年获得天津市五星级公园称号。

2. 对项目所属行业的影响

（1）本项目的建成加强了污水管理能力。其中海河口南岸地区污水处理工程通过污水收集、处理和中水回用，加强了污水管理能力，提升了污水处理行业管理水平。

（2）本项目建设有利于水资源综合管理和促进生物多样性。海河口南岸地区污水处理工程对污水的收集处理和湿地恢复工程对污水的净化和再利用，有利于水资源的综合管理和可持续发展。污水通过湿地净化后，能够减少大量的污染物入海，对于改善渤海水质和保护渤海海域的生态多样性具有重要意义。

（3）风暴潮减灾工程和大沽排污河堤岸修复工程改善了大沽河航道环境。通过实施这两项工程，提高了大沽河的水质环境，减少了航道和港池的疏浚费用，增加了航道水深，改善了通航条件，促进了航运发展。

3. 对项目相关方的意义

（1）项目的实施完善了参与单位的公司质量和环境管理体系。在项目咨询顾问的帮助下，项目的实施单位之一，天津临港建设开发有限公司于2014年分别完成ISO14001认证和ISO9000管理体系认证，使公司的管理体系更加完善规范。

（2）项目实施为执行机构和实施单位培养了具备国际项目管理经验和国际项目管理思维的综合型人才。亚洲开发银行（以下简称"亚行"）创立于1966年，共有68个成员，它为成员中的发展中国家/地区提供资金以支持其经济增长和社会发展，其有着丰富的贷款项目管理经验，已经形成一套完善的项目操作程序，并在国际上得到认可。通过实施亚行贷款项目，执行机构和实施机构工作人员切身学习、操作、实践这套操作程序。项目完成后，这些人员已经掌握了这套国际通用的管理方法，大大提高了工程、技术和管理人员的业务素质。本项目的实施培养了一批符合国际标准和精通项目管理的人才，他们在日后工作中可将国际先进管理方法和理念推广和普及。

4. 对该多双边贷款机构的意义

本项目是亚行在北方沿海城市实施的第一个项目，是一次新的尝试。项目的成功实施可以为亚行未来在沿海城市开展贷款项目提供成功经验和可行性理论基础。

5. 其他意义

本项目建立有助于环境可持续发展和污染控制。项目通过污水收集、处理和再利用、流域治理、环境监测、湿地保护、极端气候预警和灾害防治等，减少空气、水和土壤污染，支持水资源综合管理和土地可持续利用，提高了气候变化的适应能力。这些举措都有助于污染控制和环境的可持续发展。

本项目的实施提高了公众性别平等意识。项目从实施到运营，积极响应亚行关于社会层面的政策要求，如消除贫困、减少不公等，特别是加速性别平等，努力提高公众性别平等意识。项目在的实施阶段，项目相关方为女性提供平等的就业机会和劳动报酬，女性在项目建设期间，除了从事一些后勤保障等非技术工作，还担任了项目经理、技术负责人、监理、造价管理等有更高技术要求的岗位。到了项目运营阶段，部分子项目运营单位50%以上的技术和管理岗位由女性承担。女性在岗位比例中的提升主要得益于公众对性别平等意识的提高，公众认识到女性同样享有平等的就业权力，以及女性在管理中发挥的重要作用。所以，本项目的实施有助于女性增加经济收入、提升领导能力、参与决策，促进了性别平等。

五 项目的总结思考

（一）项目创新亮点及进一步优化的思考

（1）湿地恢复工程采用了生态治理污水的方法，即根据生态系统中物种共生、物质循环再生原理，在促进废水中污染物质良性循环的前提下，充分发挥资源的再生潜力，对流入湿地公园的污水进行进一步净化。该理念的实行不仅节约了大量景观绿化用水，还减少了污水的污染物排放量。

（2）环境监测与应急管理中心工程将环境监测与应急管理相结合，通过对区域内环境质量、污染源、气象信息、道路、危化品车辆和企业等实施监测，实现对海河南岸工业区生态环境的管理、突发性污染和安全事件的预警和妥善处置。本项目建成了天津市第一个集信息收集分析、监测预警、决策支持、调度指挥和事故处置评估等功能为一体的综合环境监测和应急管理平台。

（3）本项目利用技术援助、特别基金和国外项目经验为项目提供技术和先进设计理念支持。在咨询顾问的帮助下，项目开展了绿色发展能力建设研究。研究成果成功用于本项目设计之中，并可为其他项目提供示范和参考。

（4）亚行贷款等外资贷款类项目必须配备一个强有力的机构、团队作为支撑。每个项目实施过程中都会遇到各种问题，项目办的作用不容忽视。

（二）项目不足之处及进一步改进的思考

（1）加强项目前期策划能力，提高项目审批效率。建议在项目策划阶段应重点结合地方经济、社会以及所处行业的规划发展，制订行之有效且满足社会发展的方案。同时在项目调整的各审批环节应加强协调联动，提高审批效率。

（2）加强亚行贷款相关规定就流程的培训学习，提高项目人员水平。由于项目执行机构和实施机构均为首次接触外资贷款项目，对贷款项目的合同采购、提款报账、中期调整等流程均不熟悉，导致项目启动初期工作进展不理想，直接影响了贷款项目的整体进度。建议在未来项目实施中，由咨询公司和招标代理等专业机构对执行机构和实施机构进行贷款项目的专项培训，以提高项目参与人员的专业水平。

山西省

辽宁省

河北省

4. 亚洲开发银行和德国复兴信贷银行贷款河北大气污染防治项目

一 项目介绍

（一）基本信息

项目建设内容包括完成17项与调整能源结构、更新环境监测和执法系统，以及促进就业实现包容性产业转型有关的政策行动（见图4-1、表4-1）。

图4-1 河北大气污染防治项目

资料来源：河北省财政厅。

亚洲开发银行和德国复兴信贷银行贷款河北大气污染防治项目

表4-1 项目基本信息

项目名称	亚洲开发银行和德国复兴信贷银行贷款河北大气污染防治项目
所在地区	河北省
行业领域	环保
项目参与方	河北省发展改革委、财政厅、生态环境厅等
项目主要内容	完成17项与调整能源结构、更新环境监测和执法系统及促进就业以实现包容性产业转型有关的政策行动
项目当前阶段	已完工
多双边贷款机构	亚洲开发银行、德国复兴信贷银行
贷款所属类型	发展政策贷款

（二）项目融资信息

项目贷款总额为3亿美元和1.5亿欧元。其中，亚行贷款额3亿美元，德国复兴信贷银行联合融资1.5亿欧元，已全部到账。

（三）项目评级信息

本项目亚行评级为非常成功。

二 项目贷款的实操流程

（一）项目申报及立项

2015年7月，河北省发展改革委、财政厅分别向国家发展改革委、财政部上报了关于利用亚行贷款支持河北省大气污染防治工作的请示，并于同年补列入亚行2015~2017财年备选项目规划。

（二）项目准备

2015年1月27日，亚行代表团对河北省项目准备情况进行前期识别考察，双方对于项目的谋划准备、政策贷款的主要特点及调研情况进行深入的讨论。2015年3月19~20日，亚行赴河北进行了第一次技术磋商。5月14~15日进行了第二次技术磋商，7月20~22日进行了第三次技术磋商，8月5~12日进行了第四次技术磋商，8月24~28日进行了第五次技术磋商。磋商期间，亚行代表团与河北省发展改革委、财政厅、生态环境厅等有关部门进行了座谈，双方就引入亚行政策性贷款模式支持《河北省大气污染防治行动计划实施方案（2015~2017）》实施进行了深入的交流讨论，完成了政策贷款问题和目标分析，编写了初步设计和监测框架草案，在此基础上建立并完善了政策矩阵（见附件），并对贷款准备时间安排达成了共识。

（三）亚行贷款评估

2015年9月7~11日，亚行和德国复兴信贷银行代表团赴河北联合开展了贷款实地评估考察。实地考察期间，亚行代表团与河北省发展改革委、财政厅、生态环境厅、农业厅、交通厅等有关部门进行座谈，最终确定政策矩阵（见附件）内容并达成一致意见，确定融资方案、资金流和资金管理机制，就项目设计与监测框架达成一致意见，完成快速战略环境评估，包括对项目拟订政策行动及其内容和时间框架的环境安全保障尽职调查，完成社会保障尽职调查分析，讨论法律文件和项目担保并达成一致意见，形成备忘录，亚行于2015年9月15日完成贷款评估。

（四）项目谈判

2015年11月5~10日，财政部与亚行就本项目进行了贷款谈判。

（五）项目审批

2015年12月10日，本项目获得亚行董事会批准。2016年2月23日，签署了本项目的《贷款协定》《项目协议》，2016年5月20日，贷款正式生效。

（六）项目实施与执行

2016年5月底，河北省向亚行提供了17项政策行动相关文件，得到亚行的确认，2016年6月3日，3亿美元贷款到账，项目完工。2017年6月30日项目关账。

（七）项目检查和评价

2018年6月，亚行完成本项目完工报告。2019年10月，亚行对本项目进行了后评价。

三 项目贷款的特点

（一）本项目贷款体现的战略

1. 国别行业发展战略

一方面，本项目旨在空气质量改善方面支持我国第十二个五年计划（2011~2015年）和第十三个五年计划（2016~2020年）；另一方面，本项目符合亚行国别伙伴战略（2016~2020年）方针；符合亚行关于与中上收入国家建立新伙伴关系文件的方向；与亚行投资环境产品和服务以促进未来经济增长的运营指南相一致。

2. 本贷款项目的重点战略

本项目的实施可以有效改善河北省空气环境质量，加强河北省的科技支撑，提升河北省各级环境监管能力，帮助河北省建立科学、高效的环境防治、监督、管理体系。从政策层面而言，本项目的实施支持了河北省政府大气治理行动计划实施方案（2013~2017年）。

（二）本项目贷款的主要特点

本项目贷款期15年，含3年宽限期，利率为6个月LIBOR+0.5%，河北省中的11个地级市政府作为最终债务人，负责偿还贷款本息。本项目以政府信用作为担保，提款方式为一次性全额提款。与传统的投资项目贷款不同，发展政策贷款不绑定具体投资项目，通过向借款国提供一般性预算支持，促进借款国的制度和政策改革，贷款的支付和相关政策的制定挂钩，一旦完成谈判且贷款获批后，即可马上进入贷款拨付程序，贷款资金一次性全部支付，直接进入政府的一般公共预算，亚行不对资金使用类别、资金使用、采购等做要求。

四 项目的产出和成效

（一）项目的主要产出

1. 实物类产出

本项目无实物类产出。

2. 非实物类产出

（1）印发减少重点行业大气污染的政策，加强大气治理方面的行动；

（2）完善环保政策和实施的组织框架；

（3）提高包容性工业转型的就业率。具体政策行动详见附表。

（二）项目的成效

1. 对项目所在地的影响

本项目的实施是亚行发展政策贷款工具在国内的首次使用，也是河北省利用国际金融组织贷款历史上首次财年单笔获得3亿美元的贷款项目，标志着河北省与亚行等国际金融组织的合作取得的历史性突破。本项目的成功实施，为我国使用发展政策贷款等新型贷款工具提供了可复制、可推广的示范性经验。

2. 对项目所属行业的影响

本项目创新了贷款资金使用的方式。在亚行政策贷款资金使用上，为充分发挥政府性资金的导向作用，引导更多社会资本进入河北省大气污染防治领域，政策贷款经省人大批准进入政府预算，并设立政府引导性大气污染防治股权投资基金。2016年11月，河北省政府批准了基金设立方案，由省、市财政部门分别设立大气污染防治股权投资基金。2017年以来，各市相继启动了基金设立工作，并取得阶段性成果。截至目前，省级和7个市设立了子基金，共投资项目16个，基金出资9.78亿元人民币，拉动社会资本48.17亿元人民币。

另外，本新型贷款项目作用显著。本项目的实施达到了大气污染治理预期效果，有力地改善了河北省大气环境质量，减轻了大气污染程度，实现了大气污染防治的目标，大气污染治理效果明显，对河北省乃至京津地区大气污染治理和空气质量改善发挥了重要且积极的作用。

五 项目的总结思考

（一）项目创新亮点及进一步优化的思考

（1）本项目契合亚行支持方向谋划设计项目。多年来，河北省与亚行等国际金融组织保持着卓有成效的合作，亚行在基础设施建设、环境治理和大气污染防治方面具有雄厚的资金和技术实力。除传统资金贷款方式外，亚行也正努力寻求利用新型贷款工具支持中国等发展中国家开展一系列的项目建设与环境保护工作。在既有合作基础上，河北省紧紧围绕京津冀协同发展，调整自身产业结构、实现绿色低碳发展相统一，与当前及今后一个时期国际金融组织支持方向和重点对接，谋划设计契合度高、融资潜力大的项目储备。

（2）本项目注重加强机构能力建设，引资与引智并重。对于河北省乃至全国来说，亚行新型贷款是一项全新的业务形态，无先例可循，无成熟经验可借鉴。要想在短时间内完成贷款争取工作，只有加强研究和学习，借鉴国外成功经验，结合国情省情，创造性地探索我国利用新型贷款的路径。自2014年谋划利用亚行新型贷款工具以来，河北省发改委、财政部门定期召开项目对接会，相关业务处负责同志坚持请进来、走出去的方式，边干边学，边学边用，努力学习掌握新型贷款工具的核心内容，推动贷款争取工作始终沿着正确的轨道进行。仅2014年一年时间，河北省就与亚行开展了十余次密集磋商，深入探讨贷款合作方式，及时研究解决各种问题，并最终达成共识。在贷款争取过程中，注重加强机构能力建设，着力提高业务素质和办事能力，相关业务人员利用召开研讨会和技术磋商的机会，向亚行专家、部委领导认真求教，同时，加强自身及项目机构能力建设，培训省内有关机构数十人次，确保争取贷款工具这项工作在短时间内取得了进展快、效率高的显著成效，为贷款早日生效落地发挥效益创造了有利条件。

（3）国际金融组织的深入参与是本项目成功实施的重要因素。亚行政策贷款在河北省的成功实施，关键在于亚行对河北省大气污染防治规划和政策设计的深入参与，以及亚行与河北省之间的密切合作，共同设计了切实可行的亚行项目政策框架。亚行的持续参与对于涉及面广、周期长的政策改革十分重要。作为河北省的长期发展伙伴，亚行多年来一直积极参与其相关政策制定工作，真正发挥了知识银行的作用。尤其是通过参与河北省环境政策的制定，推动了河北省大气污染防治政策改革，促进了河北省大气污染防治任务目标的实现。亚行先后多次派出高级别的管理人员和多领域高级专家组成精干团队到河北联合开展调研座谈，涉及交通、能源、城市发展、财务、采购等多个领域，其规模和层次前所未有。

（二）项目不足之处及进一步改进的思考

本项目属于涉外工作，较之其他项目更需要精通外语和相关业务的复合型人才，但培养可胜任工作的业务骨干不能一蹴而就，需历经磨练。此外，当前我国与国际金融组织合作已进入新时期,从单纯的贷款国转变为"最佳实践"的输出国,本项目的实施更是启发我们应该加强项目管理,进一步完善体制机制,培养与之相适应的金融、法律、咨询、语言等方面的人才,使其具有世界眼光、具备专业知识、熟悉国际规则、善于沟通合作,讲好"中国故事"。

附表 政策矩阵

政策行动		实施情况
产出1:重点行业的污染减少		
1.1 通过减少煤炭消费,推广清洁能源,调整能源结构	1.1.1 河北省政府印发采用有时限投资方式加快实施的天然气网络扩建计划(2015年12月)	已完成(2015年12月,河北省能源局颁布了"十三五"期间河北天然气管网扩建规划)
	1.1.2 河北省发改委起草鼓励焦炉煤气制天然气,并允许将其注入天然气管网的规定,并由河北省政府印发(2015年12月)	已完成(2016年3月,河北省政府印发了《河北省焦炉煤气制天然气产业发展的指导意见》)
	1.1.3 河北省发改委起草加快散煤锅炉淘汰,以强化减排措施的集中热电联产发电厂替代的行动计划,并由河北省政府印发(2015年,已完成)	已完成(2015年3月,河北省政府印发了《河北省燃煤锅炉治理实施方案》)
	1.1.4 全部11个设区市通过散煤减量、推广集中和燃煤替代供热的量性指标政策(2015年12月)	已完成(2015年12月,全部11个设区市通过了政策行动)
	1.1.5 河北省发改委委托机构开展关于在城乡地区使用低碳低排放清洁能源供热的财政和市场激励机制研究(2016年3月)	已完成(河北省发改委委托河北省省政府决策咨询委员会进行调研。研究报告于2016年3月定稿)

续表

政策行动		实施情况
1.2 推广城市公共交通	1.2.1 河北省交通厅起草全部11个设区市市政府的城市优先发展公共交通投资和组织框架考核评价办法，提交河北省政府审批（2016年3月）	已完成（2015年，河北省交通厅起草了省级政策文件）
1.3 禁止焚烧秸秆，在农村推广清洁能源	1.3.1 河北省农业厅起草关于促进农作物秸秆利用和禁止在农村燃烧农业生物质的政策，并由河北省人大常委会印发（2015年，已完成）	已完成（2015年3月，河北省人大通过了《关于促进农作物秸秆综合利用和禁止露天焚烧的决定》）
	1.3.2 河北省农业厅起草河北省农作物秸秆利用规划，制定更高的能源化利用目标，即回收数量的15%（2015年12月）	已完成（2016年6月，河北省农业厅《河北省"十三五"农作物秸秆综合利用规划（草稿）》定稿）
	1.3.3 河北省农业厅起草农村使用清洁能源的适当财政和市场激励政策，推广生物质能源生产、储存、运输和利用，散煤替代，并由河北省政府印发（2015年12月）	已完成（2015年10月，河北省政府印发了《河北省农村能源清洁开发利用省级补助资金管理办法》）
2.1 有机化合物排放整治	2.1.1 修订《河北省大气污染防治条例》，对挥发性有机化合物治理、京津冀空气质量管理协调机制、环境绩效问责做出明确有约束力的规定，提交河北省人大审议（2016年1月）	已完成（2016年1月，河北省人民代表大会通过了《河北省大气污染防治条例》）
	2.1.2 河北省环保厅起草重点工业挥发性有机化合物排放标准，并由河北省政府印发（2015年12月）	已完成（2016年2月24日，河北省政府印发了《工业企业挥发性有机物排放控制标准》）

续表

政策行动		实施情况
2.1 有机化合物排放整治	2.1.3 河北省环保厅委托机构开展关于重型柴油车的大气污染治理政策的研究（2016年3月）	已完成（2016年4月21日，河北省环保厅委托河北省机动车排污监控信息中心与其一起开展研究）
2.2 开发全面监测和分析系统	2.2.1 河北省环保厅在2016年度工作方案中落实提升环境空气质量监测能力（包括应急空气质量预报）预算（2015年12月）	已完成（2016年3月30日，河北省政府印发了《2016年河北省大气污染防治工作要点》）
	2.2.2 河北省环保厅增加重点污染源的空气排放达标核查的监测设备数量（2016年1月）	已完成（2016年3月22日，河北省环保厅印发了《2016年全省环境信息化暨污染源自动监控工作要点》）
2.3 强化执法能力	2.3.1 河北省环保厅起草《河北省生态环境责任追究办法》，并由河北省政府印发（2015年12月）	已完成（2016年2月19日，河北省政府印发了《河北省生态环境保护责任追究暂行办法》）
	2.3.2 河北省环保厅通过并落实(i)空气质量监测、建模、预报和县级和(ii)乡镇监管执法的培训计划预算（2016年3月）	已完成（2016年3月，河北省环保厅通过了预算）
产出3：包容性产业转型的促进就业得到加强		
3.1 提供优质培训和就业支持	3.1.1 河北省人社厅起草《关于促进就业创业的意见》，并由河北省政府印发（2015年，已完成）	已完成（2015年6月29日，河北省政府印发了《关于进一步做好新形势下就业创业工作的实施意见》）

吉林省

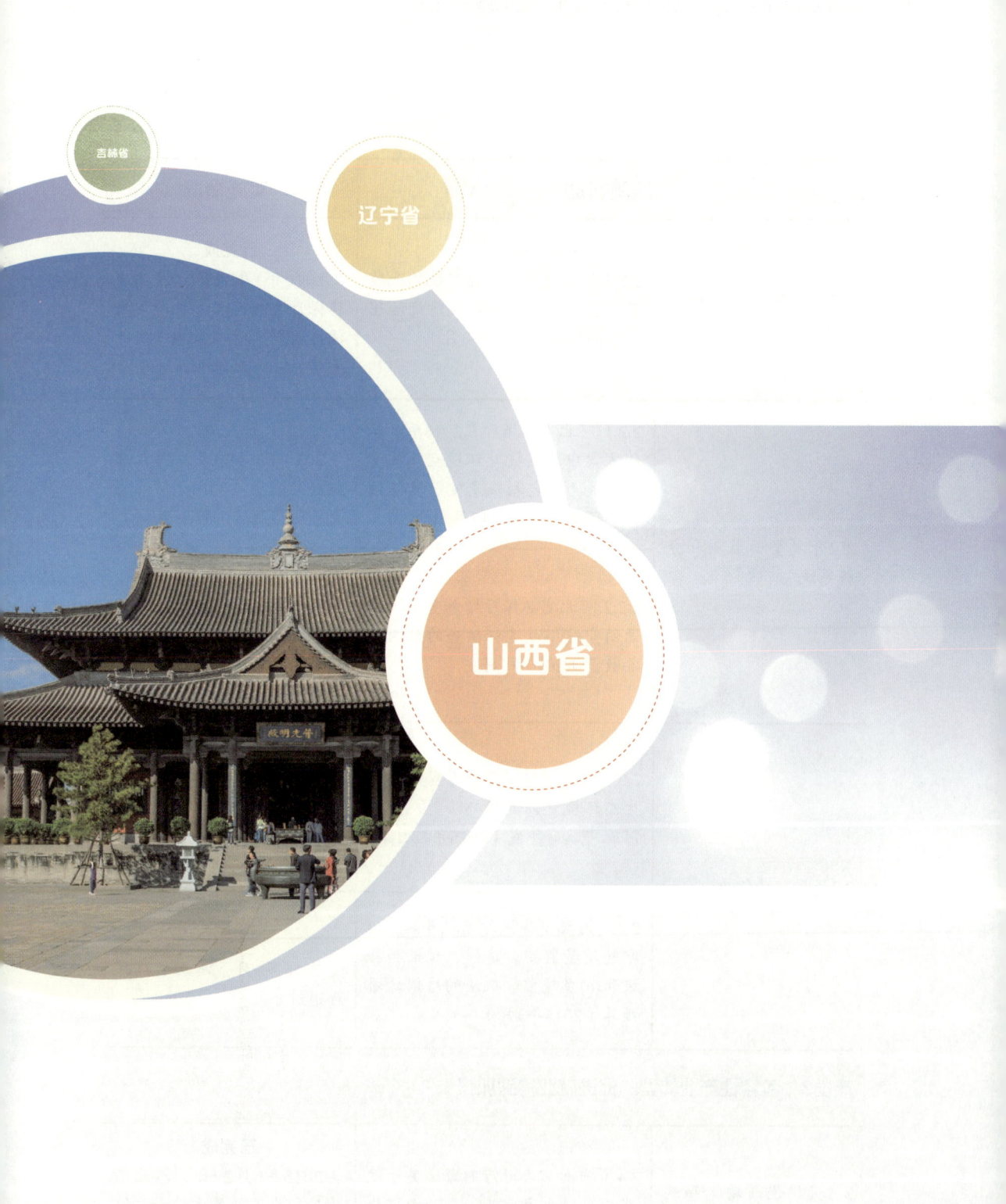

辽宁省

山西省

5. 世界银行贷款山西煤层气开发与利用项目

一 项目介绍

（一）基本信息

项目建设内容包括煤层气开发工程和煤层气液化工程两部分内容（见图5-1、表5-1）。

图5-1 山西煤层气开发与利用项目

资料来源：山西省财政厅。

表5-1 项目基本信息

项目名称	世界银行贷款山西煤层气开发与利用项目
所在地区	山西省
行业领域	煤层气
项目参与方	山西煤层气有限责任公司
项目主要内容	世行贷款煤层气开发利用示范项目
项目当前阶段	完工
多双边贷款机构	世界银行
贷款所属类型	投资贷款

（二）项目融资信息

本项目世行贷款金额8 000万美元。

（三）项目评级信息

世界银行对本项目完工情况评级为"满意"。

二 项目贷款的实操流程

本项目于2007年12月立项，2008年10月获得可研批复。2009年7月2日中国财政部和世行签署了项目贷款协议和项目协议，项目贷款于2009年9月18日生效。2011年3月项目方与山西省财政厅签署《转贷协议》。本项目的土建工程于2010年开工，2013年获得初设批复，2016年7月获得地下工程初设调整批复。2011年6月3日，项目方就重新划出的50平方千米煤层气资源区块正式签订了《煤层气合作开发协议》。

2012年11月，本项目完成第一批20口实验井的井位踏勘工作，并通过招标确定了施工队伍。2013年8月10日凌晨液化一期装置正式投产出液。2014年10月全面启动了液化工程二期建设采用PMC+EPC工程管理模式，2015年1月7日，开发工程首次实现并网输气，液化工程二期于2016年9月21日一次性投产出液，2017年5月31日完成性能测试。项目进行期间进行了两次调整，第一次是2013年11月，由于开发区块调整等原因，关账日调整至2016年6月30日；第二次是2016年3月，根据工程进度，关账日调整至2017年6月30日。

本项目的宽限期为5年，并且项目于2018年5月被世行评估为"满意"项目。

三、项目贷款的特点

1. 国别行业发展战略

能源是现代化的基础和动力，能源供应和安全事关我国现代化建设全局。21世纪以来，我国能源发展成就显著，供应能力稳步增长，能源结构不断优化，节能减排取得成效，科技进步迈出新步伐，国际合作取得新突破，建成世界最大的能源供应体系，有效保障了经济社会持续发展。

当前，世界政治、经济格局深刻调整，能源供求关系深刻变化。我国能源资源约束日益加剧，生态环境问题突出，调整结构、提高能效和保障能源安全的压力进一步加大，能源发展面临一系列新问题新挑战。同时，我国可再生能源、非常规油气和深海油气资源开发潜力很大，能源科技创新取得新突破，能源国际合作不断深化，能源发展面临着难得的机遇。从2014~2020年，是我国全面建成小康社会的关键时期，是能源发展转型的重要战略机遇期。

2014年6月7日，国务院办公厅印发《能源发展战略行动计划（2014~2020

年）》（以下简称《行动计划》），明确了2020年我国能源发展的总体目标、战略方针和重点任务，部署推动能源创新发展、安全发展、科学发展。《行动计划》明确了我国能源发展的五项战略任务。一是增强能源自主保障能力。推进煤炭清洁高效开发利用，稳步提高国内石油产量，大力发展天然气，积极发展能源替代，加强储备应急能力建设。二是推进能源消费革命。严格控制能源消费过快增长，着力实施能效提升计划，推动城乡用能方式变革。三是优化能源结构。降低煤炭消费比重，提高天然气消费比重，安全发展核电，大力发展可再生能源。四是拓展能源国际合作。深化国际能源双边多边合作，建立区域性能源交易市场，积极参与全球能源治理。五是推进能源科技创新。明确能源科技创新战略方向和重点，抓好重大科技专项，依托重大工程带动自主创新，加快能源科技创新体系建设。

2. 本贷款项目的重点战略

能源低碳发展关乎人类未来。2019年10月22日，太原能源低碳发展论坛在太原开幕，习近平总书记专门发来贺信，充分体现了中国政府对能源低碳发展的高度重视。近年来，在全球应对气候变化的大背景下，"去煤化"成为世界主要发达经济体政策主流。面对新形势、新挑战，山西省第十一次党代会鲜明提出，必须准确把握世界新一轮科技革命大趋势和产业变革新机遇，坚定不移走转型之路，推动能源生产和消费革命，保障能源安全，促进人与自然和谐共生。山西要通过综合改革试点，努力在提高能源供给体系质量效益、构建清洁低碳用能模式、推进能源科技创新、深化能源体制改革、扩大能源对外合作等方面取得突破，争当全国能源革命排头兵。

世行贷款山西煤层气开发利用示范项目，是山西省首个利用世行贷款开发利用煤层气的示范项目，同时也是山西省转型综改重点项目和省市县三级重点工程，对山西省规模化、产业化开发利用煤层气有着重要的先导性和示范效应。

本项目是山西省政府及项目方顺应中国在能源方面发展战略和政策的结果，充分体现了国际合作及发展绿色能源的决断。本项目的发展目标是提高煤层气/煤矿瓦斯的生产和利用，替代煤作为一种热源，减少煤燃烧过程中产生的大气污染物的排放。项目目标的实现需要通过以下活动来取得：支持煤层气勘探、生产和液化，提高市场准入。项目发展目标是否得到实现，主要通过项目的绩效指标来衡量。即与项目开始之初设定的基准线相比，山西在煤层气/煤矿瓦斯的生产和利用量的增加量，以及主要污染物（二氧化碳、二氧化硫和颗粒物）的减少量。

本项目的实施对促进山西省能源结构调整、培育新型产业、提高煤层气综合开发利用水平、改善煤矿安全生产条件、实现节能减排、改善环境具有重要的现实意义。对山西省打造新型能源产业基地，实现转型跨越发展以及"气化山西"的战略目标将起到积极的促进和推动作用。同时，项目的实施极大地带动了沁水当地煤层气产业的整体发展，对促进区域经济发展，安排社会就业等方面启动积极的推动作用。

四 项目的产出和成效

（一）实物类产出

山西煤层气开发与利用项目由煤层气开发工程和煤层气液化工程两部分组成。

煤层气开发工程位于沁水县郑庄镇和龙岗镇，区块总面积50平方千米，煤层气地质储量96.36亿方，可采储量48.18亿方，目前建设水平井33口，直井/丛式井93口，建成后煤层气年生产能力2.6亿方。

煤层气液化工程位于沁水县端氏镇东山村，主要建设目标为一套$25×10^4$标准立方米/天氮膨胀制冷装置和一套$75×10^4$标准立方米/天混合制冷装置及配套公用工程和辅助系统，目标年产液化煤层气22.7万吨。2013年8月液化一期工程投产，2016年9月液化二期工程投产，日处理煤层气可达100万方。

（二）非实物类产出

项目实施以来，为保证煤层气开发、液化工程顺利建设和稳定运行，公司每年多次组织员工参加种类技术培训、管理培训、课题研究及外出考察，包括液化操作技术培训、中层领导力管理培训、煤层气开发课题研究、煤层气开发技术外出考察等，特别是液化操作培训，为液化装置的顺利运行培养出足够的合格操作人员，保证了设备的按时投运。项目实施以来，为提升公司技术水平和管理能力，以项目方为主导，实施多次咨询服务项目，借助第三方咨询机构的力量提升公司技术实力，建立起相对完善的管理体系。项目通过世行接触到先进的管理经验和技术，世行资助的C2沁水南部里必区块煤层气井排采效果及其改善方法研究为优化上游技术方案提供了强有力的技术参考和指导。2017年8月，公司牵头组织的《深煤层丛式水平井煤层气开发成套技术及工程示范》技术通过了中国煤炭工业协会鉴定，解决了"埋深高、储层压力高、地应力高、渗透率低"地质条件下煤层气产气量低、开发风险高的难题，实现了深部煤层日均单井稳产煤层气1.5万立方米，成果达到了国际领先水平，对同类赋存条件煤层气的开发利用起到了引导和示范作用，对推动我国煤层气的产业化进程具有重要意义。同行企业（中石油、蓝焰煤层气等）针对类似地质构造的煤层气井开发陆续借鉴尝试L型水平井技术开发，随着该技术应用的推广，里必合作区块逐步形成了L型水平井开发的示范作用。世行资助的C7安全生产模拟项目的建成，截至目前为山西省唯一一套安全生产模拟系统，不仅为项目方员工提供必要的锻炼平台，还为同类企业提供了专业化的培训方法。

五 项目的总结思考

（一）项目创新亮点及进一步优化的思考

（1）项目技术成果显著，提高了山西省晋城市沁水县煤层气的技术开发水平。项目共计完成126口气井，采取分步分段，根据实验井及不同井型产量的分析，并聘请中国矿业大学的科研团队，对当地煤层气开发进行实地调研，不断调整打井方案，争取更好的钻井效果。此项目为第一个利用L型水平井技术规模开发，在山西省乃至国内外相似地质的煤层气资源开发项目起到了示范性的作用。

总结沁水盆地近30年的勘探开发实践历史，形成了两条技术路径：一是引进直井压裂技术并持续改良；二是开发水平井钻完井技术体系。直井、水平井在沁水盆地潘庄区块、成庄区块、樊庄区块等煤层埋深浅部区域获得了良好的产气效果；但在盆地深部区域（煤层埋深＞800米）直井及第一代水平井（多分支水平井）、第二代水平井（双主支或主支下PE管水平井）、第三代水平井（U型分段压裂水平井）均未达到设计产量，仅第四代水平井（L型分段压裂水平井）获得了较好的稳定产气量。

（2）积极创新L型水平井开采技术，为类似地质构造的煤层气井开发提供借鉴示范作用。面临直井开发效果不佳的背景下，项目执行方积极探索适宜该区块的煤层气开采开发技术适应性，根据不同的地质情况进行个性化的开发，随时水平井技术的发展和相似地质条件煤层气井的开发情况，对直井/丛式井、U型水平井、多分支水平井、L型水平井进行了适用性研究分析，2014年在里必合作区块实施了1口多分支水平井和3口L型水平井作为水平井实验井。

依据已经开发完成的20口直井、3口L型水平井、1口多分支水平井及调研中石油、中联煤层气在相似地质区域利用直井/丛式井、U型水平井、多分支水平井开发情况，通过经济性对比分析，采用L型分段压裂水平井技术开发成本优于其他开发技术开发成本。利用L型水平井技术开发煤层深度800~1000米、渗透率低于0.1毫达西的煤层气井实现了突破，并且也是实施时间最早、当前井数规模最大、单井产量最高的实施主体，该开采技术在高阶煤、低渗透煤层气开发领域达到国际领先技术。目前，同行企业（中石油、蓝焰煤层气等）针对类似地质构造的煤层气井开发陆续借鉴尝试L型水平井技术开发，随着该技术应用的推广，里必合作区块逐步形成了L型水平井开发的示范作用。

（3）提高项目执行方技术研究能力，成果达到国际领先水平，推动国内煤层气的产业化进程。项目方与学校等共同开展《煤层气井排砂排煤粉采气装置研制及煤粉管控技术应用研究》，该课题于2016年12月获中国煤炭工业协会科学技术三等奖。

通过世行贷款项目的推进，项目执行方整体科学技术水平得到较大提升，2015年以来陆续获得国家级各类奖项。牵头组织的《深煤层丛式水平井煤层气开发成套技术及工程示范》技术通过了中国煤炭工业协会鉴定，解决了"埋深高、储层压力高、地应力高、渗透率低"地质条件下煤层气产气量低、开发风险高的难题，实现了深部煤层日均单井稳产煤层气1.5万立方米，成果达到了国际领先水平，对同类赋存条件煤层气的开发利用起到了引导和示范作用，对推动我国煤层气的产业化进程具有重要意义。

（二）项目不足之处及进一步改进的思考

（1）应完善管理机制，做好项目前期筹划，提高项目整体执行效率。一方面，世行贷款项目实施流程须接受世行和国内相关部门的监督和审批，各个环节审批时间较长，项目进展滞后于项目最初的实施计划，建议设立完善的项目管理机制，明确项目管理相关流程，落实项目管理全流程责任方，未来可以显著提高项目顺利执行的效率；另一方面，由于各种因素的影响，项目进行过程中大多需要进行中期调整，包括土建、货物、贷款额度和子项目数量等，建议在完善管理机制的基础上，做好项目前期筹划工作，一定程度上简化工作流程，为此后同类项目的提质增效提供了可借鉴的经验。

（2）项目中期调整较为频繁，使得项目推进效率未达到预期计划。国内项目环境的不同，需要创新管理理念，建立项目应急反应能力。世行十分关注贷款协议中关于征地拆迁、移民安置此类内容，而国内缺乏可借鉴的相关经验。在此基础上项目中期调整的程序较为烦琐，需要时间较长。建议应在前期预置项目应急管理团队，针对此类项目内容进行预设应急方案。在"走出去"的同时，也"引进来"国外成功的相关经验。

（3）在项目实际建设过程中，会遇到和世行规定有出入的环节，例如招投标环节的报价等细节问题，导致项目工作进度遇到一定阻力。建议一是加强施工合同的全过程管理，完善合同内容。将风险预测等内容加入招标文件，并制定严密的合同条款，确保工程质量；二是加强施工现场监督，完善质量责任制，做到层层把关、人人负责。发挥监理公司和工程咨询单位的作用，使它们在工程施工中切实负起责任，把好质量关；三是加强合同管理，设立管理合同的专门人员，对合同的执行情况定期检查。

在项目实施中科学调整实施方案，加强监督，加强业主单位和各主管部门及世行的沟通。因此，构建完善的管理体系，打造高素质的项目团队，随时关注行业技术革新，及时总结项目阶段建设经验，才能保证项目建设顺利完成。

吉林省

黑龙江省

辽宁省

6. 亚洲开发银行贷款辽宁小城镇综合发展项目

一 项目介绍

（一）基本信息

项目建设内容包括主干道、次干道的新建、升级改造；支路和巷道的升级改造；新建雨水管道、排水管道和供水管道；新建堤防和绿化景观；新建供水厂及其配套设施；新建供暖管道、换热站（见图6-1、表6-1）。

图6-1 辽宁小城镇综合发展项目

资料来源：辽宁省财政厅。

表6-1 项目基本信息

项目名称	亚洲开发银行贷款辽宁小城镇综合发展项目
所在地区	辽宁省
行业领域	城市道路、供热、供水
项目参与方	东港市市政管理处、喀左县利民自来水有限责任公司、凌海亚行贷款城市基础设施改造办公室、沟帮子镇基础设施项目管理办公室、盖州市公用事业与房产局、西丰县项目办、本溪市华兴热电有限责任公司
项目主要内容	西丰县供水项目、喀左自治县供水项目、本溪集中供热项目、东港城市道路项目、凌海城市道路项目、沟帮子城市道路项目、盖州城市道路项目
项目当前阶段	完工
多双边贷款机构	亚洲开发银行
贷款所属类型	投资贷款（含技术援助贷款）

（二）项目融资信息

本项目亚行贷款额1.0亿美元，贷款到账额9 194万美元。

（三）项目评级信息

本项目项目相关方评级：高度满意；第三方评级：高度满意。

二 项目贷款的实操流程

1. 项目上报及立项：2008年7月
2. 项目准备：2008~2009年
3. 多双边贷款机构评估：2008年10月
4. 项目谈判：2009年8月
5. 项目审批：2010年6月30日
6. 项目实施与执行：2010年6月30日~2016年3月31日
7. 注明重要日期

（1）贷款批准日期：2009年9月18日；

（2）贷款签字日期：2010年3月30日；

（3）生效日期：2010年6月30日；

（4）项目关账日期：2016年3月31日；

（5）宽限期：2010年3月30日~2016年3月30日；

（6）追溯日期：2010年4月。

三 项目贷款的特点

（一）本项目贷款体现的战略

1. 国别行业发展战略

本项目在亚行贷款以城镇为基础的城市化战略研究结论基础上开展，符合国家城镇发展政策要求，加强巩固大都市地区或发展走廊中的主要城市，与在其周边较小的定居点之间进行实体经济联系，并强调通过促进较大的城市群发展带动重点小城镇联动发展。作为传统的工业材料和机械基地，辽宁面临着由国有重工业向轻工业和服务业转型，亟须促进均衡发展，并着眼于经济需求增长的挑战。许多国有企业已经倒闭或正经历重大损失，虽然国家投资助力工业转型，但是地方政府，特别是小城镇，难以为新的就业和经济增长找到催化剂。近年来，省内小城镇在促进经济增长方面取得进展，但仍然滞后于大城市。此外，城市化和工业化的快速发展和竞赛，造成诸多显著的污染问题和相对恶劣的生活条件，这些都超过了其提供服务的能力。与此同时，需要更多岗位刺激内需驱动经济增长，而不仅是依赖出口。虽然许多小城镇在不同类型的城市基础设施进行了重大投资，但很少有小城镇为各种基础设施行业的发展制定综合方法。辽宁省政府通过鼓励对实体与环保基础设施进行可持续投资，提高生活质量，创造有利于农村劳动力战略转移的条件，促进小城镇以可持续性和具有成本效益的方式发展。

2. 本贷款项目的重点战略

本项目是通过道路基础设施、供水设施和环境改善的建设和升级，响应辽宁省"十一五"规划，以促进可持续的经济发展，特别是省内小城镇发展。项目中所有组成部分都包含在"十一五"总体规划内容中，这些子项目的重点是支持城市可持续发展，其主要集中支持创造就业、经济增长、环境保护、改善基础设施和市政服务及工业发展的若干领域，以此解决子项目城镇在重点基础设施方面的问题。本项目主要内容是道路和相关服务、水和废水、河流改善和区域升级及区域供热。亚行在城市环境改善和管理方面（包括支持公用事业收费改革）的经验和知识为本项目增加了价值，特别是对正在经历城市化和经济转型的小城镇提供辅助。为了在项目实施阶段有更大的灵活性，本项目采用了行业贷款的做法，并制定子项目识别、选择和评估标准及程序，助力实现项目政策和计划的目标。

（二）本项目贷款的主要特点

（1）对象：辽宁省政府和项目市政府。

（2）期限：26年（含6年宽限期）。

（3）利率：亚行贷款实施期利率为各计息期的LIBOR利率加上0.6%的利差，然后根据《贷款规则》第3.03款的规定扣除0.4%的利差减免。

（4）抵质押与担保情况：市县财政担保。

（5）提款方式：专用账户提款。

（6）管理方法：辽宁省财政厅统一支付管理。

（7）最终债务人：辽宁省政府和项目市政府。

四 项目的产出和成效

（一）项目的主要产出

1. 实物类产出

本项目下的东港、凌海、盖州、沟帮子城市道路子项目已经完工。项目完工时，新建15千米的主干道和5千米次干道；升级和改造26千米主干道、9.4千米次干道和8.6千米支路和巷道；修建45千米的雨水管道和排水管道，安装28.7千米的供水管道，并且修建2.4千米长的堤防和110万平方米的绿化景观。四个子项目城市的主干道全长约为84.5千米，本项目涉及的路长为40.6千米。在2015年本项目修建的主干道占4个项目城市主干道总长的48%。西丰供水子项目完工时，修建了近20千米的输水管线、一座日供水2万立方米的供水厂、52.3千米长的配电网，安装了近25 000个水表（包括3 000个IC卡水表）。近20千米的输水管道、一座取水泵站、一座中途增压泵站、一座日处理能力2.5万吨的供水厂和约35千米配水管网已经完成。供水厂预计在2016年下半年开始投入运营，包括已安装3 000台IC卡水表；敷设了35千米的供暖管道；建成了49个换热站；8个小型低效燃煤锅炉被关闭和停用；该子项目供热面积增加达到近730万平方米。本溪总供热面积为2 650万平方米，其中本溪子项目贡献的供热面积为730万平方米，占2015年本溪城市总供热面积的28%。

2. 非实物类产出

通过实施并完成本项目，执行机构和实施机构能力得到加强。每个实施机构都设立了一个项目办，直接负责子项目的设计、施工和运营。在项目实施过程中，实施机构聘请了施工监理公司监督承包商的工作，并进行质量、成本和时间控制。2011年12月，辽宁省城乡建设改造项目办公室与哈莫尼公司签署了实施管理和财务管理咨询服务合同，咨询公司聘请国内外咨询专家在项目实施期提供项目管理与财务管理咨询服务。2011~2016年，在咨询顾问的协助下，大多数实施机构的企业管理、企业改革和财务管理得到了显著改善，咨询顾问组织了一系列的专题讨论会、研讨会和培训，进一步加深能力建设和知识转移。此外，咨询顾问还对项目管理办公室和实施机构的人员提供在职培训。除上述咨询服务以外，还有两个额外咨询服务：2013年，亚行水务融资基金为喀左和西丰水务公司提供了财务与运营管理和公司治理的咨询服务，加强了喀左和西丰两家水务公司的管理和运营，使两家公司成为更具有商业可行性的实体。领导管理改进的咨询服务已在2016年3月31日前完成，并组织了一系列的专题讨论会、研讨会、国内考察。

（二）项目的成效

1. 对项目所在地的影响

本项目有效地改善辽宁省小城镇生活水平，新建和改造辽宁小城镇城市基础设施和市政服务。具体如下：

辽宁东港、凌海、盖州、沟帮子四个小城镇的城市道路、供水管线、污水管线建成后，实际平均道路破损率下降5%，其中，东港下降4.35%，凌海下降15%，沟帮子下降11%，盖州下降20%；雨水排水管网长度东港增加42%，凌海增加47%，沟帮子增加25%，盖州增加25%；污水收集比例东港从50%增加至85%，凌海从60%增加至82%，沟帮子从70%增加至83%，盖州从20%增加至70%。西丰和喀左供水设施完成后，供水覆盖率喀左由30%增加至90%；西丰由80%增加至92%，漏失率喀左下降25%，西丰下降30%。本溪供热面积比例从50%增加到94%。

2. 对项目所属行业的影响

西丰和喀左小城镇每天的供水能力净增加分别是2.5万吨和2万吨。

3. 对项目相关方的意义

一方面，本项目强化了辽宁中部重点城镇的招投标工作和施工监理工作；另一方面，本项目借款人、执行机构、LPPMO和各子项目PMO（项目管理办公室）的整体绩效均为高度满意，所有参与的政府实体都在项目周期内履行了义务。LPPMO对项目表现出很强的所有权和承诺兑付，使得本项目得以按期完成并成功运行。有效利用前期采购安排，在贷款处理过程中做好详细设计，并在贷款有效性内同时启动两个工程包的采购。此外，其还发挥了关键作用，协调和联络地方公私机构、不同的政府机构和亚洲开发银行，以及对环境保护和重新安置保持充分的外部监测。独立审计师按照亚行认可的审计标准，每年对项目账目进行审计。辽宁省财政厅做好预支账户管理，及时有效地处理资金提现和报销申请。亚洲开发银行通过提供及时的咨询意见和有效的批准，支持项目单位在项目实施方面的工作，并且有效地处理了与采购有关的审查，根据项目实施时间表和需要支付补充了贷款收益。

五 项目的总结思考

（一）项目创新亮点及进一步优化的思考

（1）本项目的基本技术方法是基于成功完成辽宁省城镇的城镇化战略咨询，并以山西省为例，研究河北省的省级发展战略中关于小城市和城镇发展的政府政策和计划。这些研究强调了亚洲开发银行有机会通过加强小城镇提供城市基础设施的能力。

（2）本项目支持促进有各种经济功能和基础设施需要的城镇一体化发展，同时纳入环境以及规划和发展中的社会考虑。本项目的实施可以向类似城市实现经济、社会可持续发展进行推广，以此实现农村地区与城市的更大融合。亚行水融资伙伴基金为该项目提供25万美元赠款加强水务的财务、经营管理和公司治理。

（3）本项目确定长期规划需要子项目的设计基于以下两点：一是增长战略和省、市、县以及城市发展总纲图匹配；二是综合规定各项的基础设施服务原则，以最大限度地从个别部门的改善中获益。改进的访问生产要素、投入、市场和市场信息是促进穷人增长的驱动力。东港和凌海的子项目升级改造城市道路网络，修建供水及污水管网、扩大和改善环境为已建成区兴建基础设施，方便行人和货物运输。

（4）本项目总体来看，一是最终的项目费用和评估数值之间的偏差很小，这种良好的结果得力于项目各参与方的协调努力。二是完善管理的采购过程对于获得有利的投标报价至关重要，本项目实行主动项目管理，不论是设备采购或建设方面，均节省了资金成本，并确保了施工和设备供应的质量。三是有效采用外部监理机制对提高项目质量起重要作用，选择和聘用称职国内外咨询专家，保证项目达到所需的质量标准。

（二）项目不足之处及进一步改进的思考

本项目不足总结如下：一是受中期调整审批滞后的影响，导致超过3 000万美元提款申请的延迟，并导致了周转金账户的延期。二是由于项目贷款的特殊性，一些子项目被替换，这涉及如果没有仔细选择子项目，可能会出现明显的延迟。因此，仔细筛选子项目并制定切合实际的项目实施进度表是至关重要的。三是大多数实施机构对亚行采购的程序和要求很陌生，可能产生不切实际的期望，建议在项目准备和评估期对潜在的各实施机构进行充分的培训，以便其能够进行相应的计划。

上海市

黑龙江省

吉林省

7. 奥地利贷款吉林汽车工业高等专科学校项目

一 项目介绍

（一）基本信息

项目无实体建设内容。项目的实施有助于构建职业人才成长立交桥，推进学校办学体系、管理体制、保障机制的改革，推动完成服务地方经济和培养实用型人才的战略性目标（见图7-1、图7-1）。

图7-1 吉林汽车工业高等专科学校项目

资料来源：吉林省财政厅。

表7-1 项目基本信息

项目名称	奥地利贷款吉林汽车工业高等专科学校项目
所在地区	吉林省
行业领域	教育
项目参与方	长春汽车工业高等专科学校、五矿国际招标有限责任公司、奥地利BIS VAM公司
项目主要内容	本项目贷款用于采购1 152台（套）教学设备，其中国外采购设备188台（套），国内采购设备964台（套）。项目购置设备主要安置在校内的汽车工程学院、机械工程学院两个建筑物内
项目当前阶段	完工
多双边贷款机构	奥地利联合信贷银行
贷款所属类型	传统投资贷款

（二）项目融资信息

本项目全部贷款额700万欧元、贷款到账数700万欧元（根据实时汇率得出5 549.477万元人民币设备款）（固定资产分批入账金额）。

二、项目贷款的实操流程

（一）项目上报及立项

2010年8月25日，由长春市发展和改革委员会办公室向吉林省发展和改革委员会提交关于长春汽车工业高等专科学校利用奥地利政府贷款采购教学设备项目的请示。

（二）项目准备

2009年，结合长春汽车工业高等专科学校实际需求，成立奥贷项目工作小组，组织各学院老师及相关领域专家，对现阶段所需设备进行论证。主要将所购设备集中在汽车检测与维修，机械制造与自动化两个重点专业上，保证优势专业的需要，同时通过国别对比以及国家对贷款的相关要求，进行可行性研究论证并编制可研报告，上报至长春市教育局和长春市发展改革委员会。

（三）多双边贷款机构评估

招商银行股份有限公司与奥地利中央银行股份有限公司（BANK AUSTRIA CERDITANSTALT AG）于2004年8月6日签订了奥地利政府贷款协议，长春汽车工业高等专科学校受财政部委托，根据贷款协议，负责办理贷款协议项下的转贷业务和债权债务管理。

（四）项目谈判

合同谈判是一个非常艰难的过程，长春汽车工业高等专科学校在掌握采购设备的详细信息后，同奥方据理力争，最终敲定合同的设备价格，确保学校利益。在合同条款中明晰配套工具、安装调试、人员培训、售后服务等方面的要求，以免对后期相关工作带来困难。

（五）项目审批

2013年3月14日，国家发展和改革委员会向吉林省发展和改革委员会下达了外国政府贷款项目资金申请报告委托审批复核确认书，确认长春汽车工业高等专科学校可以利用奥地利政府贷款购买教学设备。

（六）项目实施与执行

（1）2010年8月~2011年11月，编制可行性报告，开展前期筹备。

（2）2012年1月~2012年3月，落实贷款资金，完成设备招标。2012年1月4日，吉林省发展和改革委员会下达《关于长春汽车工业高等专科学校利用奥地利政府贷款购置教学设备项目可行性研究报告的批复》（吉发改审批〔2012〕2号）。2012年2月8日，吉林省发展改革委员会下达《关于长春汽车工业高等专科学校利用奥地利政府贷款引进教学设备项目资金申报告的批复的批复》（吉发改审批〔2012〕27号）。2012年3月14日，国家发展改革委员会下达《外国政府贷款项目资金申请报告委托审批符合确认书》（发改外资核字〔2012〕19号），现场确认学校借用奥地利政府贷款700万欧元，自复核确认之日起2年内有效。2012年3月16日，学校与五矿国际招标有限责任公司、奥地利BIS VAM公司签订项目合同，合同编号12AT11WWJ9027QC16。

（3）2012年4月~2012年11月，开展设备的采购、安装调试、检查验收与实施人员的培训等工作内容。2012年10月11日，学校与招商银行长春分行签订《外国政府贷款项目转贷协议》。合同约定贷款期限为17年，自2021年12月30日开始偿还本金。

（4）2013年2月，第一次提款起息日。

（5）2014年上半年开始逐步验收设备，至2017年末验收入账完毕。

（6）2015年6月~2017年12月，项目设备分4批验收入账完毕。折合人民币5 549.477万元人民币，共计1 152套设备。

（七）项目评价

（1）本项目的建设和实施对学校产生了明显的效益。一方面，通过海外采购，购置了国际技术先进教学设备，使长春汽车工业高等专科学校相关领域的实训设备标准达到国内高职院校领先水平；另一方面，通过配套的教师培训项目，使学校教师学习了先进的技术知识，大幅提升了教师的专业教学能力。

（2）本项目的实施，符合长春市教育规划及学校发展规划，满足社会培养高技能人才的需求。一是通过本项目的建设，使学校相关学科在硬件和软实力两方面均得到了全面提升，拥有培养出达到国内同等高职院校先进人才的条件。二是本项目有利于学校未来发展的同时，也有利于向社会输送更多高技能人才，为吉林省汽车产业的发展提供技能人才的支撑。

（3）本项目的实施，实现了多渠道融资。由于还款期限长且利率较低，有效降低了学校的还款压力。同时，作为教育行业中为数不多的外资政府贷款项目，本项目的顺利实施为教育行业在未来发展中资金来源提供了新的参考与方向。

三 项目贷款的特点

（一）本项目贷款体现的战略

1. 国别行业发展战略

本项目贷款属于政府财政性贷款。利率较低，转贷协议签订的贷款年利率为0.45%，还款期10年，分19次等额偿还贷款本金，并有较长的宽限期，宽限期为10年。

2. 本贷款项目的重点战略

随着我国汽车制造业的迅速发展，汽车制造企业越来越广泛地使用工业机器人来提高生产自动化水平、降低人工成本、提高产业附加值、保证产品质量、提升整体竞争力。并且随着汽车产品的快速换型，新增机器人及更新换代机器人的数量不断增加，专门从事机器人安装调试及维修工作的技术人员必然需求量剧增。

为应对汽车产业的发展，学校在高职院校中首开了"工业机器人技术"专业，本项目购置了国际先进机器人，使学校"工业机器人技术"专业站在了高水平起点之上。本项目使学校相关学科建设水平在短期内快速提升，达到同类院校先进水平，在提高办学质量的同时，为学校发展成为"开放式、高水平、国际化"的"国内一流、国际知名"的高职院校奠定了坚实的基础。

学校2009年由"一汽"办学划转为长春市政府办学，长春市政府和"一汽"共同出资为学校建设了新校区，并于2011年正式投入使用。学校整体迁入新校区后，办学规模由6 000人扩大至10 000人。本项目的实施既有效提升了重点专业设备的技术水平，同时解决了新校区教学设备不足的问题，学校的整体办学实力有了显著提升，使学校能够更好地服务于企业、服务于地方及全国汽车产业。

（二）本项目贷款的主要特点

本项目的对象为具有中国特色的高水平职业院校，期限为20年，利率0.45%（转贷协议），根据长春市财政局出具的《还款承诺函》，本项目由长春市财政局提供还款承诺。

针对提款方式而言：由招标公司负责学校的设备采购，货到验收合格后出具验收报告，由招标公司邮寄到奥地利政府后，政府将钱直接拨付给招标公司。

针对管理方法而言：一是成立奥地利贷款工作小组，专项专人负责制，负责项目的前期准备、实施运行等相关工作。二是严格执行国家有关外国政府贷款项目建设资金的管理办法，专款专用，专人管理，用好项目建设资金。三是项目建成后，资产管理由奥贷工作小组移交到资产管理处室统一进行验收、维护、保管及调配。

最终债务人为长春汽车工业高等专科学校。

通过对设备采购的贷款国别进行分析，选择北欧投资银行贷款、丹麦贷款、奥地利贷款三个国别的最短贷款期限的贷款条件进行比较，三种国别的贷款均能符合贷款领域投向的基本要求，并能满足国家发展改革委对外国政府贷款使用的规定。

三种国别贷款的利弊：北欧投资银行贷款期限短，宽限较长，利率和各种费用较高；丹麦贷款期限短，无息，费用适中，但需要外方对项目前中后全程评估；奥地利贷款期限适中，宽限期长，利率适度，费用较低。

从进口设备价格比较来看，如果利用北欧投资银行贷款或丹麦贷款，设备价格偏高。另外，如果利用丹麦贷款，项目申请周期长，不能满足学校的迫切需求；如果利用别国投资银行贷款，贷款国设备成分不能满足要求。

四 项目的产出和成效

（一）项目的主要产出

1. 实物类产出

本项目的主要实物产出为工业机器人技术、电气自动化、数控技术及汽车检测与维修等实习实训设备，共计1 152台。

2. 非实物类产出

学校将遵循国家教育体制改革精神，推进培养体制改革，构建职业人才成长立交桥；推进办学体制改革，创建"政企校合作的高等职业教育集团联盟办学体制"，调动社会各方力量支持职业教育基础建设；推进管理体制改革，推进保障机制改革；以服务地方经济和培养实用型人才为目标，调整优化高等学校学科专业，优先发展与吉林省支柱产业、优势产业及战略性新兴产业密切相关的学科和专业，提高人才培养与社会需求契合度。

学校将努力建设成为中国特色的高水平高职学校和专业建设院校（以下简称"双高"），集中力量建设一批引领改革、支撑发展、中国特色、世界水平的高职学校和专业群，从而引领职业教育服务国家战略、融入区域发展、促进产业升级。

（二）项目的成效

1. 对项目所在地的价值

吉林省是汽车业的摇篮，中国第一汽车集团坐落于吉林省省会长春，从解放初期到小康社会的发展阶段，一汽集团乃至吉林省都承载着无数汽车人的梦想，长春汽车工业高等专科学校每年为全国汽车行业输送大批的技能型人才，在本项目立项初期，该校年招生3 500人左右，在校生万人左右，专业数量20个以上，每年为一汽集团及其他汽车企业员工培训20 000人/次，职业技能鉴定10 000人/次，下岗失业人员再就业、城市适龄人员就业培训1 500人/次，农村剩余劳动力培训500人/次，继续教育规模达到了5 000人。从服务单一企业向服务汽车产业转变，从服务工厂向服务区域经济发展转变，从传统学校教育向服务国家大职业教育格局转变。

2. 对项目所属行业的价值

本项目实现了多渠道融资，作为教育行业中为数不多的外资政府贷款项目，本项目的顺利实施为教育行业在未来发展中的资金来源提供了新的参考方向。

本项目的实施加深了中奥两国在教育领域和汽车行业的交流合作，拓展了双边贷款机构所在地区经济贸易的发展平台，极大地提升了奥地利在我国的知名度，增进了两国的深厚友谊。

五 项目的总结思考

（一）项目创新亮点及进一步优化的思考

近年来，国内通过引进外资来完善机构内部设施的项目有很多，本项目使用外国政府贷款具有以下优势：

（1）筑牢优势学科专业的平台高度。通过购置先进教学设备，保证了优势专业的发展，实训设备达到国内先进水平，保证人才培养质量，为学生打造了高水准的技能实践平台。

（2）提高学校教师队伍的技能水平。通过配套的教师培训项目，学校派出多名教师赴奥地利、德国等国家进行定向培训，与汽车生产厂进行技术交流，促进了学校教师技能水平的提升。

（3）契合社会企业经济的发展需要。面向政府、社会和企业提供技能培训服务，提高设备利用率，促进校企合作，为地方经济发展提供强有力的保障。

（4）提升学生就业发展的竞争优势先进的教学设备及优质的实操演练使学校学生在高精端方面的把控更为出色，在国内举办的大型比赛中独占鳌头，多家公司与学校签订了就业协议，学生在未走出校门前就已获得了高薪待遇。

（二）项目不足之处及进一步改进的思考

由于学校首次办理外国政府贷款业务，所以在操作流程中，经验不足，工作效率还有极大提升空间。在未来的工作中，由于国际形势瞬息万变，对于涉外业务，学校要紧跟国际发展形势，充分从各角度进行思考，以保证在涉外业务中，学校或本行业能够提质增效，实现利益最大化。

江苏省

上海市

黑龙江省

8. 亚洲开发银行贷款黑龙江三江平原湿地保护项目

一 项目介绍

（一）基本信息

项目建设内容包括新建人工林和湿地自然保护区，以及相关数据库和信息系统（见图8-1、表8-1）。

图8-1 黑龙江三江平原湿地保护项目

资料来源：黑龙江省财政厅。

表8-1 项目基本信息

项目名称	亚洲开发银行贷款黑龙江三江平原湿地保护项目
所在地区	黑龙江省
行业领域	环境保护
项目参与方	黑龙江省政府、黑龙江省财政厅、美国国际集团（IRG）、13个县市林业部门及以及6个自然保护区管理部门
项目主要内容	开展以营造速生丰产林为重点的人工造林、中幼林培育和经济林基地建设；实施生物多样性保护为目标的生态环境建设项目
项目当前阶段	完工
多双边贷款机构	亚洲开发银行

（二）项目融资信息

亚洲开发银行（以下简称"亚行"）贷款1 500万美元，全球环境基金（以下简称"GEF"）赠款1 214万美元。亚行贷款实际提款1 498.62万美元。

（三）项目评级信息

亚行独立评价局对本项目评价结果为"成功"。

二　项目贷款的实操流程

本项目属于1999年12月亚行和GEF通过的松花江防洪、湿地和生物多样性管理项目的一部分（亚行-3376号技援）。2001年7月，亚行对三江平原进行社会影响分析和生态情况调查后，决定根据1999年GEF所做的报告，把三江平原湿地保护部分做成独立的项目。2001年财政部下发了《关于黑龙江省亚行新项目准备的函》（财际函〔2001〕191号）。2002年国家计委向国务院上报《国家计委关于利用亚行贷款2003~2005年备选项目规划的请示》（计外资〔2002〕1809号），把本项目列为亚行贷款2003~2005年规划新补充项目之中，并正式向亚行提出申请。

2002年9月，亚行项目评估团前往黑龙江省，对本项目进行考察和项目识别，并就项目的目标、范围、资金以及项目实施等问题，与黑龙江省政府达成共识。2002年11月22日，亚行批准对于本项目进行技术援助，并通过招标选择美国国际集团（以下简称"IRG"）为本项目进行技术援助。从2003年8月起，IRG的中外专家先后到黑龙江省开始项目技术援助工作。亚行、黑龙江省政府、技援团队于2003年9月举行了第一次三方会议，对项目的启动报告进行了审查和讨论；2004年1月举行了第二次三方会议，主题是项目的中期调整报告和投资建议。2004年3月10日，本项目的可行性研究报告编制完成。2004年4~5月，亚行向本项目区派出了由技术援助团队成员、亚行官员、黑龙江省有关的官员组成的项目检查团。2004年6月，项目的管理评审会召开。2004年9月15~24日，亚行评估团对项目的准备工作进行全面的评估。2004年10月24日，亚行评审委员就本项目召开会议。2005年2月8日，GEF同意提供赠款。

2004年12月20~22日，本项目完成了贷款谈判。2005年3月14日，亚行正式批准本项目贷款；2005年7月18日，亚行与中国政府签订了《贷款协定》和《项目协议》；2005年12月9日贷款生效。2006年3月13日，黑龙江省财政厅代表省政府与13个项目市县签署《再转贷协议》。原定贷款的关账日为2010年12月31日，后经申请延期至2012年8月31日。本项目建设期内，亚行共计执行了14次贷款检查任务，检查团对项目的建设进展、咨询服务、项目采购、外方资金支付情况、国内配套资金支付、移民、环境、贷款契约、下一步需要重点进行的工作等进行全面的检查和评估。2013年10月，项目《完工报告》完成，报告显示亚行对本项目评价结果为成功。

三 项目贷款的特点

（一）本项目贷款体现的战略

1. 国别行业发展战略

一方面，本项目的实施符合中国环境发展战略方向，符合《中华人民共和国城市生态环境规划》中强调的"保护环境、管理可持续的自然资源和提高生活质量"观念；另一方面，符合亚行2004~2007年中国国别战略和计划的重点，即促进公平和包容性增长，改善市场运作和环境。此外，本项目还有力地支持了亚行的主要战略关切点：保护土壤、森林和湿地，且本项目体现的针对偏远林场和湿地的创收倡议，支持了亚行注重公平和包容性增长的理念。同时，本项目完全符合GEF在生物多样性重点领域的业务战略。

2. 本贷款项目的重点战略

三江平原的湿地和森林资源是中国东北地区的主要环境资产。本项目实施对湿地及其森林流域的保护作用，将有助于三江平原的洪水管理和整体流域管理，从而助力东北地区的可持续发展战略。

（二）本项目贷款的主要特点

本项目中，财政部代表国家向亚行筹借贷款，协议金额为1 500万美元，贷款期限为25年（含5年宽限期），利率是以LIBOR为基础的浮动利率；本项目的贷款类型为政府负有担保责任贷款，由各黑龙江省政府和具体市县政府逐级提供担保，最终债务人为各市县林业部门及自然保护区管理部门；本项目提款主要采用亚行周转金程序；按照亚行及财政部相关规定，黑龙江省财政厅印发了与本项目相关的《财务管理办法》《提款报账办法》《会计核算办法》，由财政部门对本项目的资金使用、招标采购、债务偿还等实施全过程实行财务监督管理。本项目相关单位严格按照国家相关财务会计法律、法规和其他有关规定，建立健全项目资金管理制度，严格按照项目贷款赠款资金使用条件、权限和程序操作使用资金。

本项目贷款由亚行贷款和GEF赠款共同组成，其中亚行资金主要用于营造林部分，GEF赠款资金主要用于湿地保护区建设部分。亚行贷款融资成本较低，充分借助亚行与GEF智力资源支持，本项目以流域自然资源管理为切入点，综合考虑三江平原项目区森林、河流、湿地的统一规划。一方面，本项目以保护为根本，期望实现生态系统的恢复和治理；另一方面，本项目以发展为目的，期望实现资源的永续利用和提高人民生活水平。

四 项目的产出和成效

（一）项目的主要产出

1. 实物类产出

（1）本项目的流域管理部分由亚行和GEF共同提供资金，总体上已成功完成。完成新建人工林10 090公顷，完成目标面积的85%，其中3 853公顷属于退耕还林；在现有林中，完成抚育和养护幼林39 769公顷，占目标面积的91%，但由于人民币对美元的升值，这一产出低于目标值；6个自然保护区均将水资源管理列入总计划，相关市县的水资源分配计划或水资源规划中已将当地自然保护区的相应计划、湿地保护标准和管理要求纳入其中；借力本项目的实施，同步完成了三江平原水资源总体规划（涵盖所有6个自然保护区）和松花江总体规划（涵盖安邦河自然保护区）。

（2）本项目的湿地自然保护区部分由GEF提供资金，总体上已成功完成。本项目在6个自然保护区开展农田到湿地修复试点，恢复湿地耕地3 441公顷，完成评估指标3 433公顷。通过借鉴试点修复经验，相关方编制了湿地修复手册，并向三江平原各自然保护区发放，方便了工作人员在另外6个保护区进行湿地修复工时的参考使用手册。在6个示范区内，湿地恢复工作在试点成功后持续进行，湿地面积增加5%。此外，通过提供监测设备和培训，湿地保护区提高了对物种的监测覆盖率，并建立永久性监测站、地理信息系统和数据库，收集了6 000余种鸟类监测信息，甚至一些保护区还发现新的物种。本项目的执行推动制定了十几个濒危物种的恢复计划，使六个自然保护区的鸟类数据库得到了建立。根据本项目建议，在三江平原的所有自然保护区禁止放牧和捕鱼，对维系该地生态平衡起到了积极作用。2008年，六个自然保护区监测的雀鸟数目为510 559只；2009年为1 081 353只；2010年为1 063 532只，数据呈稳步增长趋势。2011年11月，在兴凯湖自然保护区，由于人工筑巢数量的增加，成对鹳从2005年的9只增加到2011年的44只，列入名录的鸟类种类从238种增加到287种。在七星河和兴凯湖自然保护区，记录在案的丹顶鹤数量从2004年的30只增加到2011年的44只；白鹤数量从2004年的17只增加到2011年的58只。

（3）本项目的替代生计部分由亚行和GEF提供资金，总体上已成功完成。为了弥补农户和林业工人的损失，本项目开展了非木材林产品的开发，工人利用造林用工中得到的报酬开发了923亩非木材林产品，占地退耕面积的24%，并在兴凯湖保护区开展了生态可持续的生计模式。由于历史原因，保护区内有农民进行农业生产活动，在本项目开展后，保护区积极采取措施减少农业活动和农业用水对保护区的影响。为了增加农民和渔民的收入，减少传统渔业和农业对于保护区生态产生的不利影响，本项目在兴凯湖、珍宝岛等自然保护区开展生态旅游试点，如观鸟、钓鱼、划船、远足和露营等生态旅游活动。试点项目在兴凯湖、珍宝岛分别实现年净利润273万元和233万元。保护区将其收入用以保护湿地，将农田变为湿地，改善用于生态旅游和自然保护区管理的设施和设备，并培训工作人员。在兴凯湖自然保护区，约280名农民和渔民改变生计从事生态旅游，停止耕种525公顷土地，其中427公顷转为湿地，捕鱼量减少约500吨。在珍宝岛自然保护区，约50名农民和渔民改变生计从事生态旅游，停止耕种1 025公顷土地，其中899公顷转为湿地，捕鱼量减少约5吨。

2. 非实物类产出

（1）本项目能力建设部分由GEF出资，已成功完成。项目所在地的12所示范性学校开设了湿地保护教育课程，并向社区居民和学校分发公众认识手册，在20多个社区开展了七项保护湿地相关活动。另外，在6个示范自然保护区，印制湿地保护手册和项目简介，并分发给社区居民和学校。本项目实施期间，为超过1 000人举办了38场培训，培训人员包括政府工作人员、当地林业局工作人员和项目管理办公室工作人员、大部分自然保护区工作人员、专业和技术人员及社区居民。培训内容包括项目管理、财务管理、项目绩效评估、森林改善、湿地保护、野生物种监测与恢复、湿地修复、替代生计发展、公众意识提升、环境保护和社会保障等。

（2）本项目的项目管理部分由GEF提供资金。本项目实施期内，进行了较多的能力建设活动。专业咨询机构为本项目的评估制订了准则和详细的工作计划，确定每个组成部分的主要活动；建立了监测数据库，包括图书、地图、报告和相关文件；建立了一个内部监督和评估。本项目相关负责机构按期提交监测和评估报告，项目管理办公室按期提交亚行可接受的季度进度报告和项目完成报告。

总体而言，本项目完成了预期的目标，即实现了一个完整的保护和发展模式，保护三江平原湿地及其流域自然资源免受持续威胁，并改善了当地居民的生活。

（二）项目的成效

本项目的经济效益主要来源于林业和非木质林产品的经济投资和收益。以2004年的人民币价格进行计算，经济年限为25年，本项目的总体经济内部回报率（24.8%）高于亚行资本的机会成本（12%）。同时，本项目区51 900公顷速生丰产林的建设增加了森林资源，对保护天然林资源和湿地资源、改善湿地生态环境、提高森林覆盖率、增强水土保持力、涵养水源起到巨大作用。生态环境的优化拉动了与生态相关的农业、林业、水力、畜牧、水产、副业等许多产业的发展，推动了项目区社会经济的发展，使经济增长逐渐步入良性发展轨道。本项目的开展提高了当地人民保护湿地资源、维护湿地生态环境的意识。由于项目区内包括多处国际重要的湿地及黑龙江、乌苏里江、兴凯湖等国际水域，本项目受到国际的广泛关注，其实施不仅增强了国际重要湿地的保护力度，也提高了我国在生态环境保护方面的国际影响力。项目实施过程中，七星河和珍宝岛保护区被列入《国际重要湿地名录》中，黑龙江共有7个保护区被列入"国际重要湿地"。

五、项目的总结思考

（一）项目创新亮点及进一步优化的思考

（1）为三江平原的湿地保护和经济可持续发展提供实际可操作的经验、思路、方法和措施。本项目开展了一系列的示范性项目，如在兴凯湖、珍宝岛、七星河等保护区规划和建设低污染、低排放、低能耗的生态旅游项目，用生态旅游的方式实现替代生计，促进保护区经济的可持续发展。示范项目的成功实施，为其他保护区提供了可借鉴的经验。

（2）项目的监理和监测工作贯穿在项目实施全过程，有效保障了项目稳定推进。项目实施机构委托有关单位对项目逻辑框架下不同建设项目的进度和质量进行监理和监测。对造林、抚育、生计替代、移民等方面的监理和监测，有效地保障了项目的实施进度、控制了工程质量，有利于及时发现存在的问题并作出相应的整改。

（3）注重项目成果的拓展和延续，更有针对性地应对项目执行中尚未解决的关键性挑战。2013年，亚行批准支援赠款资金50万美元进行黑龙江三江平原湿地保护能力强化项目。通过相关能力强化活动，保持并扩大三江平原湿地保护一期项目实施中获取的湿地保护能力，宣传并推广一期项目构建的湿地保护模型，在国内外共享本项目取得的湿地保护知识，进一步延续并拓展三江平原湿地保护一期项目所取得的诸多成就。

（二）项目不足之处及进一步改进的思考

（1）项目设计目标有不合理之处。最初的项目设计目标中包含将8种全球濒危物种从国际自然保护联盟（IUCN）红色名单移除。由于这些濒危鸟类均属于迁徙鸟类，而三江湿地并不是这些物种的唯一栖息地，本项目并不能影响或减少在其他国家发生的对这些物种的威胁，所以设计这个目标并不现实。实际项目完成时，这8个物种中仅有1个退出了濒危物种名单，而这些濒危物种的保护，取决于全球的努力和国际社会的长期密切监测。这些问题提示我们在设计项目影响、结果和产出的指标时，应充分考虑其现实性和可衡量性，特别是当指标具有全球视野时。

（2）项目执行过程中，因贷款和赠款分配等相关问题，导致项目延期20个月。项目执行中，由于国际咨询专家进场时间推迟，修改贷赠款的筹资百分比以及东北地区受气候影响项目实施等因素，导致项目延期时间较长。

浙江省

江苏省

上海市

9. 世界银行贷款上海建筑节能和低碳城区建设项目

一 项目介绍

（一）基本信息

项目建设内容包括在以上海长宁区为核心区域的上海市建设的既有公共建筑能效监测平台、既有公共建筑节能改造和新建绿色建筑等（见图9-1、表9-1）。

图9-1 上海建筑节能和低碳城区建设项目

资料来源：上海市财政局

表9-1 项目基本信息

项目名称	世界银行贷款上海建筑节能和低碳城区建设项目
所在地区	上海市
行业领域	节能减排
项目参与方	上海市长宁区人民政府、上海浦发银行、上海银行、建筑业主、节能改造商、相关咨询服务机构
项目主要内容	发展绿色建筑、鼓励绿色交通、改善能源结构（低碳能源供应）、完善体制机制
项目当前阶段	完工
多双边贷款机构	世界银行、全球环境基金（GEF）
贷款所属类型	投资贷款

（二）项目融资信息

本项目世行贷款金额为1亿美元，GEF赠款金额为434.5万美元。

（三）项目评级信息

世界银行对本项目完工情况评级为"满意"。

二 项目贷款的实操流程

本项目于2010年底正式向财政部和国家发改委申请列入2012~2014财年世行贷款规划，并获得批准立项。在项目准备阶段，长宁区政府从项目实施内容出发，根据项目评估要求重点完成两方面工作：一是开发项目主要区域二氧化碳减排成本曲线以研究减排潜力、成本、各种减排方案的实施难易度，这项上游分析活动产生的减排成本曲线，有利于长宁区政府设立二氧化碳中长期减排目标，完成目标优先行动，有效决策投资方案；二是长宁区建设全区范围的既有公共建筑能效监测平台，接入楼宇达到160栋，占全区大型公共建筑90%以上，有利于摸清区内建筑的基础情况。

作为上海市政府外贷管理部门，市财政局会同市发改委以及长宁区政府加强与财政部沟通，并积极协调世行，做好贷款项目各项前期准备工作。2012年10月完成项目评估，2013年1月21日在财政部主导下完成项目谈判，2013年3月20日，项目通过世行执董会审批，同年6月完成项目贷赠款协议、项目协议等法律文本签署工作。本项目宽限期为11.5年，2018年12月31日关账（即项目完工），2025年3月1日为项目最后还款日期。

为推进项目实施，长宁区政府专门成立项目执行委员会，在区级层面协调各政府部门和监管项目日常实施情况，同时成立长宁区低碳中心，统筹安排各方力量，保障项目实施。

根据世行贷款项目管理要求，项目实施期间，世行项目管理团队每半年对项目进行一次监督检查，市审计局每年对项目进行一次全面审计，并将审计结果报送世行。

三 项目贷款的特点

（一）本项目贷款体现的战略

1. 国别行业发展战略

中国政府承诺到2020年将碳强度在2005年基础上下降40%~45%，预期实现这项目标将主要依靠节能与可再生能源利用。要实现政府降低碳强度的目标，重心在于城市，上海、北京、天津的人均二氧化碳排放已经高于世界领先城市，且比全国平均水平高3~4倍。为此，国家发改委将降低城市碳排放作为完成政府降低碳强度目标的优先考虑。

2. 本贷款项目的重点战略

上海市政府致力于向低碳城市转型，将实现降低碳强度的目标作为"十二五"规划的重中之重，计划在"十二五"期末使碳强度和用能强度分别下降19%和18%。长宁区政府为总体用能设定上限，计划将用能强度降低17%，使年总体用能增长在目前水平上降低一半。为了完成这些目标，市区二级政府划拨了节能减排专项资金，上海也成为国家发改委首批二省五市试点项目中碳限额与碳交易机制的试点城市。

为实现将长宁区打造成领先上海乃至全国低碳城区的目标，长宁区政府始终将绿色发展作为增强长宁区竞争力的动力。"十二五"期间，长宁区政府划定了一个低碳城区，专注于提升建筑能效，向低碳经济结构和用能结构转型，并采用创新机制和多领域参与方式开展工作。同时，作为区内减排规划重要组成部分，长宁区政府对本项目实施了高于上海市及国家水平的激励政策，给予既有公共建筑节能改造投资额25%的补贴，该补贴的力度相当于上海市同类激励政策的一倍，有利于快速吸引一批既有公共建筑实施改造。

（二）本项目贷款的主要特点

世行贷款部分侧重于建筑方面的低碳投资，其贷款资金主要用于既有建筑改造中使用的低碳技术，以及新建建筑中高于现行节能标准的低碳技术，并通过上海银行和浦发银行两家商业银行融资实现规模化建筑改造投资。GEF赠款部分侧重于在政策、融资机制、商业模式方面提供技术援助和能力建设及相关专项课题研究。

根据贷款协议，本项目贷款期限12年，利率为（LIBER+0.17）%。项目实施过程中，世行贷款资金采用偿还支付的提款报账方式，即由项目单位向市财政局提交提款申请，市财政局审核后提交世行，世行审核后将贷款资金直接拨付给两家商业银行；GEF赠款资金采用专户管理方式，即由上海市财政局开设专用账户，通过偿还支付、直接支付、指定账户或者特别承诺的提款报账方式，由两家商业银行向市财政局申请资金拨付。能源服务公司（包括租赁公司）、建筑业主、建筑开发商、物业管理公司、EE/RE设备供应商、政府机构、政府终端用户和分布式供能运营商是贷款项目的最终债务人。

与传统的贷款项目相比，本项目具有子项目多为大量小型建筑改造、次级借款人多为中小型企业（如能源服务公司等）的特点。因此，采用金融中介机构转贷模式，可以更为有效发挥两家商业银行在项目尽调方面的优势，提升项目实施效率。

四 项目的产出和成效

（一）实物类产出

本项目共实施67个子项目，其中：利用世行贷款资金实施44个项目。投资产生的节能量78 083吨标准煤，二氧化碳减排量189 946吨二氧化碳，均超过项目预期目标。

GEF赠款资金支持实施了虹桥迎宾馆9号楼开展近零碳排放建筑试点，采用市场化方式有效控制投资增量成本，成功实现运行碳排放近零目标，成为上海市第一个商业化运作的近零碳排放项目，对在上海市推广近零排放示范效益方面起到了积极示范效应。上海虹桥迎宾馆9号楼近零碳排放建筑全过程管理应用和示范项目获得了清华大学"全过程管理优秀案例"奖项和2019年"G20国际最佳节能实践"奖项。此外，GEF赠款资金支持了低碳社区试点研究，探索建立地方适宜的低碳社区指标体系，有助于促进实施低碳社区示范建设。

（二）非实物类产出

1. 强化项目管理，完善体制机制

长宁区政府设立了世行贷款项目专业管理机构，即长宁区低碳中心，统筹安排各方力量，保障项目实施。长宁低碳中心在推进既有公建节能改造过程中，制定了详细项目管理流程，为业主提供全方位支撑，与传统的模式相比，有效解决既有公共建筑改造过程中痛点，有力推进既有公共建筑节能改造。

在本项目实施期间，长宁低碳中心通过国际国内交流，示范实施了一批绿色低碳项目，积累了丰富的项目管理经验。在项目结束后，按照区政府的要求，长宁低碳中心转变为长宁区低碳发展的技术支撑和示范项目管理部门,负责延续世行项目的做法,持续提升长宁区绿色低碳发展水平。

2. 深化多元合作,促进国际国内交流

项目实施期间,长宁低碳中心积极与国家发改委、国际地方可持续发展协会(ICLEI)、C40城市气候领导联盟、世界资源研究所(WRI)、能源基金会(EF)、中国建筑节能协会、清华大学等一批国际国内专业机构建立了联系和合作,以"上海建筑节能和低碳城区建设示范项目"为契机,参加国际城市间的自愿建筑能效提升项目,并获邀在马德里气候峰会的边会上介绍本项目案例,获得较好反响。同时,本项目案例被推选在亚洲开发银行、C40城市气候领导联盟等国际论坛和远程会议中进行宣传和交流,并多次受邀为国内兄弟省市进行项目经验交流和分享。

3. 注重合作附加值,创新技术学习

2018年,在项目设计的区域减排成本曲线基础上,根据上海市100幢节能改造示范项目建筑的实际节能效果及经济数据,长宁低碳中心利用GEF赠款资金支持编制了上海市公共建筑减排成本曲线。与国际经验比较,该曲线在以下两方面实现了拓展:一是该曲线的样本数据源于100幢实际节能改造案例,数据的真实性使曲线更具有实际指导意义;二是该曲线在已有数据基础上建立了既有公共建筑节能改造案例动态数据库,数据库可以根据新增案例随时绘制、更新曲线,保障了建筑减排成本曲线的时效性。该成本曲线是国内首个也是唯一以实际运行数据编制的成本曲线,对整个区域减排和单个项目改造具有更实际的指导意义。

此外,本项目在绿色低碳理念和技术快速发展方面,示范了市场化的商业模式,推广了一系列以结果为导向的适宜技术,培育了一批高质量的节能服务商和咨询服务机构,提升了两家商业银行绿色金融拓展能力。

五 项目的总结思考

(一)项目创新亮点及进一步优化的思考

1. 以市场化的理念,设计有效政策体系

以本项目为载体，长宁区政府通过充分吸收国际经验，并结合上海市长宁区实际情况，于2018年开始实施了能效对标公示制度，该制度实施三年来，对明确业主责任、推动节能产生了积极效果。在项目实施后期，长宁区政府持续优化完善政策体系，研究制定配套奖励政策，进一步发挥政策支持引导作用。

2. 以迭代的理念，持续创新节能模式

长宁区政府在本项目实施过程中建立了有效的体制机制，拓展了国际国内专业交流渠道，为长宁区绿色低碳可持续发展提供了积极保障。在项目执行完成后，长宁区延续世行项目建立的有效的体制机制，紧贴实际，注重反馈，不断迭代、创新政策和做法，例如长宁区政府先后开发能效保证型的高效机房，推动调适托管，并在全国率先推出了调适托管的补贴政策，全面提升长宁区低碳发展的水平。

3. 以探索的理念，助力项目推进实施

本项目采用金融中介机构转贷模式，引入两家商业银行作为贷款项目的具体执行机构，在项目采购方面执行机构可以按照国内商业模式运作规定进行操作，从而简化项目操作流程，提高执行效率。同时，通过两家银行贷款额度和利率的适度竞争，将世行贷款的优惠利率让惠于楼宇改造的业主和合同能源管理公司，增强两家银行开发子项目的积极性。合同能源是本项目主要的商业改造模式，针对合同能源管理节能服务企业的特点和需求，两家商业银行以项目需求为载体，加快开发包括"未来收益权质押融资"等创新抵押模式。此外，长宁区政府还对"政府补贴质押"模式进行尝试，有力促进贷款项目的顺利实施。

4. 以开放理念，丰富城市绿色低碳发展内涵

本项目实施后，长宁区政府继续探索与世行等国际机构进一步合作，不断吸收国际先进经验，全面提升长宁城市发展水平。作为上海世界城市日系列活动组成部分，2019年10月，在上海市财政局协调下，长宁区政府协同上海世界城市日事物协调中心与世行联合举办"国际绿色生态城市建设——将自然融入绿色生态城市设计研讨会"，与来自新加坡、伦敦、巴黎、赫尔辛基等国家的政府官员和专家学者分享有关绿色发展愿景、战略和实践方面的经验，交流和学习国际上关于自然资产评估和生物多样性先进理念。此次研讨会上的经验分享和交流，有力推动了长宁区政府在国内率先探索大型城市社区生物多样性概念的生境花园建设，极大地丰富了城市绿色低碳发展内涵。

（二）项目不足之处及进一步改进的思考

上海市多年来一直将生态环境保护作为推动高质量发展的重要抓手、创造高品质生活的重要内容，大力支持绿色信贷、绿色证券、碳金融以及绿色保险的发展，通过与世行等国际组织合作，共同建立绿色金融国际合作机制。下一步，上海还将继续加大对绿色金融的支持力度，通过借鉴国际金融组织在绿色金融方面的丰富经验，引导市场主体积极参与，培养绿色金融的投资者队伍，培育第三方绿色认证机构，推进上海绿色金融的发展。

除实体项目合作以外，上海市也通过多种形式，加强与国际金融组织知识合作和交流，充分借助世行等机构作为知识银行的资源，帮助和指导上海市的城市绿色发展，主要可以从以下三点出发：

一是贯彻新发展理念，推动高质量合作发展。一方面，围绕长三角一体化、自贸试验区临港新片区建设等国家战略，聚焦城市群发展、交通等领域，积极发挥世行等多双边机构发展实践平台优势，为上海践行国家重大战略提供有益借鉴与资金支持，另一方面，立足上海国际金融中心建设，加快发展绿色金融，更好地利用国内国际两个市场、两种资源，有效发挥多双边机构与政府投资基金的联动合力，支持绿色低碳项目开发建设。

二是全力推动本市营商环境改革取得新突破。上海作为《全球营商环境报告》中两个中国样本城市之一，与世行就改善营商环境方面保持积极合作，并且不仅仅局限于世行提出的十个营商环境指标，而是更加聚焦影响百姓和投资者好感度的突出问题和薄弱环节，力争同步提升营商环境软实力和绿色发展软实力，打造一个更加宜居和发展的绿色城市。

三是派遣干部赴世行总部借调学习工作。从另一个角度学习和体会世行贷款项目管理要求，也为后续更好地管理世行项目提供了经验。

浙江省

安徽省

江苏省

10. 世界银行贷款 江苏淮河流域洼地治理工程项目

一、项目介绍

（一）基本信息

项目建设内容包括疏浚干河、支河、生产河道洪水控制工程的新建、修复、重建和扩建，新建、修复、重建配套建筑物449座，其中灌排泵站142座、涵闸213座和桥梁94座；巡测断面观测设施4处（见图10-1、表10-1）。

图10-1 江苏淮河流域洼地治理工程项目

资料来源：江苏省财政厅

世界银行贷款江苏淮河流域洼地治理工程项目

表10-1 项目基本信息

项目名称	世界银行贷款江苏淮河流域洼地治理工程项目
所在地区	江苏省
行业领域	水利
项目参与方	省、市、县（市、区）水利（务）厅（局），省、市、县（市、区）国土管理局，县移民实施管理机构、乡镇及村委会，省（市）水利勘测设计院有限公司，河海大学移民研究中心（外部监测评估机构），北京海立信科技有限公司（咨询公司），南京中锦欣信息咨询有限公司等监理单位，江苏盐城水利建设有限公司、江苏中禹水利建设有限公司等施工单位
项目主要内容	治理洼地总面积1 689.9平方千米，主要包括里下河东南片（泰东河工程、泰州市洼地治理工程）、里运河渠北（淮安市渠北里运河洼地治理工程）、废黄河（徐州市废黄河洼地治理工程）3片洼地
项目当前阶段	完工
多双边贷款机构	世界银行
贷款所属类型	特定投资贷款

（二）项目融资信息

项目总贷款为9 000万美元，最后使用贷款到账数为9 000万美元。

（三）项目评级信息

世界银行对本项目完工情况评级为"非常满意"。

二 项目贷款的实操流程

党中央、国务院十分重视淮河流域洪涝灾害的问题，2003年淮河大水以后，为扩大淮河治理建设项目的融资渠道、加快淮河低洼地排涝治理建设，水利部计划司、国科司、淮河委员会与发改委农经司、世界银行专家及官员，以及江苏、安徽、河南、山东四省水利厅共同商定，计划利用世界银行贷款开展淮河流域重点洼地治理工程。江苏省水利厅向水利部和淮委发文，请求利用世界银行贷款开展淮河流域重点平原洼地治理工程。2008年6月，发改委以《国家发展改革委关于世行贷款淮河流域重点平原洼地治理工程项目建议书的批复》（发改农经〔2008〕1496号）批准项目建议书。同年11月，江苏省项目通过了世行评估团的正式评估。项目贷款期限25年，其中宽限期8年。

江苏省人民政府专门成立了"江苏省淮河流域重点平原洼地治理工程外资项目协调小组"，组长由分管副省长担任。小组负责协调本项目建设中的一些重要政策、总体部署和建设过程中的重大问题。有关地（市）、县（市、区）、乡镇各级均成立了地方项目领导小组，由各级政府、财政、发改、民政、水利、经管等项目建设所涉及的相关部门主要负责人员参与。省水利厅成立江苏省世界银行贷款淮河流域重点平原洼地治理项目办公室（以下简称"省项目办"），各有关地（市）也相继成立了世行项目办，省、市世行项目办制定各项规章制度，从内部的科学、规范管理等方面，为本项目顺利实施提供保障。同时，选定资质高且经验丰富的江苏省水利勘测设计研究院承担本项目的工程勘测、设计工作，选定江苏省水利厅及各有关地（市）水利局为本项目技术管理单位，提供全面技术支持。

世行的认定团、准备团、预评估团和评估团分别于2005年、2006年、2007年和2008年前往现场考察本项目，并形成相应的备忘录。2010年11月3日，财政部同世行签订了项目《贷款协议》《项目协议》。随后，财政部、江苏省政府、泰州市政府、淮安市政府、徐州市政府、各项目实施单位又逐级签订了转贷协议。本项目于2011年2月1日正式生效。

因项目实施环境变化等原因，根据世行要求，省世行项目办于2013年牵头完成了中期调整报告，变更了部分河道、堤防、建筑物工程建设内容，于2016年2月获得省发改委出具的同意函，于2016年6月获得世行同意。本项目的世行贷款资金专用账户设在江苏省财政厅，根据转贷协议，在江苏省水利厅和徐州市、泰州市、淮安市财政局分别建立专用账户，以保证做到专款专用。同时，在各有关地（市）、项目县（市、区）世行项目办成立专门的项目资金管理单位，并配备合格的财务管理人员。

根据省世行项目办统一制订的世行贷款项目采购计划，本项目采购任务分别由泰东河、淮安、徐州、泰州市世行项目办各自完成，省世行项目办参与世行贷款项目招标采购管理过程，并进行有效指导和监督管理。

自2012年3月开始，江苏省审计厅每年对本项目开展审计工作。省审计厅分别对2011年、2012年、2013年、2014年、2015年、2016年项目财务收支和执行情况开展了6次专项审计工作。建设期间世行检查团来苏开展9次现场检查活动。并在历次检查结束后，由省世行项目办及时向各下级世行项目办传达备忘录的有关意见与主要建议，根据世行检查团备忘录要求逐项落实整改行动计划。2017年，本项目被世行评为"非常满意"项目。

2014年6月，省财政厅委托河海大学根据《国际金融组织贷款项目绩效评价操作指南》，对本项目开展中期绩效评价工作。本项目的综合绩效评价为"实施顺利"，加权平均得分为97.83分。2020年6月，省财政厅委托鼎玺会计师事务所对本项目开展完工绩效评价工作。本项目的综合绩效评价为"高度成功"，加权平均得分为98.98分。

三 项目贷款的特点

（一）本项目贷款体现的战略

1. 国别行业发展战略

世行现行的中国伙伴战略和国家水资源援助战略把防洪和排水涝作为世行支持

的关键领域之一，包括工程措施（基础设施建设）和非工程措施（机构能力建设、流域管理，洪水预警和灾害评估系统，参与途径，以及加强运行和维护）。

2. 本贷款项目的重点战略

本项目的发展目标是：向江苏淮河流域贫困农村地区提供更好、更可靠的防洪防涝措施，提高耕地生产率，减少财产损失。实现项目发展目标，通过完善防洪排水工程、加强洪水管理制度安排，降低以农村为主地区的洪涝灾害的影响。具体措施是通过疏浚河道和加固堤防，提高现有河道的除涝防洪能力；通过新建、重建、扩建、维修加固现有建筑物，使治理区形成一个完整的防洪排涝体系，真正做到涝水排得出，洪水防得住，从而彻底改变低洼易涝区涝灾严重、人民群众生活困难的局面，为地区经济可持续发展创造良好的条件。

（二）本贷款项目的主要特点

（1）对象：国际复兴开发银行。

（2）期限：25年，包括宽限期8年。

（3）利率：本项目以贷款货币的伦敦银行同业拆借利率（LIBOR）加浮动利差计算，浮动利差每6个月调整一次。

（4）抵质押与担保情况：无。

（5）提款方式：周转金方式、偿还支付方式和回补专用账户方式。在发生了符合世界银行规定的合格费用后，由项目单位用自有资金先行垫付；后期项目单位再凭相关证明文件，按照世界银行的有关支付条款要求，向同级财政部门申请提款报账，同时将报账资料抄送同级项目办。财政部门对报账资料进行审核后，从专用账户用世行批准下拨的周转金偿还项目单位已支付的货物、土建、咨询或培训等款项。

（6）管理方法：本项目成立了江苏省项目办，省项目办下设四个独立项目办，分别为：泰东河项目办、徐州市项目办、淮安市项目办、泰州市项目办。

（7）最终债务人：江苏省水利厅，淮安市、泰州市、徐州市人民政府。

四 项目的产出和成效

（一）项目的主要产出

1. 实物类产出

在项目区开展防洪除涝治理工程：（1）堤防加固116.17千米；（2）改善水道，特别是通过河道疏浚、排水渠开挖和河岸加固与稳定，疏浚干河、支河、生产河道223.86千米；（3）洪水控制工程的新建、修复、重建和扩建，新建、修复、重建配套建筑物449座，其中灌排泵站142座、涵闸213座和桥梁94座；（4）项目区农民排灌协会建立与推广完成9个。经世行批准同意、省水利厅批复，统一购置基地生产用房，按批复概算总经费购置736.9569平方米。巡测断面观测设施完成评估值工程量的85%（其他项目资金已先期建成巡测断面观测设施4处，实际完成100%），其他建设内容完成评估值工程量的100%。

2. 非实物类产出

（1）机构与人员能力建设。

本项目国外考察开展39人次。为加强省世行项目办及有关地（市）和项目县（市、区）的管理能力和技术水平，保证世行贷款项目的顺利实施，省世行项目办十分重视各级项目办建设管理人员的学习培训，从项目前期准备阶段到项目实施完工阶段，省世行项目办共组织召开了100多次技术培训研讨会，内容涵盖世行贷款项目的招标采购、财务管理、管理信息系统（MIS）运行管理、工程安全生产、环境保护、征地移民安置、监测评价等，不断加强和提高各级项目办及工程建设单位的能力建设。

（2）农民灌排协会（FIDA）。

本项目所建设的1个农民灌排协会示范区及8个推广的农民灌排协会，受到项目区广大农民群众的普遍欢迎和大力支持，协会范围内的农民积极参与了田间水利工程的规划、设计、管理、运行维护，取得了显著的效益，在项目所在的地（市）、县（市、区）、乡镇、村产生了广泛的良好影响，同时也影响了项目外的农民用水合作组织（包括农民用水者协会（WUAs）），开始对农民灌排协会的主要措施、做法、成效产生兴趣，进一步深入研究、挖掘、推动农民用水合作组织的可持续发展问题，找到好的对策。

（3）开发应用项目管理信息系统（MIS）。

本项目管理中统一使用中央项目办（CPMO）开发应用的项目管理信息系统，一直本着提前准备、及时检查、即刻解决、针对指导、长期培训的系统运行原则，在项目的执行过程中，持续不断地发挥着重要作用。在相关数据录入方面，本项目管理信息系统基本符合合同实际执行情况和项目进展情况，财务管理系统能比较准确并真实反映阶段的项目资金运转情况。因此，MIS系统为各级项目办加强世行贷款项目和资金管理，提高工作效率和管理水平，发挥了很好的辅助作用。在江苏省其他重点工程项目中进行了推广应用，获得了好评。

（4）历史文化遗产保护。

本项目在许多方面具有示范性，实施过程中，土方开挖期间发现并出土一个非常重要的考古遗址。项目管理方未使考古挖掘工作成为项目实施的障碍，而是将其变成了河流的文化公园，保护历史文化遗产。

（5）设立外部监测评估。

通过设立外部评估机制，全方位监测评价项目实施成效。央项目办在与四省世行项目办的协商下，全面负责项目的监测评价系统框架的设计，编制项目的监测评价总报告。各省世行项目办根据监测评价系统的综合设计，安排项目监测评价技术承担单位进行现场监测评估，并向中央项目办提供监测评价报告，供其编制监测评价总报告。另外，省级项目办与外部移民独立监测评估机构、环境监测机构、移民监理机构签订监测合同，作为第三方独立单位，对项目区征地移民、工程建设过程中移民、环境管理等安全保障政策落实情况，进行监测评价并提交报告。

（6）总结推广经验成果。

为了进一步总结交流、应用推广世行贷款项目和资金管理的先进做法经验，扩大世行项目影响力，江苏省组织编制了《世行贷款项目管理实务精解》《世行贷款项目环境管理精解》《世行贷款项目社会管理精解》三本书，共约80万字，并面向社会出版发行。

（二）项目的成效

1. 对项目所在地的影响

本项目实施后，进一步提高了项目所在地区的防洪除涝标准，改善了项目所在地的灌溉排水条件，有利于农作物的生长，提高了粮食产量，同时也改善了项目所在地农民群众的生产生活和生态环境。

2. 对项目所属行业的影响

江苏省世行贷款淮河流域重点平原洼地治理工程中的泰东河、废黄河、里运河及泰州市的骨干河道与内部河道整治后，进一步扩大了行洪排涝能力，减少了防汛时间；通过对堤防和穿堤建筑物进行除险加固，减轻了防汛压力，减少人力、物力的调遣和支出；通过对沿线泵站除险加固以及新建排涝涵闸、泵站，提高了平原洼地排涝能力，缩短排涝时间；通过改善水文设施和工程管理设施等，发生险情时，可保证工程抢险及时、顺利进行。

3. 对项目相关方的意义

一方面，泰东河工程实施后，将在里下河东部沿海形成一条贯穿南北、沟通江海的三级航道，节省了船舶行驶时间，减少了船舶的停靠时间和次数，改善了地方经济，航运效益很大，减少了地区的能源消耗，节约了成本；另一方面，从世行贷款项目财务管理、采购管理、信息系统管理、环境保护、中期计划调整、项目完工验收、运行和维护计划等活动的技术培训学习和实践锻炼，不断提高各级项目办和基层有关人员的项目管理水平和业务素质，培养了一大批熟悉世行贷款项目管理的复合型人才。

世行参与中国若干农业、水利建设相关项目中得到的重要的经验教训，纳入本项目的规划设计中，引入了国际、国内专家的技术援助以及新的技术、材料和建设方法，特别是在非工程措施开发方面的经验，如：机构改革及能力建设、建立洪涝灾情决策支持系统对流域进行科学管理、加强工程运行和维护、建立农民灌排协会以确保涝水能够通过合理维护的田间水利工程排放到主渠沟系中，制订并采用环境管理计划对环境的可持续发展做出贡献。

4. 对多双边贷款机构（世界银行）的意义

在项目实施过程中，世行平均每年检查两次。每次检查都推动了各省、市、县国内配套资金落实进程，并针对项目实施中的关键事项给予特别关注，帮助各级项目办沟通协调，解决项目建设实施过程中所遇到的难题，了解更多国内项目的特别情况和经验。

五 项目的总结思考

（一）项目创新亮点及进一步优化的思考

1. 创新农民灌排协会管理制度，确保工程良性运行

在项目区建立和推广农民灌排协会（FIDA），是本项目的一项管理制度创新。本项目在项目区试点建设农民灌排协会及田间水利工程时，采取自下而上的规划、设计策略，深入实地进行详细调查，向农民灌排协会会员广泛征询田间水利工程规划方案，倾听当地农民群众的有关诉求，及时调整和优化设计方案，最大限度地满足农民群众需求。同时，项目实施方组织水利设计人员、乡镇水利站站长、村干部、协会会员，系统研究、完整规划协会范围内田间水利工程长期建设方案，按长、中、短期分步实施，并专门选择一个独立封闭区域实施示范。在工程施工完成后，大幅降低了农民的生产成本，实现了协会范围内工程运行维护的良性循环。

2. 积极使用现代科技手段，远程管理工程建设

江苏省世行项目办针对世行贷款项目中的重点工程，要求相关施工单位在施工关键部位设置监测系统，有关地（市）、项目县（市、区）世行项目办对工程实行远程现场监控的办法，有效提高了工作效率，促进本项目实现工程安全、质量、进度管理，取得了良好的效果。

3. 借鉴世行项目管理模式，革新水利工程管理机制

江苏省将本项目开发应用和运行良好的MIS系统，应用推广于各级项目办，实现工程、财务一体化管理。借鉴世行项目采用MIS系统管理项目和建设资金的经验，省世行项目办还开发并全面试行水利工程建设标准强制性条文执行与检查系统软件。本省大中型水利工程建设的施工、监理、建设管理单位的工程技术人员，通

过该软件实时掌握网络申报工程所涉及的强制性条文执行及检查情况，有效提高工程质量、安全管理效率和水平。

4. 关注项目监测和评价，确保达到预期效果

对项目实施过程中移民、环境绩效的监测评价给我国项目管理带来发展模式等方面的启示。世行项目周期中每个阶段均有明确的任务和指标，目的是确保项目按需要实施，达到预期效果。项目实施机构委托独立的单位对移民安置、环境保护、水土保持等开展外部监测。针对项目整体的治理目标，项目实施机构还委托独立的监测单位对项目成果进行监测评价，以此来确定项目实施的绩效。

5. 结合地方水文化，打造水利品牌工程

省项目办结合地方水文化特色和世行项目管理先进理念，牢固树立精品意识和品牌意识，坚持"水文化与水工程相结合"的建设理念，在项目区精心打造一批水利工程亮点。一是打造在泰东河"零起点文化工程"，弘扬了治水精神，丰富了水文化。二是打造溱潼闸巡查通道生态长廊，使里运河治理工程成为地方的一道风景线，促进了地方经济的发展。三是践行绿色理念，建设小顷河-苗介田河生态防护工程，形成水土保持生态治理展示区，建设可复制、可推广的样板示范工程。

（二）项目不足之处及进一步改进的思考

1. 项目立项批复时间跨度长，建设实施难度加大

本项目从前期调研、立项、设计到正式组织实施，历时7年多，项目实施期6年，前后历时总计10余年。至项目正式建设实施时，原规划工程施工现场已发生较大变化，一些工程相应作出设计变更，在很大程度上增加了各级项目办对工程勘测、设计、施工、管理的难度和工作量，延误了项目招标采购及施工进度，给实施管理机构带来较大工作压力。

2. 汇率变化和中标方式考虑不足，报账难度大

本项目初期设计世行贷款提款报账支付比例及各支付类别额度时，未能充分考虑汇率变化对项目贷款报账总数的影响。在项目实施期间，受汇率变化影响，土方工程招标结余较多，按原设计工程内容实施，按人民币报账比例报账，则世行贷款额度不能完成。后期江苏省世行项目办通过项目中期计划调整，对土建工程的报账

支付比例进行了提高，对结余经费采取新增工程内容的措施，最终全部完成了世行贷款的报账支付任务，但无形中延长了工程总体工期。

根据世行采购指南，按投资来源，除全部使用国内资金招标的项目外，其余项目均执行"经评审的最低价"中标方式。这种招标采购方式可以在一定程度上减少招标过程中的串标、围标现象，也能在一定程度上降低工程投资，但这种方式也给建设管理增加了一定的难度。一是世行对投标单位原则只要求有相应的施工经历，评标过程中评审的重点在投标报价、投标单位的财务状况，而对投标单位的资质、信用等级、所投工程相应的施工组织设计没有要求，在一定程度上增加了资信等级低、现场管理经验不丰富的施工单位中标的可能性，同时也增加了借资质投标的可能，增加了工程实施过程中建设管理的难度；二是在不考虑投标单位的资质、信用等级、所投工程相应的施工组织设计情况下，采用"经评审的最低价"中标方式，施工单位的利润被压缩，对建设单位现场的精细化管理不利。

3.借款人、项目实施机构和合作伙伴提出的工作建议

（1）建议世行及国家有关部门减化世行贷款项目审批时间，加强立项前的项目复核审查，避免将与立项内容变化较大的项目列入选择范围，以确保立项项目运作效率，最大化发挥融资效益。建议由专业人员对项目可研阶段数据进行存档，对各项数据的采集标准进行说明，以便后续实施机构顺利开展工作。

（2）建议项目执行机构考虑最低评标价和汇率变化给土建工程、货物、咨询服务类项目带来的投资变化，充分利用项目中期调整计划，及时将项目范围内新增工程纳入世行采购合同，确保项目合规足额使用世行贷款资金，有效保障项目顺利实施。

安徽省

福建省

浙江省

11. 法国开发署贷款
浙江生物多样性保护和发展利用项目

一 项目介绍

（一）基本信息

项目建设内容包括新建仙居生物多样性博物馆、仙居生物多样性监测大楼、客运索道、相关生态旅游基础设施等（见图11-1、表11-1）。

图11-1 浙江生物多样性保护和发展利用项目

资料来源：浙江省财政厅。

表11-1 项目基本信息

项目名称	法国开发署贷款浙江生物多样性保护和发展利用项目
所在地区	浙江省
行业领域	生态保护和环境治理
项目参与方	仙居县人民政府、仙居国家公园管理委员会、仙居县项目办、仙居生物多样性发展有限公司（项目单位）、浙江省财政厅、浙江省项目办、中国建设银行浙江省分行（代理银行）、中机国际招标公司（招标代理机构）等
项目主要内容	主要内容由八个部分组成，分别为自然遗产保护工程、生态修复工程、文化遗产保护工程、生态旅游工程、环境教育工程、社区发展项目、能力建设项目、基础设施建设工程。工程涉及建设用地411 667平方米，总建筑面积88 180平方米，主要建设生物多样性博物馆、生物多样性监测中心、索道站房、游客服务中心等，新建索道2条约3 500米、游步道23千米，游步道改造提升18千米，以及其他配套基础设施
项目当前阶段	建设期
多双边贷款机构	法国开发署
贷款所属类型	外国政府贷款

（二）项目融资信息

全部贷款额：约9.6亿元人民币。

多双边贷款额：7 500万欧元（约5.6亿元人民币）。

贷款到账数：截至2020年12月底，共到账1 469.32万欧元。

二 项目贷款的实操流程

（一）项目鉴别

2015年10月10日，国家发展改革委、财政部下发《关于申报2015年外国政府贷款备选项目的通知》（发改办外资〔2015〕2592号），本项目单位据此开展项目申请书、项目建议书、国别比选报告编制。

2015年11月11日，仙居县发改委、财政局向浙江省发改委、浙江省财政厅上报了《关于要求将"仙居县域生物多样性保护和发展利用示范项目"列入2015年外国政府贷款备选项目的请示》（仙发改外资〔2015〕165号）。

经浙江省政府同意，2015年11月18日省发改委、省财政厅向国家发改委、财政部联合上报了《关于浙江省仙居县域生物多样性保护和发展利用示范工程项目申请外国政府贷款的请示》（浙发改外资〔2015〕769号）。2016年10月25日，浙江省财政厅向财政部上报了项目评审报告。

（二）项目准备

2016年7月12日，国家发改委、财政部下发《2016年外国政府贷款备选项目规划的通知》（发改办外资〔2016〕1529号），本项目列入备选项目规划。项目单位开展项目可行性研究报告、资金申请报告、逻辑框架、环评、社评、环境和社会行动计划、移民安置计划框架编制工作。

2016年8月21日，项目单位完成代理采购公司招标，确定中机国际招标有限公司为本项目代理采购公司；2017年2月17日，项目单位完成代理银行选聘，确定中国建设银行浙江省分行为本项目代理银行（仙居是全国首个按照财国合〔2016〕50号文件公开采购代理银行的单位）。

（三）多双边贷款机构评估

2016年1月28~31日，法开署技术专家组（环境、遗产、建筑）开展预甄别考察；2016年3月14~18日，法开署开展项目甄别考察评估，提出项目建议和意见并签订备忘录。2016年9月24~30日，法开署开展项目正式评估考察，并邀请浙江省相关部门共同明确每一子项内容、资金量和资金结构并签订备忘录；2016年12月5~7日，法开署交通部门对项目索道部分开展专项评估考察并签订备忘录；2016年12月底，法开署总部董事会批准本项目贷款。

（四）项目审批

2017年1月23日，浙江省发改委下达《关于仙居县域生物多样性保护和发展利用示范工程可行性研究报告的批复》（浙发改外资〔2017〕83号）；2017年7月3日，国家发改委下达《关于石家庄市第四医院等4个国外贷款项目资金申请报告的批复》（发改外资〔2017〕1260号）。2017年7月12日，财政部与法开署签订《贷款协定》。2017年10月26日，法开署、浙江省财政厅、项目单位签订《仙居县域生物多样性保护和发展利用示范工程项目操作手册备忘录》，2017年11月14日，逐级完成《再转贷协议》签订。2017年11月16日，法开署批复《仙居县域生物多样性保护和发展利用示范工程项目操作手册》。

（五）项目实施与执行

项目转贷期为20年，执行期为2017年7月12日~2023年7月15日。

为了更高效地推进项目的实施，在浙江省层面上，成立省项目办，由省发改委、省财政厅、省自然资源厅、省生态环境厅、省住房和城乡建设厅、省审计厅等部门组成，负责加强项目的组织和管理，提供立项咨询意见，统一组织项目实施单位进行项目准备，协调问题，开展政策指导和专项业务培训，协调推进项目执行。在仙居县层面上，成立仙居县域生物多样性保护和发展利用示范工程项目工作领导小组（以下简称"领导小组"），由仙居县委县政府、县财政局、县发改局、县自然资源局、县文广旅体局、台州市生态环境局仙居分局、县农业农村局、县水利局、县住建局、县安监局、县国资工作中心、县审计局、仙居国家公园管理委员会等单位主要负责人组成,对项目准备及实施做出重要决策,负责行政、资金、总协调工作。领导小组下设项目管理办公室(以下简称"项目办"),项目办设在仙居国家公园管理委员会,主要确保项目的全程协调,负责法开署项目的整体推进实施,协调不同部门之间的利益,负责学习上级的政策和法规,向有关单位传达上级的政策和法规。项目办下设工程项目部(神仙居景区建设指挥部),负责公盂和饭蒸岩生态旅游及索道项目的具体建设和实施。

本项目的代理银行为中国建设银行浙江省分行,主要负责项目提款报账资料的审核、完成对外提款手续、及时制作并下发项目单位还本付息付费通知单和付款通知,并抄送省财政厅和仙居县财政局。按要求做好台账,按时和项目单位、省财政厅核对债务。

本项目的招标代理机构为中机国际招标公司,负责在授权范围内办理有关招标采购的商务事宜。在提款报账方面,主要负责协助项目单位准备并审核提款报账资料。

仙居生物多样性发展有限公司作为项目单位,负责发布所有国内及国际招标公告,并负责签署和执行所有在本项目下的合同。

截至2020年12月底,本项目已经执行4个子项目(合同),各子项目进度如下:

(1)技术援助和能力建设项目。2017年10月24日,本项目通过国际招标,与法国奥雷亚德环境与可持续发展咨询设计公司等13家联合体签订合同。项目旨在提高业主的综合管理能力,保证整个贷款项目的顺利实施和仙居国家公园的有效管理。目前已开展了多次业务培训,包括生物多样性调查和监测的业务培训、遥感和地理信息系统应用培训、法国国家公园体制及经验主题讲座等。参照法国国家/大区公园模式,编写完成具有仙居特色的仙居国家公园宪章初稿。建立国家公园品牌增值体系,在品牌体系大纲的基础上完成了品牌体系细则和中国品牌保护法律背景的审查工作。完成其他子项目的环评和社评报告。持续开展生物多样性调查和监测工作,开展了鱼类、昆虫、兽类、大型真菌、植物、鸟类和蝙蝠的调查,截至目前新增兽类记录6种、新增鸟类记录46种、新增爬行动物记录10种、新增两栖动物记录12种、新增鱼类记录2种、新增维管植物记录106种，在 Zootaxa Zookeys 及《昆虫分类学报》等发表了8篇以仙居命名的新物种论文，其中2020年新发现并命名了中国第517种两栖动物——仙居角蟾，相关论文在国际核心期刊发表。开展了蛇类群落、有尾两栖类、火山流纹岩两栖类、农田两栖类等群落保护生物学研究调查。仙居国家公园成功加入"中国生物圈保护区网络"成员。完成仙居国家公园影像纪录片样片的拍摄和制作。

（2）仙居生物多样性科教中心工程项目。2017年11月20日，通过国际公开招标与烟建集团签订合同。项目是设计采购施工一体化（EPC），旨在建立一座以展示仙居地区生物多样性资源为主题的博物馆和一座生物多样性科研监测大楼。目前完成了工程建筑的主体结构、室内装饰装修、室外景观，确认了布展方案，完成布展产品招投标准备工作。

（3）生态修复设计方案项目。2017年11月30日，通过国际公开招标与法国滤园公司等6家联合体签订合同。项目旨在对位于仙居国家公园境内的3座历史遗留废弃矿山（李家畈、天高尖、茅草山）进行矿山环境恢复治理提供有效的生态修复方案。已完成废弃矿址的基础调查、矿址特性检测、生态和人体健康风险评估、修复目标和修复措施设计等内容，已获得发改部门批复。

（4）生态修复工程项目。2018年12月11日，本项目通过国内公开招标，与杰瑞环境工程技术有限公司签订合同。根据生态修复设计方案，现基本完成天高尖、茅草山地块的生态修复工程；李家畈地块生态修复工程基本完成土建工程。

（六）项目检查和评价

法开署每年开展一次项目中期检查，浙江省审计厅每年开展一次项目审计。2017年10月18~20日，法开署组织开展2017年度中期检查工作；2018年4月9~25日，浙江省审计厅组织开展2017年法开署项目年度审计；2019年1月25~27日，法开署组织开展2018年度中期检查工作；2019年4月9~26日，浙江省审计厅组织开展2018年法开署项目年度审计；2019年5月20~30日法开署组织开展2019年度中期检查工作；2020年5月26日~6月10日，浙江省审计厅组织开展2019年法开署项目年度审计。

三 项目贷款的特点

（一）本项目贷款体现的战略

1. 国别行业发展战略

本项目符合可持续发展战略、应对气候变化战略。

2. 本贷款项目的重点战略

本项目的实施能促使仙居生物多样性保护和恢复达到较高水平。同时，本项目将以生态系统、自然景观、历史文化遗产为依托，促进经济增长，推动仙居社区经济效益提升和社区居民生计改善，并且建立一套有效的国家公园治理模式。

（二）本项目贷款的主要特点

（1）对象：本项目主管单位为仙居国家公园管委会，项目业主单位为仙居生物多样性发展有限公司。二者共同致力于生物多样性的保护和发展，自然资源、风景旅游资源的保护、规划、管理、利用，科研监测、宣传教育、对外合作交流、特许经营工作，文化产业的保护发展、传承普及，经济和社会发展规划。

（2）期限：2017年7月12日~2037年7月15日。

（3）利率：6个月欧洲银行同业拆借率+100个基点，最低利率不低于0.25%。

（4）抵质押与担保情况：仙居县财政局、浙江省财政厅逐级提供担保。仙居县神仙居旅游度假区投资发展有限公司对仙居县财政局提供反担保承诺函，承诺如仙居生物多样性发展有限公司不能按照项目转贷协议中规定的条件和条款，按时偿还全部到期债务，包括本金、利息、承诺费、管理费、违约金等其他应付费用，同意按时偿还上述全部到期债务。

（5）提款方式：提款报账，由法开署直接支付承包商。

（6）管理方法：法开署采购指南与国内法律法规，从严管理、从严控制的原则。

（7）最终债务人：仙居生物多样性发展有限公司。

四 项目的产出和成效

（一）项目的主要产出

1. 实物类产出

仙居生物多样性博物馆、仙居生物多样性监测大楼、2条客运索道、生态旅游基础设施（游步道、栈道、索桥、游客中心等）；修复仙居国家公园范围内退化的森林生态系统。

2. 非实物类产出

本项目的实施有助于充分掌握生物多样性知识，识别生物多样性热点地区和不同生态系统的敏感性状况；保护陆生和水生生物多样性；推动生物多样性保护的长期研究；开发创新性的自然教育和科普活动；保护和修复历史文化遗产，保留其重要价值；鼓励社区发展以国家公园标识为特色的有机农业；构建创新的、高效的国家公园治理模式。

（二）项目的成效

1. 对项目所在地的影响

本项目主要是对仙居地区产生五方面的影响：探索国家公园可持续的发展模式、扎实开展生物多样性保护工作、主导产业发展和产业结构调整的影响、与农户利益联结机制的培育以及带动就业。

（1）对仙居地区探索国际经验的本土化，创新仙居国家公园的发展模式的影响。

本项目以贷款资金作为互学互鉴的桥梁，在法开署的引领下，将探索形成具有仙居本土特色、具有国际水平的国家公园发展模式。比如，在国家公园可持续的发展模式上，探索既能达到生态保护的目的，又能使仙居的生态资源得到合理利用和开发的绿色发展模式，将国际上的生物多样性保护、环境教育、社区发展、品牌加盟增值体系等理念和经验引入仙居，实现仙居国家公园环境和项目运营维护的可持续发展。

（2）对仙居扎实开展生物多样性保护工作的影响。

在国内外专家指导下，扎实开展生物多样性调查与监测体系建设，对全县开展多次生物多样性调查，学习国外先进的动态监测技术，对动植物的活动进行监测并发现了新的物种。

（3）对仙居主导产业发展和产业结构调整的影响。

生态旅游业是仙居未来支柱产业，本项目的建设与运营将极大推动仙居生态旅游业的发展。首先，12多亿元的投资将直接拉动仙居生态旅游业发展、提高生态旅游业产值占仙居生产总值比重；其次，生态旅游业与交通运输业、邮电通信业、商业、饮食业等相关产业发展联系紧密。项目建成后，据保守估计，年游客量可达到140多万，可以通过引导人流、带动物流、商流，从而联动整个服务业和三产发展。

（4）与农户利益联结机制的培育。

本项目的实施有助于建立与农户、社区居民利益联结机制，推动社区发展，通过保护地品牌产品增值体系项目，拟打造产业发展指导体系、产品质量标准体系、产品认证体系、品牌管理和推广体系四大子体系，推动有5种以上保护地品牌产业进入市场并获得品牌溢价，迅速提升农产品品牌价值。

（5）带动就业效果。

本项目的实施将形成社区参与的渠道，确保原住民能参与保护并从保护中获得更多的经济收益。据保守估计，本项目平均每年将为项目区范围内社区和周边社区提供500个新增工作岗位。

2. 对项目所属行业的影响

环保产业是典型的政策推动型产业，具有很强的政策驱动特性，环保产业的成长和发展与国家的环境保护方针、法律法规及政策密切相关。本项目而言，一方面融资环境的改善助推了融资规模扩大、融资成本降低；另一方面政府财政资金投入环保领域、生物多样性领域，将更加强化对社会资本的引导作用，对经济、生态环境脆弱的地区具有一定的借鉴作用。

3. 对项目相关方的意义

本项目搭建了一个国际合作的新平台，为展示各自成就、开展业务合作提供大量机会，同时也将为探讨生物多样性保护、完善国家公园治理提供交流场所。

4. 对该多双边贷款机构的意义

一是实现了法开署贷款战略转型与创新，即从城市交通、能源等方面向生物多样性保护领域转型，更注重解决中国高速发展带来的社会和环境影响。二是在中国打造了生物多样性保护和国家公园建设的示范项目，探索了可复制、可推广的经验。

五 项目的总结思考

（一）项目创新亮点及进一步优化的思考

一是引进资金，发挥了杠杆作用。本项目在引进7 500万欧元贷款的同时，积极发挥了外资的杠杆作用，撬动了国内政府、上级部门、银行配套资金7亿多元人民币，有效地拓宽了生物多样性保护的资金渠道，加大了生物多样性保护的资金投入。

二是引进理念，提升了项目内涵。建设仙居生物多样性博物馆、监测中心，突出了动植物物种、地质地貌、历史文化等教育；探索将国家公园品牌体系、将生态和文化价值附加于整个产业链来实现"资源—产品—商品"的升级；借鉴"宪章""加盟区"制度，探索出符合仙居实际的国家公园体制。

三是引进智力，提升了团队能力。引资与引智相结合，获得了法开署无偿的技术援助，组织了生物多样性保护、文化遗产保护、生态修复、生态旅游等领域的专家对仙居县的项目管理人员、乡镇和村居干部开展培训，达到了"引一个项目、出一批人才、强一方经济"的目的，外贷项目"附加值"显著提升。

四是创新运作模式，保障了投资回报。保障项目公益性的前提，探索了一套盈利模式和投资回报机制，以小范围的生态旅游开发，满足必要的还本付息需要外，促进大范围的生物多样性保护，并在促进社区经济发展的同时，带动社区反哺参与生物多样性保护。

（二）项目不足之处及进一步改进的思考

一是缺乏专业人才。本项目行业覆盖面广、专业性强，涉及环保、旅游、市政、建筑、机电、农林等多个专业领域，加之地方开展外贷项目的人才严重缺乏，导致工程进度较缓慢，建议要尽快建立一支熟悉国际规则、具有丰富经验的项目管理人才队伍。

二是规划调整批复受阻。索道项目、生态旅游及遗产保护等在仙居国家级风景名胜区范围内的项目，需要跟上位规划衔接。《仙居国家级风景名胜区总体规划（修编）》的文本已由国务院转交国家林草局办理，但因机构改革和自然保护地优化整合，暂停了一段时间的审批，影响项目的实施进度。2020年11月，国家林草局重启风景名胜区总规审批工作，《仙居国家级风景名胜区总体规划（修编）》进入专家审查和征求意见阶段。

12. 世界银行贷款浙江宁波城镇生活废弃物循环利用项目

一、项目介绍

（一）基本信息

项目建设内容包括在宁波市市辖区建设六座大型转运站：钱湖转运站、江北区生活垃圾分类转运站（含分选中心）、镇海区转运站、鄞州区生活垃圾分类转运站、原江东区生活垃圾分类转运站、海曙转运站；一座分选中心；改建二十二座小型转运站。此外，建设内容还涵盖厨余厂：预处理车间、干式厌氧发酵设施、沼气净化设施、污水处理设施、沼渣堆肥车间、锅炉房、综合楼、门卫等建（构）筑物，以及配套的给排水、道路、绿化等附属设施（见图12-1、表12-1）。

图12-1 浙江宁波城镇生活废弃物循环利用项目

资料来源：浙江省财政厅。

表12-1 项目基本信息

项目名称	世界银行贷款浙江宁波城镇生活废弃物循环利用项目
所在地区	浙江省
行业领域	固废管理、环境
项目参与方	宁波市生活垃圾分类指导中心、中心城区八区生活垃圾分类管理办公室、街道、社区、小区、督导员、楼道长（楼组长）等；宁波首创厨余垃圾处理有限公司
项目主要内容	项目包括生活废弃物分类投放、分类收集运输、分类处理和循环利用，为提高分类参与度和准确率而进行的宣传、培训、教育，以及为实施项目而开展组织、咨询、设计、监理、监测评估等
项目当前阶段	项目关账日期2020年3月31日 项目报账结束2020年7月31日
多双边贷款机构	世界银行
贷款所属类型	投资贷款

（二）项目融资信息

项目全部贷款额6.25亿元人民币，其中：世界银行贷款8 000万美元（实际结汇人民币5.6亿元人民币），清洁发展基金贷款6 500万元人民币。

（三）项目评级信息

世界银行对本项目完工情况评级为"满意"。

二 项目贷款的实操流程

2009年5月，由宁波市发改委、财政局牵头进行项目概念设计，2009年12月16日，按照世行项目申报程序向国家发改委和财政部上报《关于要求将宁波城镇社区垃圾分类收集、循环利用示范项目列入世界银行贷款备选项目的请示》。2010年11月初，国家发改委、财政部印发了经国务院批复同意的我国利用世界银行贷款2011~2013财年备选项目规划（发改外资〔2010〕2617号），宁波市城镇生活废弃物收集循环利用示范项目列入2012财年备选项目。

世行成立项目团队，正式启动工作程序，并于2010年11月中旬前来宁波市进行首次项目鉴别，初步明确项目概念框架和项目目标。2011年3月中旬，世行项目准备团队来宁波市实地调研和交流，初步建议将项目分成两个子项目，按照世界银行要求，2011年4月，市发改委、财政局牵头编制并上报《宁波市城镇生活废弃物处理模式研究报告》。

在本项目准备和进行的过程中，宁波市主要领导一直持续关注着项目情况，多次进行现场调研和协调。相关部门与世行项目组及其邀请的专家多次讨论研究，确定项目可行性研究报告、社评报告和环评工作。

本项目于2012年9月通过世行预评估，并在2012年11月28日顺利通过世界银行代表团正式评估。2013年1月会同市发改委、城管局相关人员赴北京向国家发改委、财政部汇报项目评估情况，就资金申请报告和与世界银行进行贷款项目技术谈判的准备工作进行沟通交流。2013年1月底向国家发改委上报项目资金申请报告，2013年3月在财政部带领下于华盛顿世界银行总部举行技术谈判。2013年5月，世行执董会批准同意提供给中国8 000万美元贷款用于本项目，并于同年7月签署了贷款协议和项目协定，8月财政部和宁波市政府签署了转贷协议，9月3日贷款正式生效。

本项目于2016年12月进行了中期调整，内容包括：修改项目贷款协定；明确将供货与安装合同费用安排至货物和非咨询服务类别；调整项目关键成果指标监测表；取消项目实施支持子项中计划通过世行贷款支出的800万元餐饮企业油水分离器补贴；调整世行贷款分配额。世行一年两次对项目进行例行检查，相关结果均为满意。

三 项目贷款的特点

（一）本项目贷款体现的战略

1. 国别行业发展战略

本项目是世界银行在全球第一个涉及居民生活垃圾源头分类的项目，随着2017年国家最高领导人对垃圾分类工作提出明确要求后，我国垃圾分类工作开始步入快车道，宁波与世界银行合作开展居民生活垃圾分类工作开始得到央视等国家媒体的高度关注，并在央视进行了专题报道，提高了宁波垃圾分类工作的影响力和认可度。2019年4月26日，住房和城乡建设部、国家发展和改革委员会、生态环境部等多部门共同发布了《住房和城乡建设部等部门关于在全国地级及以上城市全面开展生活垃圾分类工作的通知》（建城〔2019〕56号），提出"加快建立分类投放、分类收集、分类运输、分类处理的生活垃圾处理系统，努力提高生活垃圾分类覆盖面，把生活垃圾分类作为开展'美好环境与幸福生活共同缔造'活动的重要内容，加快改善人居环境，不断提升城市品质"。"到2020年，46个重点城市基本建成生活垃圾分类处理系统"。宁波项目前瞻性的设计对帮助中国推进和完善生活垃圾分类和循环利用方面起到了良好的示范引领作用。

评估时正值国家"十二五"实施期间，"十二五"规划中提出了建立资源节约型、环境友好型社会的目标。其中包括健全资源循环利用体系，建立健全垃圾分类回收制度，完善分类回收、密闭运输、集中处理体系，推进餐厨废弃物等垃圾资源化利用和无害化处理。"十二五"规划同时提出要大力发展循环经济，加快建设城市餐厨废弃物、建筑垃圾和废旧纺织品等资源化利用和无害化处理系统。健全再生资源回收利用网络，加强生活垃圾分类回收与再生资源回收的衔接。

2. 本贷款项目的重点战略

本项目旨在通过垃圾源头分类、循环利用帮助增加宁波市中心城区生活废弃物回收利用的数量和比例。项目目标和设计内容与国家政策、宁波实际需求高度相关。

（二）本项目贷款的主要特点

本项目有两个借款主体：宁波市政公用投资有限公司转贷协议金额5 680万美元，还款来源是居民垃圾处理收费；厨余垃圾处理厂政府和社会资本合作（PPP）项目建立的特殊目的公司（SPV）——宁波首创厨余垃圾处理有限公司转贷协议金额2 320万美元，协议规定如乙方不能按期足额偿还本贷款，甲方将通过抵扣城管部门的垃圾处理收费、财政补助等财政扣款或其他有效方式，扣收乙方拖欠的到期贷款本金、利息和违约金。本项目世行贷款期限为30年，其中前5年为宽限期，提款采用"先用后报账"方式，贷款利率为单一美元贷款浮动利率加世行综合筹资成本，采用等额本息还本法，自2018年11月15日起至2043年5月15日止，每年分两次偿还贷款本息。

本项目由厨余处理厂子项目和宁波生活垃圾分类收集循环利用项目两个子项目组成。宁波市政府成立了由市长担任组长的宁波市生活垃圾分类处理与循环利用工作领导小组，增强各政府部门之间的沟通协作，共同推进生活垃圾分类工作。按照世行贷款项目"统一规划、统一设计、统一采购、统一监理"的原则，本项目在宁波市级层面成立宁波市生活垃圾分类管理办公室（以下简称"市项目办"），其作为法律主体全面负责世行贷款宁波生活垃圾分类收集循环利用项目的实施工作，并按照《世界银行贷款项目会计核算办法》的要求进行会计核算。各区生活垃圾分类管理办公室为宁波市生活垃圾分类管理办公室附属的非独立核算单位，其作为实施主体受市项目办的统一指导管理，在市项目办的委托授权下开展工作，负责做好所属地世行贷款宁波生活垃圾分类收集循环利用项目的组织实施、会计二级核算和验收管理等工作。宁波市财政局作为宁波市人民政府的债权债务代表，全权负责市与最终债务承担方的贷款再转贷工作，并作为再转贷协议的债权方代表签署协议。

四 项目的产出和成效

（一）实物类产出

截至2020年3月31日，项目办向各区共累计发放各类家用垃圾桶959 525套；分类垃圾袋采购工作已全部完成，项目办向各区共分发728 588 368只垃圾袋；垃圾分类收集车辆357辆；宁波市市辖区内六座大型转运站；占地面积25 848.24平方米和建筑面积21 143.9平方米的厨余厂。

（二）非实物类产出

（1）项目形成了完整的宁波市生活垃圾分类投放、收集、转运、处置的体系；

（2）实现了居民垃圾分类推广，截至2020年3月31日，共计90.50万户家庭参与垃圾源头分类，八区共计1 377个小区，361个社区和39个街道参与垃圾分类；

（3）从2018年下半年开始，市供销社依托"搭把手"回收形式逐步建立了"一体化前端回收、智能化物流、集约化分拣、直达终端利用和大数据平台"的整个回收体系；

（4）通过本项目的实施，建立了以宁波市生活垃圾分类领导小组办公室为载体，宁波市生活垃圾分类指导中心为中枢，各区、街道、社区、小区、督导员、楼道长（楼组长）等为活动主体的完整的、全覆盖的生活垃圾分类管理体系；

（5）宣传活动与能力得到进一步加强。项目办充分利用电视台、电台、纸媒、网站等多元载体，与电台学校等多家单位合作，开展宁波市垃圾分类宣传活动并取得显著成效。本项目作为经典案例在第三次亚太地区基础设施融资和PPP联络网会议上，与参加会议的各国代表分享，展示了宁波市实现城市生活垃圾减量化、资源化、无害化，打造包容、绿色、有韧性的城市基础设施的成效。

五 项目的总结思考

（一）项目创新亮点及进一步优化的思考

（1）一体化一次性设计生活废弃物分类投放、分类收集、分类运输、分类处置体系，分步实施。

（2）融合社会管理体制创新，建立了市、区、街道三级垃圾分类管理网络。

（3）结合智慧城市建设设计管理系统框架，确保实施源头垃圾分类基于成果的考核制度。首次引入二维码到居民垃圾袋上，通过小区垃圾分类督导员手持的"智慧环卫通"准确定位每户家庭垃圾分类质量，详细的每户垃圾产生数据库信息将为今后垃圾收费机制的建立打下基础；小区分类垃圾桶植入RFID卡，分类垃圾收运车安装环卫智能系统实现垃圾收运模式的优化和改良。通过垃圾分类的绩效考核，可以说是作为资金分配或者社区激励的一个实用工具，较好发挥绩效评价作用，与财务管理、项目管理有效结合，让绩效评价不是一个事后的工作环节，从目前的预算绩效逐步向国际接轨转为绩效预算，如何保证好的制度设计的有效实施，将是确保生活垃圾实现有效源头分类的制度保证。

（4）实现中心城区垃圾收运模式的流程再造，现有处于中心地段的22座小型垃圾转运站进行改造转型，彻底改变目前小型垃圾转运站给周边居民带来的环境问题。

（5）宁波市厨余垃圾处理厂PPP模式两阶段设计招标为国内PPP模式应用的首创，被财政部和发改委列为第二批PPP示范项目。鉴于国内尚无成熟稳定的处理工艺，厨余厂PPP项目招标含设计、投融资、建设和运营，并将技术方案征集和资格预审合二为一，实施机构对于项目产出绩效做了约定和限制，至于选用何种工艺由社会资本自主选择，通过与实施机构签订PPP合同、SPV公司章程和合资经营协议，将政府方、SPV公司双方的权责利做了充分界定，本项目的成功实施为今后同类PPP项目提供了案例和经验。

（6）法制化保障。《宁波市生活垃圾分类管理条例》被列为市人大常委会

2017年立法调研项目，2018年立法预备项目，2019年10月1日正式实施，宁波市分类工作进入法制化轨道。

（7）收费制度化。2020年之前，宁波还将出台差别化的生活垃圾处理收费制度，以"污染者付费"为原则，根据不同家庭、不同企业和商家产生垃圾的种类、数量收取金额不等的处理费，以此激发市民、企业及其他排放主体主动减量和分类。

（二）项目不足之处及进一步改进的思考

（1）完善生活垃圾源头分类技术措施，优化垃圾分类源头追溯机制。

项目对居民投放的厨余垃圾袋内的垃圾质量进行检查，根据垃圾质量和厨余垃圾袋上的二维码信息，实现生活垃圾投放源头追溯、入户精准指导居民生活垃圾分类。在此过程中，需要社区（或小区物业）将厨余垃圾袋关联信息精确录入生活垃圾分类管理平台并派发给居民，小区督导员对厨余垃圾开袋检查并拍照上传生活垃圾分类管理平台，后台对垃圾分类效果的评价。

由于管理链条过长，垃圾分类源头追溯的过程易受到人为因素的影响，出现了垃圾袋关键信息错误、开袋检查上传图片质量差等问题，后台难以准确评价居民垃圾分类效果，难以精准入户指导。本项目目前基于产出的激励发放给社区，由社区开展垃圾分类推广活动，虽能在一定程度上引导居民进行垃圾分类，却难以直接影响居民个人。另外，发放专用的厨余垃圾袋会形成白色污染，影响海洋生态环境。

针对上述问题，宁波市未来在实施垃圾分类项目（二期）时考虑取消专用厨余垃圾袋，基于生活垃圾分类管理平台，采用人工智能（AI）技术、区块链记账技术，对居民投入分类垃圾箱内的垃圾质量逐一识别，根据每户居民垃圾分类质量计算奖励并直接发放至居民个人账户。这种模式不仅能使居民直接、精准获得基于成果的激励，同时为依法行政实施相应惩戒提供依据，从而提高生活垃圾分类的参与度和源头质量。

（2）提升城区生活垃圾的收运效率，完善生活垃圾分类管理平台功能。

受到体制影响，本项目居民生活垃圾运输车辆未能打破行政区划的边界、实现共享共建。居民生活垃圾收运环节未能实现中心城区一体化，运行效率偏低。未来将利用物联网、5G实时数据等技术，开发生活垃圾分类管理平台的新功能，统筹居民生活垃圾的跨区收运、统一结算，实现生活垃圾收运环节基础设施的共享共建、提升收运效率。

项目设计时希望通过生活垃圾分类管理平台运行，收集并分析宁波市中心城区居民垃圾分类效果大数据，精确追踪居民垃圾分类情况，为垃圾分类入户指导、提升垃圾分类效果提供支持。但平台设计时，仅考虑了厨余垃圾和其他垃圾分类效果的数据收集与分析功能，有害垃圾、可回收物分类效果相关数据需通过"搭把手"平台及其他相关部门进行收集。平台运行后，由于其缺少居民有害垃圾、可回收物分类情况的相关信息，无法全面展现居民垃圾四分类的效果，进而影响了居民垃圾四分类入户指导的工作效果。未来考虑通过信息共享、功能互通等方式，将打通生活垃圾分类管理平台与"搭把手"平台部分数据间的壁垒，真正实现对居民生活垃圾四分类效果的监督与源头指导。

（3）项目实施过程中，面对可回收物收集处置的市场化运作，未能及时调整江北分选中心建设内容，导致项目资产功能性闲置。

项目计划建设江北分选中心对项目收运的可回收物进行分拣。但在项目实施过程中，随着网络科技、"物联网+"的发展，宁波市供销再生资源科技有限公司研发了"搭把手"智慧一体化再生资源回收系统。"搭把手"平台通过打通可回收物"收运—销售"体系、实现可回收物实时收运，极大地提高了可回收物的收集效率，大量居民生活产生的可回收物进入"搭把手"平台。在此情况下，项目积极与"搭把手"平台合作，推动"搭把手"系统进入社区。

但项目未能及时调整江北分选中心的建设内容，江北分选中心建成后，因进入江北分拣中心的可回收物数量过少造成项目资产的功能性闲置。未来江北分选中心将作为垃圾分类项目（二期）内容的一部分加以利用。

（4）宁波市厨余垃圾处理厂一期工程处理能力已不能满足当前处于垃圾处理需求，实施二期工程迫在眉睫。

宁波市厨余垃圾处理厂设计的总处理规模为800吨/天，其中本项目实施的一期工程处理规模为400吨/天，二期工程（400吨/天）原计划在2023年实施。

但宁波市自开展居民生活垃圾分类工作以来，居民生活垃圾分类质量、数量均大幅提高。2020年第一季度，平均每天分拣收集的居民厨余垃圾约537吨，考虑新冠肺炎疫情对第一季度的影响，预测2020年度平均每天分拣收集的厨余垃圾量可达600吨。目前，超出厨余厂一期处理能力的厨余垃圾被运送至垃圾焚烧厂进行处理。为避免终端设施处理能力不足降低居民垃圾分类积极性、影响垃圾分类工作的效果，实施厨余厂二期工程迫在眉睫。

福建省

江西省

安徽省

13. 亚洲开发银行贷款安徽巢湖水环境治理项目

一 项目介绍

（一）基本信息

项目建设内容包括新建污水管网、污水泵站的污水收集系统、污水处理厂；河道进行清淤、护坡、修建隔离防护带、改善生物栖息地、控制河岸侵蚀；新建固废垃圾转运站；新建人工湿地；建设巢湖流域开展面源污染的管理信息系统；建立蓝藻暴发的预警系统（见图13-1、表13-1）。

图13-1 安徽巢湖水环境治理项目

资料来源：安徽省财政厅。

表13-1 项目基本信息

项目名称	亚洲开发银行贷款安徽巢湖水环境治理项目
所在地区	安徽省
行业领域	农业、自然资源管理和环境保护
项目参与方	安徽省财政厅、安徽省发改委、安徽省审计厅、安徽省巢湖管理局、10个县（市、区）政府部门和机构
项目主要内容	建设10个污水处理厂、改造与扩建600千米污水管网收集系统、整治河道130千米、建设2个固废垃圾收集与转运站、建设430公顷的人工湿地、开展农村面源治理试验示范、巢湖管理局的机构能力加强和项目管理能力提升等
项目当前阶段	完工
多双边贷款机构	亚洲开发银行
贷款所属类型	投资贷款

（二）项目融资信息

本项目计划利用亚行贷款2.5亿美元，截至2021年3月31日关账日已完成全部贷款任务。

（三）项目评级信息

本项目实施效果良好，并获得2018年度亚行对华贷款项目年度最佳表现奖。

二 项目贷款的实操流程

安徽省发改委和财政厅于2009年12月正式向国家发改委和财政部申请2.5亿美元亚行贷款实施本项目，并报请国务院同意，2010年12月8日国家发改委和财政部将本项目贷款列入2010~2012年亚行对华贷款三年滚动规划。亚行于2011年3月正式批准60万美元无偿技术援助，帮助安徽省政府开展本项目前期准备工作，同年7月1日，亚行选聘的前期技术援助咨询专家团队正式开展为期6个月的前期准备咨询工作。自2012年3月开始，亚行开展项目贷款实地考察和评估工作，于2012年9月20日进行项目贷款的谈判工作，2012年11月16日，亚行董事会正式批准2.5亿美元贷款用于实施本项目，该项目贷款的贷款期为25年（含5年宽限期）。2013年2月16日正式签署贷款协定和项目协议，于2013年4月26日正式生效，并具有自2012年2月17日开始的1年贷款追溯期。本项目计划于2013年开始实施，2018年完成建设，原定贷款关账日期为2018年9月30日。为了完全提用亚行贷款资金，在中期调整阶段，亚行同意新增5个子项目，并增加2个子项目建设内容使用结余的亚行贷款资金，且同意将亚行贷款关账日期延期至2020年9月30日。后期因新冠肺炎疫情及洪涝灾害影响，经亚行批准，项目延期至2021年3月31日关账。

自项目准备起，安徽省成立了由省财政厅、省发改委、省审计厅和安徽省巢湖管理局等部门领导组成的项目领导小组，以指导和协调项目的执行。项目领导小组协调各项目市（县、区）及时提供配套资金，各部门的有效协调和合作，全程参与定期开展的亚行项目实施督导检查活动，就本项目实施中的问题与亚行检查团及时进行交流，商讨解决方案，有效促进了项目的顺利实施。

首先，安徽省项目办确立了"月调度、季检查、半年一通报，年度一总结"

的工作模式，紧紧围绕项目招标采购、工程推进、提款报账等重点环节和任务开展工作，有效调度各方力量和推动项目进展。其次，安徽省项目办重视对项目实施过程中管理人员的培训和管理，充分学习国家和亚行关于项目实施的各项政策要求和技术规范，提高项目管理能力，落实各级项目实施机构的配合与协作，对有效地推进项目实施发挥了重要的作用。最后，执行过程中，本项目实施机构和亚行保持紧密的沟通与合作，亚行有效督导，尽可能简化程序，并给予了项目办和实施单位最大限度的支持，通过项目实地检查、培训与远程指导相结合的方式，帮助解决本项目实施中遇到的问题和困难，对项目的实施起到了积极的推动作用。

在项目实施过程中，亚行先后派出了18批次贷款检查团，包括贷款启动团、中期检查与调整团、特别检查团等。同时，安徽省项目办和项目管理部门加强对各子项目建设的监督检查，及时发现和解决项目建设过程出现的问题。安徽省项目办通过咨询专家的帮助，开展对各项目实施的监测，编制并向亚行提交项目进展进度报告、环境管理监测报告及移民与社会监测报告。安徽省项目办注重与地方政府的协调沟通，赴项目实施地与当地政府现场协调，讲解亚行规定与国内政策的衔接。通过将辖区环境质量作为考核政府主要领导人工作的重要内容，推动项目与地方环保责任制的有机结合，提升地方政府的重视程度。安徽省审计厅开展年度审计监督工作，提出加强项目实施管理的审计意见，认真督促相关项目单位积极整改。

三 项目贷款的特点

（一）本项目贷款体现的战略

1. 国别行业发展战略

本项目自评估以来与亚行的战略保持一致。亚行2011~2015年和2016~2020年中国合作伙伴战略，其特点是发展环境可持续性和包容性增长，以支持政府实现"生态文明"的优先重点，促进可持续发展，并帮助控制与资源消耗和环境破坏相关的成本。为支持中国政府的战略，亚行的业务重点是促进公平和包容性增长、改善市场运作、改善环境、促进区域合作，亚行的目标是以高效、公平和可持续的方式实现包容性经济增长。亚行在其长期战略框架二（2008~2020年）中将环境确定为五大核心业务领域之一，并将实现环境可持续性作为战略重点。本项目按照亚行的业务运营政策采用综合的方式解决巢湖水生态系统恢复问题，与亚行对华贷款的业务战略非常吻合。

2. 本贷款项目的重点战略

本项目根据《巢湖水污染防治总体规划（2008~2020年）》设计，目的是应对巢湖综合治理中当前和即将出现的问题，与国家"十二五"和"十三五"计划（2011~2015年和2016~2020年）中规划的建设环境友好、资源高效与和谐社会可持续发展的政府议程保持高度一致。本项目将资助和帮助实施该总体规划中确定的部分措施，这些措施包括建设污水收集系统、疏浚河道、清除污染沉积物和污泥、选定湖泊河段加固侵蚀堤岸、选定县建立固体废物收集和转运系统、建设巢湖湖区与入湖河口的工程湿地，以及建立一个以治理农业污染源为重点的面源污染试点等，实施非工程性干预措施，尤其是建设巢湖管理局的机构能力，促进对巢湖实施综合管理。

（二）本项目贷款的主要特点

本项目贷款支持地方政府实施公共产品项目建设，2.5亿美元贷款资金中，83%用于支付项目土建费用，16%用于支付项目设备与材料费用，1%用于支付亚行贷款建设期利息、承诺费及咨询服务费用。

本项目贷款的贷款期限为25年（包含5年宽限期），利率采用LIBOR为基础的美元浮动利率。

本项目属于公共产品项目，由受益项目区地方政府负责偿还亚行贷款，不实施抵质押与担保。项目区政府为本项目贷款最终使用人和最终债务人，通过采用公共预算安排还贷资金偿还亚行贷款。

亚行贷款资金自2013到11月至2021年3月逐步提用支付，这些使用的贷款资金是采用周转金和直接支付方式提取的，亚行贷款支付前后共经历89个月。

安徽省政府是项目的执行机构，省级层面成立了由一名副省长任组长的项目领导小组，由财政厅、发展改革委、环境保护厅、国土资源厅、巢湖管理局和相关设区市政府的代表组成，指导项目总体实施，并确保各项目设区市和有关机构之间的适当协调。在项目领导小组下，设立了安徽省项目管理办公室，具体负责实施管理和协调各项目单位项目施工等日常工作。安徽省项目办设在巢湖管理局内，安徽省项目办有效运作，负责监督管理项目准备活动，协调开展财务管理、移民安置计划和环境管理计划的实施与监测等工作，建立项目绩效监测系统，监测项目进度和项目影响，并帮助、协调和指导参与本项目的市、县/区实施其子项目。

安徽省财政厅负责亚行贷款资金与债务管理，管理、监督、维护和调节设立的项目周转金账户，具体承办亚行贷款资金提用申请和拨付，代表安徽省政府将亚行贷款转贷给参与实施子项目的市、县财政局，并参与整体项目和子项目会计与审计的有关工作。

四 项目的产出和成效

（一）项目的主要产出

1. 实物类产出

（1）已交付的实施工程性干预措施来提升市政点源污水控制、消减排入巢湖污染物的产出，包括：① 在环巢湖的城镇地区新建总长为614.2千米污水管网和18个污水泵站的污水收集系统，新增污水收集能力55万吨/日，为新增的22 500公顷区域提供污水服务；② 新建与扩建10座污水处理厂，新增污水处理能力17.6万吨/日，按照国家一级A排放标准设计建设，达到有效去除营养物的作用。

（2）已交付的实施工程性干预措施来加强面源污染控制的产出，包括：

① 在31条总长130千米的河道进行清淤、护坡、修建隔离防护带、改善生物栖息地、控制河岸侵蚀，疏浚出323万立方米底泥，减少周期性污染底泥的二次悬

浮，提高河流过流能力，以达到净化水质减少洪水频发的可能性；② 在肥东县建设2个总能力为60吨/日的固废垃圾收集与转运站、并发放3 270个垃圾收集箱，控制此区域内随意丢弃的垃圾量；③ 在入湖河口建设430公顷的人工湿地，减少汇入巢湖的河流以及航道的营养物负荷。

2. 非实物类产出

已交付的实施非工程性干预措施提升面源污染控制水平、提高巢湖管理局机构能力和项目管理能力的产出，具体如下：

（1）在庐江县实施农村面源污染治理试验示范，该试验示范采用一系列可操作技术，控制动物养殖场污染物的排放、化肥的使用、农村家庭污水和固体垃圾，面源污染控制推广服务，开发1个巢湖流域开展面源污染的管理信息系统，并试验示范生态补偿机制、有机肥取代化肥、通过激励措施在畜禽粪便与养殖之间建立营养物循环等。

（2）实施16个加强巢湖管理局机构能力的培训计划，共培训433人次，组织开展有关水资源管理、生态补偿、性别行动计划，实施和环境改善有关的13次国内考察和3次国际考察活动。

（3）通过提供3个咨询服务团队开展下列研究：

① 在基于功能区划的基础上进行巢湖流域空间土地利用管理；② 开发并运行蓝藻爆发的预警系统；③ 建立应用和推广控制面源污染的示范成果机制；④ 举办20次培训研讨会，共培训1 129名项目管理人员，培训内容包括财务管理、贷款支付、采购、安全保障、项目绩效管理系统、合同管理、水环境管理、生态管理和项目完工审查等。

（二）项目的成效

本项目的建设实施在项目县（市、区）产生了显著的社会效益，对项目区的脱贫有积极的贡献。项目区约202万居民受益于污水收集与处理服务的改善，创造就业岗位增加收入，居住环境的改善并降低水生疾病引发的健康风险，提供更安全与更宽敞的公共空间，提升水体的旅游和景观娱乐价值，以及环境质量的改善从而吸引投资，促进当地经济增长，受益居民的生活水平和获得感得到明显提高。截至2021年3月31日，项目建设与运行累计新增就业岗位（包括临时岗位和长期岗位）约7 307人，月人均工资4 000~5 000元，其中，当地社区岗位人数为5 946人，占比81%，妇女、贫困等弱势群体人数为3 043人，占岗位人数的42%。

  本项目建设实施与运行创造了可观的经济效益。初步估算，截至2019年底，项目因新增污水收集与处理改善污水服务而实现的经济效益达1.8亿元/年，新增或恢复的417公顷人工湿地产生的生态价值折合经济效益达5 480万元/年。

  本项目的实施与运行产生显著的环境效益。项目实施完成143千米河道的疏浚，累计清除323万立方米泥沙，从巢湖流域清除了约2 506吨总氮和919吨总磷；14个子项目下614千米污水收集系统和10个污水处理厂的运行，每天可收集与处理的污水总量为54万立方米，每天减少排放到巢湖流域的污染物包括：生化需氧量（BOD）13 369吨、化学需氧量（COD）26 726吨、固体悬浮物20 482吨、总氮2 841吨、总磷396吨和氨氮4 059吨；修复或建立的430.2公顷人工湿地，每年可清除约60吨总氮、总磷15吨、BOD 214吨、COD 71吨和氨氮36吨。此外，该项目下建造的人工湿地为野生动物提供休息、筑巢、觅食、繁殖和育苗栖息地，促进了巢湖的生物多样性。初步测算项目建设实施和运行对减少入湖污染物总量的贡献率超过10%，为基本遏制巢湖水环境恶化状况、促进湖区和流域的水环境整体向善发展开始发挥积极有效的作用。此外，在河道整治部分下修建约143千米堤防提高了防洪水平，保护了附近居民免受洪水的侵害。

五、项目的总结思考

（一）项目创新亮点及进一步优化的思考

  亚行贷款项目注重执行机构的能力建设和提高，以深化项目实施效果。本项目结合安徽省巢湖管理局流域管理的职能及技术优势，设计了机构能力建设加强的项目活动，以提高巢湖管理局水环境综合管理的机构能力，主要包括：

（1）提供咨询服务开展巢湖管理局水环境智能监管及地理信息系统（GIS）建设，以功能区划为基础的巢湖综合管理机制研究、巢湖水源地水质与蓝藻水华预测预警研究3项研究；

（2）装备水环境管理与监测等设备与设施的硬件和软件；

（3）开展湖泊流域综合管理的培训，前往国内外考察学习。

一方面，通过实施机构能力加强活动，建立了巢湖流域污染源和水质动态监管信息系统、巢湖蓝藻预警监测系统和巢湖流域农业面源污染监测信息系统，构建了协调统一的巢湖流域治理框架和综合治理的行动计划；另一方面，通过组织实地考察、学术机构合作培训，极大地提升了巢湖管理局在流域规划、流域开发管理、环境综合治理和水环境监测与管理等方面能力，为巢湖流域管理体制改革顺利推进发挥重要作用，引领巢湖管理局进一步扩大管理职权，对全流域范围的资源规划、开发和保护、水环境监测和治理等实施全面综合管理奠定了坚实的基础。

（4）本项目重视公众参与，以推动社区群众的环境意识提升和行为改变，保证了项目成效的可持续性，并吸引了更广泛的社会力量参与巢湖水环境治理。在项目设计时将动员公众参与作为项目活动的一项重要内容，制订了项目公众参与计划和实施方案。本项目实施过程中，通过有效途径动员各方面社会力量积极支持和参与项目建设活动，进一步提高公众对巢湖保护的责任和参与意识，让环保理念走进大众，走进生活。2014年以来，各个项目县（市、区）每年组织开展1~2次不同主题的环保宣传活动，每次直接参与人数达300~400人。安徽省项目办在2017年、2018年和2019年分别开展了以"综合治理、绿色发展""美丽巢湖我的家""绿色发展、美丽巢湖"为主题的环境管理公众参与系列活动，具体包括：巢湖沿岸毅行宣传活动、环巢湖乡镇环保宣传活动、环巢湖学校"小手拉大手"环保教育宣传活动、短信提醒宣传活动、送戏文化下乡宣传活动及巢湖水源涵养地保护行动系列活动等，通过公众参与活动的开展使巢湖沿岸社区居民的环保意识得到明显提高，新生活理念得到显著增强，对巩固和扩大本项目建设成效具有重要的积极作用。

（5）针对造成巢湖污染最大因素之一的农业面源污染，为扩大巢湖流域面源污染的治理成效，本项目在小范围开展了面源污染治理示范，以便进一步制定大范围的技术方案和推广应用。主要是在具有代表性的巢湖南岸庐江县开展巢湖流域面源污染防治生态补偿机制等适用技术和机制创新方案的开发与完善及示范应用。通过示范项目的实施，各类技术解决方案和机制创新方案，为整个巢湖流域环境综合治理提供了可复制推广的面源污染治理方案。通过提供咨询服务实施示范项目，聘用的咨询专家团队按照控制农业用水总量、减少化肥与农药使用量、基本实现畜禽养殖排泄物资源化利用、基本实现农作物秸秆资源化利用以及基本实现农业投入品包装物及废弃农膜有效回收处理等的"一控二减三基本"总体要求，开展工程措施、农艺措施、监测措施的实施和系列研究，在充分吸纳国内外先进的湖泊面源污染防控研究成果基础上，提供具有一定先进性、前瞻性和可复制性的技术成果。在此基础上，巢管局创新性地制定并组织实施适合巢湖南岸农业面源污染防控的生态补偿与运行机制方案。在巢湖流域建立双边、多边区域生态补偿基金，通过受益者付费、资源有偿使用、对口协作、产业转移等方式建立健全区域的多元化、市场化生态补偿机制，实行河流断面水质超标补偿制度。探索"造血型"的生态补偿机制，使环境受补偿者充分发挥经济发展的潜能、积极性和主观能动性，形成造血机能与自我发展机制，实现可持续性发展。以绿色"GDP"评价区域发展政绩，实现产业的生态化和生态的产业化。逐步提供适合巢湖流域实际的面源污染治理可复制推广的技术与机制创新方案，并进一步建立全省示范乃至全国样板。

（二）项目不足之处及进一步改进的思考

项目的设计与实施存在一些值得考虑改进的不足之处，具体如下：

（1）污水处理厂技术设计前瞻性欠缺。在项目准备过程中，本项目计划建设的10个污水处理厂中，其中8个污水处理厂在技术方案设计时未充分考虑随着中国社会经济快速发展对排放标准的提高，在项目完工前，需要对污水处理设施进行技术改造，才能满足2017年发布的新排放地方标准。因此，污水处理厂设计时，应充分考虑相关污水行业的发展趋势。

（2）本项目绩效监测评价系统的建立与运行不够理想，在项目实施之初没有正确建立包括所有必需的监测数据的完整项目绩效监测系统，导致部分监测数据缺失。绩效监测评价系统建立和运行方面的不足，降低了项目的最终成效。因此，尽早建立完整的监测和评价系统，项目的实施会更有效地鉴别实现项目目标潜在风险，更有针对性地进行项目预判，后续项目应重视数据定期收集、评估项目影响的各方信息，以有助于绩效监测，更高效的推动项目发展。

江西省

山东省

福建省

14. 世界银行贷款 福建湄洲湾航道扩建项目

一、项目介绍

（一）基本信息

项目建设内容包括港航建设，例如码头、航道、支持保障系统等（见图14-1、表14-1）。

图14-1 福建湄洲湾航道扩建项目

资料来源：福建省财政厅。

表14-1 项目基本信息

项目名称	世界银行贷款福建湄洲湾航道扩建项目
所在地区	福建省
行业领域	交通
项目参与方	福建省交通运输厅、福建省湄洲湾港口管理局、长江航道局（01标段施工单位）、中交广州航道局有限公司（02标段施工单位）等
项目主要内容	A部分：主航道扩建。该部分包括湄洲湾总长52千米的主航道按照30万吨级标准建设，满足Q-MAX型液化天然气（LNG）船不乘潮单向通航要求以及40万吨散货船乘潮单向通航要求 B部分：提升管理能力的能力建设。（1）开展两个技术课题研究：（i）湄洲湾港综合竞争力研究；（ii）构建湄洲湾港现代物流体系研究。（2）实施提升湄洲湾港口管理局管理能力的培训项目，以提高湄洲湾港运营效率和竞争力
项目当前阶段	已完工
多双边贷款机构	世界银行
贷款所属类型	投资贷款

（二）项目融资信息

本项目世行贷款金额为5 000万美元，其中湄洲湾主航道土建施工4 887.5万美元、能力建设100万美元、先征费12.5万美元。

（三）项目评级信息

世界银行对本项目完工情况评级为"满意"。

二、项目贷款的实操流程

鉴于码头和船舶日益大型化及通航密度不断加大，湄洲湾主航道对港口未来发展的限制日益凸显，亟须将10万吨级主航道提升至30万吨级，同时满足40万吨满载铁矿石船和Q-MAX型LNG船通航。2010年，福建省交通运输厅委托福建省湄洲湾港口管理局（已于2019年更名为"福建省湄洲湾港口发展中心"）启动了福建湄洲湾航道扩建项目（以下简称"本项目"）。福建省向中国国家发改委和财政部争取将该项目列入了世行贷款2013财年（2012年7月1日~2013年6月30日）项目。按照中国政府的需求，世行考虑对该项目提供技术和财务援助，并于2010年12月启动了项目相关工作。

2010~2012年，世行多次派出工作团前往项目所在地进行调研、评估等相关工作。经过近两年的积极筹备和充分评估，双方已充分明确了发展目标、项目构成和绩效指标，基本确定了项目贷款资金来源和支付、偿还方式，全面把握了项目经济及财务、技术、采购、社会安保、环境管理、项目管理等各方面评估。2012年底，世行和福建省相关单位就项目评估文件、贷款协定、项目协定等谈判所需的重要文件进行了充分沟通。2013年2月28日，该项目通过了世行执董会审批。双方于2013年4月15日签订了贷款协定和项目协定。

在项目实施过程中，涉及世行、中央政府、福建省政府等多个机构和部门，各自有不同的任务和职责。福建省交通厅全权负责项目实施中的管理和协调，交通厅世行办具备世行贷款国省干线公路和农村公路项目实施经验，主要负责项目日常管理并协调项目实施。湄洲湾港口管理局负责具体实施主航道扩建工程及能力建设下两个技术援助课题，同时还负责项目采购、施工管理、环境管理、安保及监督、项目报告编制工作等。此外，福建省交通厅紧密协调福建省发改委、省财政厅、省环保厅、省海洋厅及项目所在地的泉州市、莆田市政府等其他政府部门；土建采购、土建施工、环境管理、移民安置等各参建单位亦认真完成本职工作，有效确保项目顺利实施。

自项目2010年12月启动以来，世行已累计派出13个代表团对项目进行监督和指导。代表团来访期间，与实施机构针对各阶段工作重点进行了有效沟通和积极磋商，促成双方达成共识。针对项目评估和实施过程存在的问题和困难，世行项目经理和专家都能给予积极帮助和科学指导，全力推动项目顺利实施。

在项目评估和实施过程，世行积极组织开展社会安保、支付与财务管理、环境管理、项目采购、项目管理及法律文件履约等方面的有关政策、业务流程、注意事项等详细培训，对项目实施的方方面面提供了大量支持，确保项目参与各方和港口相关从业人员掌握世行理念和管理要求，为项目顺利实施提供保障。

三、项目贷款的特点

（一）本项目贷款体现的战略

1. 国别行业发展战略

湄洲湾港位于福建沿海中部，致力于发展成为中国东南沿海大宗散货运输区域性枢纽港，积极服务福建省、江西省等腹地社会经济发展。本项目的实施将有利于支撑腹地经济发展，打造低能耗的运输体系。

2. 本贷款项目的重点战略

本项目符合世行2006~2010年对中国的国家合作战略中第二、三点核心内容，即"减轻贫困、不平等和社会排斥"和"管理稀缺资源及环境挑战"。

（二）本项目贷款的主要特点

本项目贷款对象为国际复兴银行，贷款总额5 000万美元，贷款宽限期10年，贷款利率采用国际LIBOR利率，项目贷款无抵押、质押与担保情况，提款采取预付金、偿还支付、直接支付等方式，最终债务人为湄洲湾港口管理局。

项目的融资渠道首次引进了外资（世行贷款），促进了国内配套资金的规范化管理，丰富了福建省湄洲湾港的融资平台模式，拓宽了福建省湄洲湾航道建设的融资渠道，加快了福建省湄洲湾港口的开发建设步伐，促进了福建省湄洲湾港的发展。

四 项目的产出和成效

（一）实物类产出

湄洲湾30万吨级主航道正式投入使用，改善航道里程52.1千米。具体表现如下：

（1）2010年~2018年，湄洲湾港累计完成港航建设投资（包括码头、航道、支持保障系统等）339.5亿元，共新建泊位27个（含深水泊位16个），新增港口吞吐能力8 908万吨。截至2018年底，湄洲湾港共有千吨级以上生产性泊位54个（含深水泊位29个），港口吞吐能力达14 862万吨（含集装箱9万TEU）。基于主航道等级提升预期，泊位大型化、专业化发展趋势明显，已建成40万吨矿石泊位、30万吨级原油泊位（可靠泊45万吨原油船）、20万吨级煤炭泊位、10万吨级LNG、油品泊位等。

（2）目前，湄洲湾港已形成炼油能力2 400万吨/年，乙烯产能100万吨/年，年接卸处理LNG350万吨，电力总装机容量610万千瓦。大量石化、能源中下游企业在临港产业园区集聚，石化、能源产业年产值已超过1 000亿元。随着新建项目投产和已建项目扩能，至2025年，预计湄洲湾港炼油能力达4 200万吨/年，乙烯产能达300万吨/年，年接卸处理LNG950万吨，电力总装机容量达1 000万千瓦。

（3）主航道作为进出湄洲湾港的唯一水路主通道，是湄洲湾港最重要的公共基础设施之一。项目完工后，湄洲湾主航道全程提升至30万吨级，满足30万吨级散货船乘潮单向通航，同时满足40万吨散货船乘潮单向通航和Q-MAX型LNG船不乘潮单向通航，显著提高湄洲湾港通航能力。

（4）湄洲湾港临港产业趋于多元化发展，食品加工、海洋重工、装备制造、电子信息等临港产业也逐步兴起。港口、产业良性互动发展成效明显，湄洲湾港所在的泉州市、莆田市近年均实现了良好的经济增长。2013~2018年，泉州市、莆田市GDP年均增长率分别达到10.2%、10.8%，高于同期中国GDP年均增长率。

（5）据测算，项目完工后，30万吨级及以上船舶的可能通过能力为2艘/日，总体船舶的可能通过能力为88艘/日。按每年通航天数为293天计，并考虑远期LNG船舶通航密度为60艘/年，主航道每年可满足30万吨级及以上船舶、总体船舶通航艘次分别约为460艘次、14 800艘次，可满足港口吞吐量约2.5亿吨/年，有效提升湄洲湾港整体通航规模。

（6）减少大型船舶候潮时间，项目完工后，可满足20万吨级散货船、Q-MAX型LNG船等更大型船舶不乘潮单向通航，为每艘次节约候潮时间约0.25天，有效提高10万~20万吨级船舶通航效率。

（7）缓解LNG船舶通航影响，项目完工后，到港LNG船舶均不再需要乘潮通航，避免因LNG船舶候潮待泊额外增加的通航管制时间；且可鼓励采用Q-Felx型LNG船（21.7万立方米）和Q-MAX型LNG船（26.5万立方米）进行运输，从而减少LNG船舶通航密度。

（8）主航道最大可满足40万吨散货船乘潮单向通航，主要适应湄洲湾港罗屿作业区40万吨矿石泊位发展需要。罗屿作业区已列入中国沿海港口铁矿石运输系统布局，是福建省重点打造的区域性矿石中转接卸基地。罗屿作业区8#、9#泊位规划建设40万吨矿石泊位2个，其中9#泊位已于2018年6月建成投产。根据全球知名矿商淡水河谷测算，40万吨级矿石运输船与30万吨级矿石运输船、17.5万吨的散货船相比，在同期各自相应造价固定、银行利率和油价相同的条件下从巴西港口运送一吨铁矿石到中国沿海港口的可控成本（并非运价）分别可降低10%和23%。此外，40万吨级矿石运输船的CO_2/SO_x/NO_x排放量可分别降低9%和34%。

（二）非实物类产出

项目带来的效益长期且广泛。从时间上看，既体现在项目实施过程中为湄洲湾港发展带来的利好推动，也反映在项目完工后提高了港口通航能力、提升了港口生产运行效益。从范围上看，项目的直接效益体现在提高湄洲湾港的通航能力和提升湄洲湾港口局的管理能力。总体上有利于湄洲湾港优化发展环境、提升综合竞争力、提高服务区域经济发展能力，充分发挥湄洲湾港的功能和作用。且通过本项目的能力建设，湄洲湾港口管理局管理能力显著提升，主要体现如下：

（1）引导港口从业人员树立科学发展理念。技援研究积极引导湄洲湾港从业人员（包括港口管理部门、港口企业及相关从业人员）认清港口发展现状，把握港口发展趋势，理清港口发展思路，树立科学推动港口发展的理念，在推动港口发展实践中顺应趋势，明确目标，抓住重点。

（2）推动港口发展提供政策建议和发展策略。技援研究为湄洲湾港科学发展提供了相关政策建议和发展策略，有利于湄洲湾港认清港口行业和区域港口发展形势，准确把握今后一定时期港口的发展重点，加快港口发展速度，提升港口发展质量。此外，湄洲湾港口局于2014年6月进行了机构调整，基于对港口现代物流体系新的认识，专门组建了物流发展处，作为一个新的独立部门专注于推动港口物流发展。

（3）通过集中培训和考察国内外港口，湄洲湾港从业人员得以了解国内外港口发展特点和发展理念、了解世行项目理念和管理要求、引导思考如何加快推动港口发展、积累了一系列港口发展的成功经验等。通过对81名参加人员进行问卷调查，99%的受访人员认为通过参与世行考察培训对提升自己的工作业绩有明显的启发和帮助；2014年以来，40%的受访人员获得了职务晋升，57%的受访人员获得了工作表彰。

（4）本项目实施有助于中国通过缩短内陆地区至出海口的平均运距，打造高效低耗运输系统。随着湄洲湾港后方铁路运输网络不断完善，依托湄洲湾港大型专业化泊位深水中转优势，湄洲湾港服务江西省等中国内陆省份经济发展的作用日益凸显。自2014年3月起，连接湄洲湾港至江西省的向莆铁路货运线正式开通运营。2014年湄洲湾港共完成海铁联运货物324万吨，同比增长12.8%；其中运往江西省的电煤总计112万吨，同比增长38%。2018年，湄洲湾港疏港铁路进一步完善，新增2条疏港铁路支线，当年完成海铁联运货物582万吨，同比大幅增长94%。

五 项目的总结思考

（一）项目创新亮点及进一步优化的思考

本项目依据世行环境管理要求配套开展的生态补偿（包括人工苗种增殖放流和红树林复育）取得了良好的成效，被世行作为典型案例进行全球宣传。

（1）重视前期沟通，可为项目奠定良好的基础。本项目准备和评估阶段，与世行针对项目构成、发展目标、贷款条件等进行了充分的沟通，明确了以主航道扩建项目为主利用世行贷款，航道三期剩余分项工程仍利用国内资金，确定了相对简洁高效的项目实施和管理框架。注重加强与世行的前期沟通和协调，配合其提前介入指导项目前期工作，有利于避免因政策冲突或理解偏差造成的前期工作失误，合理制定环境保护、移民安置、财务管理等相关管理制度和行动计划，确保项目在世行管理目标和框架下找到结合点，优化后续管理，为项目顺利实施奠定良好的基础。

（2）掌握和执行世行管理程序和要求是项目顺利实施的前提。与国内项目相比，世行贷款项目在实施程序、管理要求等方面具有明显区别和特点，且世行高度重视环境管理、移民安置等与社会发展和民生利益相关的工作。世行通过开展相关培训将上述理念和要求及早告知实施机构和项目参与各方，促使所有机构和人员积极转变观念，认真把握要点，有利于保障项目实施过程严格执行世行管理要求。此外，世行对项目确立绩效指标体系的做法，以及关于环境管理、移民安置的理念和措施等值得思考和借鉴。

（3）加强组织机构建设有利于保障项目顺利实施。本项目在启动之初便已明确了由具备世行项目管理经验的福建省交通厅世行办协同湄洲湾港口局共同作为主要实施机构。湄洲湾港口局并无世行项目管理经验，通过本项目可以积极加强机构建设和人员培训，初期以内设机构航道建设办公室为主，后期专门组建了航道管理站，积极参与配合规建处、财务处共同进行项目管理。项目涉及大量协调统筹工作，上述实施机构在项目实施过程中发挥了关键作用，其突出的协调和领导能力是确保项目顺利实施的关键因素。因此，建立健全高效的组织机构是确保项目顺利实施的基本前提和重要保证。

（4）能力建设应作为机构长期工作的重要组成部分。参与世行贷款项目对每个机构和个人而言，其本身就是一个学习和提升的过程。与福建省此前的世行贷款交通项目类似，本项目除土建施工外，能力建设作为项目主要构成之一，为湄洲湾港口局和整个福建港口行业提供了难得的学习机会，成为近年来福建省港口从业人员学习提升的重要渠道，大量从业人员通过该渠道首次赴国内外港口考察学习。从机构的长期发展看，应鼓励依托交通和港口工程配套开展科研课题或考察培训，使从业人员有更多机会和渠道提升业务能力，从而不断提高整个交通港口行业发展水平。

（二）项目不足之处及进一步改进的思考

本项目在实施过程中受土建工程进度影响，向世行申请将项目关账期由2018年6月30日延至2019年6月30日。主要因本项目通航影响范围大、时间长，协调通航管理难度大，耗费大量时间协调办理水上水下施工许可，且土建施工两个标段都进行了设计变更，影响了土建施工总体进展。若本项目在筹备、设计初期能够提前协调解决影响施工工期的关键节点，或科学计划项目工期、深化工程设计深度等，预计将能够更好地确定贷款条件，避免因项目关键进展导致向世行申请变更，进一步提高项目执行效率。

山东省

河南省

江西省

15. 世界银行贷款江西三清山机场建设项目

一、项目介绍

（一）基本信息

项目建设内容包括上饶三清山机场，具体为：新建一条2 400米×45米的跑道、一条垂直联络滑行道，建设3个近机位、3个远机位，航站楼面积10 496平方米，并建设有通信、导航、气象、供电、供水、供气、供油、消防救援等设施。此外，为方便机场周边百姓出行，共新建8条乡村道路、新建山塘3个、加固扩容山塘2个、修建场外排水灌溉衔接渠8条（见图15-1、表15-1）。

图15-1 江西三清山机场建设项目

资料来源：江西省财政厅。

世界银行贷款江西三清山机场建设项目

表15-1 项目基本信息

项目名称	世界银行贷款江西三清山机场建设项目
所在地区	江西省
行业领域	交通
项目参与方	上饶市政府、上饶市发改委、上饶市财政局、上饶市民用航空发展局（项目办）、上饶三清山机场有限公司（项目办）等
项目主要内容	上饶三清山机场基础设施建设及机构能力建设
项目当前阶段	完工
多双边贷款机构	世界银行、全球环境基金
贷款所属类型	投资贷款

（二）项目融资信息

本项目世行贷款金额为5 000万美元，已全部落实。

（三）项目评级信息

世界银行对本项目完工情况评级为"非常满意"。

二 项目贷款的实操流程

（1）2010年11月26日，世行贷款江西上饶三清山机场建设项目申报利用世行5 000万美元贷款项目获国务院批准。

（2）2011年3月22日，世行贷款江西上饶三清山机场建设项目第一次鉴别会在上饶召开。

（3）2011年8月8~11日，世行贷款江西上饶三清山机场建设项目第二次鉴别会在上饶召开，并通过项目鉴别。

（4）2011年10月21日，世界银行绿色机场设计研讨会在上饶召开。

（5）2012年4月5~10日，在上饶召开项目预评估会议。

（6）2012年9月24~27日，在上饶召开项目评估会议，会议全面审查项目情况，检查评估所需各项文件报告。

（7）2013年2月21日，由财政部带队，江西省财政厅、上饶市政府、上饶市财政局、项目办至北京参加世界银行上饶三清山机场贷款项目预谈判，并顺利通过。

（8）2013年3月17~19日，由财政部组织世界银行、江西省财政厅、上饶市政府、项目办在上饶召开世界银行上饶三清山机场贷款项目谈判会议，并举行了项目草签仪式。

（9）2013年5月13日，世行贷款江西上饶三清山机场建设项目（贷款编号8256-CN）获世行执董会批复。

（10）2013年6月4日，财政部与世界银行正式签订世行贷款江西上饶三清山机场建设项目的《贷款协定》《项目协议》，并于7月16日正式生效。

（11）2014年7月28~31日，世行专家团在江西上饶进行第一次项目进度检查。

（12）2015年9月10~12日，世行专家团在江西上饶进行第二次项目进度检查。

（13）2017年4月5~7日，世行团队对世行贷款江西上饶三清山机场建设项目进行中期检查，通过各专业审查，世行团队在财务、采购、环境安保各方面考核指标均满意，评价上饶三清山机场是一个实施顺利、项目机构工作得力、整体风险低、中国区内利用世行贷款项目中非常优秀的项目。

（14）2018年11月27~30日，世界银行检查团一行来饶对上饶三清山机场贷款项目进行关账检查，此次检查为项目执行期内最后一次检查，通过召开关账检查启动会议、赴机场及机场相关安置点现场踏勘、分组讨论、召开总结会议等形式的检查，世行对此项目执行情况非常满意，并表示上饶三清山机场项目是世行近十年来在中国区为数不多的将按期关账、不拖时间的优秀项目。

（15）2018年12月31日，世行贷款江西上饶三清山机场建设项目如期顺利关账。

三　项目贷款的特点

（一）本项目贷款体现的战略

1. 国别行业发展战略

2015年以来，江西省牢固树立"创新、协调、绿色、开放、共享"发展理念，围绕"创新引领、改革攻坚、开放提升、绿色崛起、担当实干、兴赣富民"工作方针，政府外贷发展合作稳步推进，本项目属于新签约实施国际金融组织贷款项目，项目的实施取得了良好的经济效益和社会效益。

本项目是中国首个利用世界银行贷款的航空支线交通项目，开辟了世界银行与中国航空业合作的先河。历经10年完成了申报、规划、选址、立项、可研、总规、初设、施工、竣工、校飞、试飞、行验、颁证和通航。期间通过与世界银行携手合作，倡导绿色机场理念，进一步推动项目的绿色增长及包容性发展，践行绿色施工，建立合理运营模式，设计最佳航线，实现国家节能减排目标和环境可持续发展。

2. 本贷款项目的重点战略

本项目2011年被列入国家利用世行贷款规划，并于2013年10月开始正式实施。世行资金的注入，不仅降低了项目的财务管理成本，缓解了地方财政建设资金紧缺的压力，更为重要的是通过项目合作，引入了世行先进的发展理念和管理经验。

（1）合理采购，充分竞争。

项目建设初期，根据世行采购政策，结合民航专业工程特点，合理制定采购计划，科学划分了47个合同包，并根据项目执行进度适当优化采购计划，如将原采购计划中的货物合同包G1（雨水污水处理系统设备）、G3（供水站设备及安装）合并入工程采购W4（市政工程）合同包，以利于统一施工管理。在项目实施过程中，由于世行贷款以及民航专业工程的特殊性，项目采购需经过世行和民航华东局两套审批手续，采购的各阶段性文件均须同时获世行不反对意见，并由民航华东局或省、市重点办审查备案。虽然世界银行以及民航部门对本项目采购工作的要求和理解存在差异，但通过各方细致有效的沟通，确保采购工作在同时满足世行和民航要求的前提下顺利进行，并通过吸收世行采购理念，实现市场化充分竞争，做到公开、公正、公平，选定了许多优秀的施工队伍，节约了采购费用。在47项国际国内采购项目中（其中利用世行资金采购项目12项），无一起投诉现象。

（2）全面提升项目管理、财务管理水平。

世行通过项目选定、项目准备、项目评估、项目谈判、项目的执行、项目的后评价六项贷款程序对项目进行各阶段指导和管理。项目在与世行项目小组合作中，不断提升项目管理和财务管理水平，完善财务管理手册，全面规范招投标程序、施工合同管理、工程提款报账程序、计量与支付管理和资金使用程序等事项，以降低世行对项目的风险评价。

因世行贷款审计政策要求，项目接受历年的项目跟踪审计，所有审计报告均为无保留意见。通过审查意见及时发现问题、解决问题，消除管理隐患，规避财务风险，降低成本，少走弯路，着力打造优质工程、安全工程、绿色工程和廉洁工程。

世行还多层次组织安排项目采购人员和项目财务管理人员参加世行专家宣导的各项业务培训，不断提升项目管理和财务管理水平，降低项目管理风险和财务风险。

（二）本项目贷款的主要特点

对象：上饶三清山机场。

期限：2013~2038年。

利率：6个月伦敦同业银行拆借利率加浮动利差。

抵质押与担保情况：政府担保。

提款方式：预付款方式。

管理方法：执行世行财务管理手册。

最终债务人：上饶市人民政府。

四 项目的产出和成效

（一）实物类产出

建设完成上饶三清山机场，建设内容主要包括：新建一条2 400米×45米的跑道、一条垂直联络滑行道，建设3个近机位、3个远机位，航站楼面积10 496平方米，并建设有通信、导航、气象、供电、供水、供气、供油、消防救援等设施。

（二）非实物类产出

绿色机场经验总结：绿色机场的概念最早是由美国机场"清洁合作组织（CAP）"在"绿色机场行动（GAI）"中提出，旨在帮助机场实现快速发展的同时，为环境质量、能源节约和减少与当地社区的冲突采取有效措施。它的目标不仅是使机场环保，还要用一种可持续发展的方式适应经济增长和创造更宜居的周边环境。本项目在选址、规划、设计、施工、运营等整个生命周期中，一直践行绿色机场的理念，努力做到高效利用能源、水源、土地源、物料源等一切被利用的资源，采用持续改进、科学的环境评价管理体系，达到最小化的影响环境，期望将机场建设成为高效、健康、舒适、环保的交通场所。

五 项目的总结思考

（一）项目创新亮点及进一步优化的思考

（1）项目推进平稳顺利。在征收2 700亩土地内无一幢违章建筑，无一起招投标投诉事件，无一起安全质量事故，无一例群体性上访事件。

（2）合理的预算范围内最大化提升资金使用效率。机场建设项目总概算7.98亿元，除了利用世界银行贷款5 000万美元，还争取到国家资金3.47亿元，这也是国内支线机场中最高比例。上饶市政府实际动用了1.5亿元资金建成一个机场，"用1.5亿元的投资、2.4千米的跑道，上饶就联结了整个世界"。

（3）世行贷款管理到位。本项目是中国首个利用世界银行贷款的航空交通项目，也一直被世行专家团队称赞为中国区内利用世行贷款项目中的一个优秀项目。项目如期顺利关账后，经世界银行独立评估小组（IEG）审查，认为该项目准备工作非常充分、践行"绿色机场"理念、项目建设质量优良、上饶市政府和各界给予了大力支持、项目办的卓越努力及项目采用了创新管理等，最终世界银行给予了上饶三清山机场项目"非常满意"评级。

（4）绿色理念贯彻始终。上饶三清山机场是国内首个践行绿色理念的支线机场，采用了地源热泵、廊桥桥载电源、雨水收集和中水回用系统、航站楼绿色设计和施工等。地源热泵系统还争取了发改委和民航局的节能资金747万元。在项目实施过程中积极倡导环境友好，为方便机场周边百姓出行，共新建8条乡村道路、新建山塘3个、加固扩容山塘2个、修建场外排水灌溉衔接渠8条，完善了灌溉和排洪渠系；为受机场征地拆迁影响的21户居民进行统一移民安置，并配套三通一平，保障了当地群众正常的生产生活，受到群众的广泛好评。

2019年1月21日，上饶三清山机场航站楼通过了由世界银行集团国际金融公司IFC推出的绿色建筑认证体系"优秀高能效设计"（EDGE）绿色认证，是国内首家获得航站楼EDGE绿色认证的机场。

（5）支持民族航空工业。上饶三清山有良好的净空条件、优质的场道工程，国产ARJ21客机在上饶三清山机场完成了空载验证飞行、地面保障设备及保障能力等评估。2017年12月13日，成都航空公司用ARJ21客机执飞成都至上饶航线。2020年7月20日，国产ARJ21客机完成运送旅客突破一百万人次，央视新闻专门报道此事，上饶三清山机场作为国产ARJ21客机首个执飞的国内支线机场，用行动强力支持民族工业的发展。

（6）利用先进技术和工法，强化项目管理，加强成本控制。利用无人机技术进行全方位的施工过程监控与管理，根据现场情况优化施工组织，对全项目区域进行实时监控，为加强水土保持和环境保护提供良好基础。积极采用红砂岩雨季施工新工艺新技术，在场道工程建设中与原设计施工方案对比，节约建设费用2 000余万元。上饶三清山项目总概算7.98亿元，在工程有增项的基础上，最终结算价约8.12亿元。

（二）项目不足之处及进一步改进的思考

由于世行贷款项目在环境评价、社会保障、采购等各个环节的要求与国内现有法律法规、条例办法、评价标准等存在一定差别，且机场建设项目程序复杂，涉及民航、空域使用及国际金融组织贷款，国内尚无同类项目可参考，为同时满足行政、军队、世界银行三条线的审批条件，在项目准备前期消耗了大量时间进行协调工作。

进一步改进的思考：

（1）项目办人员应加强学习，熟练掌握世行及国内相关政策，并应用在工作中；

（2）在项目准备和执行过程中，项目办应加强与世行及行业主管等部门的衔接和沟通，积极协调以提高工作效率；

（3）在项目管理中应秉持以人为本、可持续发展的理念。

湖北省

河南省

山东省

16. 世界银行贷款山东生态造林项目

一 项目介绍

（一）基本信息

项目建设内容包括以公益功能为主的生态林、滨海盐碱地区的防风林带和人工林，涵盖建立具体的退化山地和沿海地区混交林种植示范模型。项目建设重点是通过在水土流失易发的地区建立复层森林植被，在风蚀易发的滨海盐碱地区建设防风林带达到环境保护的目的（见图16-1、表16-1）。

图16-1 山东生态造林项目

资料来源：山东省财政厅。

表16-1 项目基本信息

项目名称	世界银行贷款山东生态造林项目
所在地区	山东省
行业领域	林业
项目参与方	省林业厅、各市县林业局、造林实体
项目主要内容	（1）营造防护林65 972.6万公顷，其中，在滨海盐碱地改良区营造人工防护林27 629.2万公顷；在退化山地植被恢复区营造人工防护林38 343.4万公顷； （2）通过在困难立地示范有效的造林模型，增加森林覆盖率，改善森林质量，推广混交生态林理念
项目当前阶段	完工
多双边贷款机构	世界银行
贷款所属类型	政策发展贷款

（二）项目融资信息

项目总贷款为6 000万美元，最后使用贷款到账数为6 000万美元。

（三）项目评级信息

世界银行对本项目完工情况评级为"非常满意"。

二 项目贷款的实操流程

"世界银行贷款山东生态造林项目"是2007年2月由省发改委提出的关于山东林业资源可持续发展项目，列入国家利用国际金融组织贷款备选项目规划，并于同年10月，国家发改委在发改外资〔2007〕2536号文件中，将其列入2008~2010财年世行贷款规划备选项目清单。

2008年世行分别派出鉴定、评价、培训团实地考察了东营河口、泰安新泰、滨州沾化、潍坊青州、威海乳山共5个项目点，且在济南同山东省发改委、财政厅、林业局、环保局等部门代表进行了会谈；实地考察了菏泽市单县、临沂市蒙阴县、日照市五莲县、东营市垦利县、临沂市沂水县、东营市河口区的部分项目拟造林地；实地考察了泰山自然文化保护区和黄河三角洲自然保护区；在高密市举办世行贷款"山东生态造林项目"培训班；在泰安新泰市举办世行贷款"山东生态造林项目"社会影响评价培训班。

2009年3月中旬，世行准备工作材料考察团对山东生态造林项目前期准备的21个材料进行检查指导，并在济南同山东省发改委、财政厅、林业局、环保局等部门代表进行了会谈；2009年5月和8月，世行分别对本项目进行了预评估和评估；2009年10月，工程咨询院在林业大厦组织专家对SEAP可研报告及9市的分可研报告进行评审并通过论证。

2010年1月，向国家发改委报送《项目资金申请报告》；同年3月，财政部、山东省财政厅、山东省发改委、山东省林业局等单位的谈判代表与世界银行谈判代表于北京举行项目谈判，并最终由山东省林业局代表省人民政府与世界银行签署项目协定；同年5月，世界银行执行董事会批准向山东生态造林项目发放贷款（贷款号:7882-CN）；同年7月，世界银行贷款"山东生态造林项目"启动培训暨"林业持续发展项目"表彰会议在济南召开；贷款于同年8月正式生效。

2016年8月，世界银行检查团到访东营市河口区、威海市乳山市、临沂市沂水县、莱芜市雪野旅游区，对本项目进行竣工验收，并于2017年3月给出评价为"非常满意"的项目竣工报告。

三 项目贷款的特点

（一）本项目贷款体现的战略

1. 国别行业发展战略

本项目符合世行"中国国家伙伴战略"（CPS35435-CN），并直接有助于实现CPS的"管理资源稀缺和环境挑战"的目标。在实施过程中，它完全符合中国2013~2016财年国家伙伴关系战略，特别是支持战略主题"支持绿色增长"成果项下的"展示可持续自然资源措施"。

2. 本贷款项目的重点战略

项目发展目标（PDO）旨在为环境退化地区展示有效的造林模式，以支持山东的环境造林计划。通过在退化山地和沿海地区建立具体的混交林种植示范模型，减少土壤侵蚀和径流，改善土壤质量、降低风速。用于衡量目标实现情况的关键指标是：（1）项目地点植被覆盖率增加百分比；（2）项目地点种植的植物物种数量增加百分比；（3）改善项目地点的环境条件，例如减少土壤侵蚀和风速。

（二）本贷款项目的主要特点

1. 对象

主要的直接受益者是2.6万余个农户，通过参与造林活动获得收益，这是参与评估时家庭数量的两倍多（1.3万）。在参与的家庭中，14%在贫困线以下，21%户主为妇女。这些家庭的主要利益包括植树就业，以及经济树木作物（干果、水果、茶），非木材林产品（种子、蘑菇、家禽和下层畜禽），木制品和修剪。此外农民、省和县林业局工作人员均受益于培训，业务水平提高。

2. 期限

项目建设期：2010~2015年。

3. 利率

贷款利率为贷款货币的LIBOR（伦敦同业银行拆借利率）与可变利差之和。

4. 抵质押与担保情况

财政承诺还款配套。

5. 提款方式

县级垫支款项造林，经检查合格后凭造林验收单，按照模型单价报账提款。

6. 管理方法

在省、市、县（市、区）成立项目领导小组和项目办公室。领导小组负责对重大问题的决策和协调；项目管理办公室在领导小组的领导下，负责项目的规划、管理和项目实施的监督检查。

7. 最终债务人

县级财政部门和造林实体。

8、贷款的比较

世行贷款额度大、管理程序严谨，理念先进，开发目标明确，采购程序规范。

四 项目的产出和成效

（一）项目的主要产出

1. 实物类产出

项目造林从2010年（追溯报账2009年）开始，到2013年造林结束，经检查验收的合格造林面积为66 915.3公顷，超额完成计划任务65 972.6公顷的101.43%，涉及7 894个造林小班；其中滨海盐碱地改良区30 080.1公顷，退化山地植被恢复区36 835.2公顷。

2. 非实物类产出

（1）项目推广20余项技术标准和技术规程，取得了良好效果。

（2）项目在前3期世行项目实施经验的基础上，创建了"3建2推1转"技术推广模式。即搞好"三个一"的建设，狠抓"两个一"的推广，促进"一个一"的转化。3建，即"一支队伍建设、一套机制建立、一片示范林营建"。建设省、市、县（市、区）、乡（镇、场）、村科研推广队伍网络，人员达2 100多人；制定管理办法、规定、规程、意见100多条（个）。2推，即"即将推出的新技术"

和"已推出的新技术"组装配套应用于项目建设中。1转,即促进科技成果尽快转化为生产力。项目设置的3个科研课题和2个监测课题,采取边研究边转化的方法,成熟一个成果转化一个成果,研究的退化山地立地类型划分、适宜于不同立地类型的造林树种选择、项目监测等成果,都已直接应用于项目实施过程中,解决其中的技术瓶颈,提高项目实施示范效果。

(3)提高了项目管理人员、财务人员和技术人员的素质,确保了项目顺利实施,取得显著效果。根据项目实施要求,省、市、县各级培训体系均按照年度培训计划,采取举办培训班、座谈会、现场指导、专家授课等形式,有针对性地开展了工程管理、财务管理、苗圃改进等方面的培训。据统计,项目共举办各类培训4 566期(次),培训各类人员94.88万人次。

(4)项目进度和实施质量有大幅度提升,培养壮大了林业人才队伍。自项目实施以来,培训工作坚持针对性、实用性、连续性和多样性的原则,根据项目实施进度要求,结合项目实施遇到的具体问题,有针对性地开展培训工作,及时解决了影响项目顺利实施的瓶颈。

(二)项目的成效

1. 对项目所在地的影响

项目目标和设计内容旨在山东生态退化地区示范有效造林模型,支持山东生态造林项目,与当前国家、行业和所在区域的发展战略和政策重点高度相关。项目提供的产品和服务能够解决国家、行业和所在区域经济社会发展中的实际问题和需求。项目促进了农民等造林实体从种植纯林到混交造林理念的转变,也直接支持山东省关于水土保持、农业、景观修复、水资源管理保护和生物多样性保护等战略。更重要的是,项目中使用的造林模型,对促进生态恢复的近自然发育,建设美丽山东有显著积极作用。

2. 对项目所属行业的影响

该项目实现了"为环境退化的地区展示有效造林模式"的PDO:(1)在退化山地和滨海盐碱地增加植被覆盖;(2)增加了可利用的植物品种;(3)增加了小流域植被覆盖;(4)减少在山区水土流失,减少沿海地区的风速,改善环境条件。所有的项目目标均达到或超过,见表16-2。

表16-2 项目指标

影响指标	基准值	目标（PAD）	实际（ICR）
1.在项目区植被（树,草和灌木）（%）增加			
（1）退化山地植被恢复区	16%	60%	73%
（2）滨海盐碱地改良区	7%	55%	59%
2.增加生长在项目区的植物种数（号）			
（1）退化山地植被恢复区	10	30	40
（2）滨海盐碱地改良区	3	15	18
3.改进的环境条件			
（1）山区土壤侵蚀减少（基准值的百分比=100）	100	降低为80	减少到32
（2）风速在5~10倍树高降低（基准值=100）	100	减少到85	减少到48

造林任务超额完成（101%,66 915公顷）,所有抚育均按计划进行。造林质量较高,成活率达到了规定的标准（山区95%和滨海盐碱地改良区85%）。技术支持和项目管理子项目进展也很好,取得了一系列新技术、新品种以及专利。

3.对项目相关方的意义,尤其对该多双边贷款机构（如世界银行）的意义

项目实现了预期目标,能够发挥示范作用。项目的实际受益群体与目标受益群体一致,受益群体对项目满意度较高。项目赖以运行的相关政策合理、可行、具有连贯性,能够支持项目的持续运行。项目完工后具有示范带动作用,项目效果可以持续。

将生态恢复与减轻贫困结合。本项目已证实生态绿化工程的经济林木和林下活动能提高土地生产力,增加贫困农民的收入潜力。通过生态恢复与农村扶贫结合,此类方法（可持续的景观管理）带来实现双赢局面的可能性,体现了世界银

行项目减贫的效果。

4. 其他意义

（1）环境保护规程促进了造林过程中的环保措施落实。通过培训，对造林地选择、PMP使用、整地方式等进行了规范，务求保证环保要求。能力和效率的提高还表现在能够更加准确的选择造林树种、能够应用最新的技术和生态保护措施，能够应用本项目所创建的造林模型。

（2）转变农民观念，兼顾生态效益和经济效益。利用造林模型、示范林、科研、推广和严谨的影响评估（资金和技术），该项目成功地证明了项目创新可用于恢复退化山地和滨海盐碱地改良区生态。项目还示范了如何提高效益，可以通过调整造林混合品种，并结合林下活动和经济作物加以提高。这也证明了生态林业能产生经济和金融效益。该方式在说服农民和决策者进行混交造林方面非常有效，有助于农民转变种植纯林的习惯，接受混交林理念。

五 项目的总结思考

（一）项目创新亮点及进一步优化的思考

（1）采用参与性磋商的协商方式。与传统中国造林项目实施前所采取的"政府主导、林业部门组织、乡镇村动员、群众参与"被动式协商不同，山东生态造林项目采用了"政府引导、林业部门深入农户宣讲、乡镇村配合宣传、权重主导"主动参与项目的方式，保证了项目的参与者完全出于自愿，减少甚至避免了项目实施工程中可能引起的社会冲突和资源利用效率低的风险。

（2）项目管理严谨，项目运行规范有序。在项目实施过程中，成立了由政府、发改、财政、审计、林业等单位组成领导小组，主要负责项目决策、组织领导、统筹协调、重大问题解决等。各级林业部门成立了项目办公室，配备了组织、管理、营林、经济、财务等技术人员，主要负责项目的规划、管理和项目实施监督检查等工作。世行检查小组每年检查项目进展，进一步保证了项目运行规范有序。

（3）采用新的栽植方法。项目改变了选择粗大苗木的传统做法，选择了胸径较小的苗木，进而使得植树穴随之缩小，处置密度降低，以此来保护原有植被、维护生物多样性、降低造林成本。

（4）设计切实可行的造林模型。山东生态造林项目的主管部门在项目实施前，进行了充分的调研，组织专家根据山东生态环境的实际情况，设计了13种生态造林模型，每个造林模型适用于某一特定区域、特定树种及特定的混交比例，具备极强的实用性，切实解决了项目实施地的造林需求，示范效果好。

（二）进一步改进的思考

项目实际投资与预算投资不一致。项目计划总投资76 275.2万元，实际投资100 294.55万元，超支31.49%，项目建设总投资大幅度增加，主要原因如下：

一是劳动力价格上涨。根据项目竣工总结报告，省项目办于2010年、2013年、2015年对5个项目县区进行调研发现：项目建设期间，当地劳动力价格持续上涨，导致项目建设期劳务费成本大幅度增加。

二是物价上涨（苗木）。由于苗木价格的上涨，项目建设期间苗木材料费成本大幅度增加。

在今后项目设计中应进一步结合社会发展，增加项目投融资弹性，更好地保证项目目标实现。

湖南省

湖北省

河南省

17. 日本国际协力银行贷款河南造林项目

一 项目介绍

（一）基本信息

项目建设内容为营造林，主要包括防护林、用材林、经济林（见图17-1、表17-1）。

图17-1 河南造林项目

资料来源：河南省财政厅。

表17-1 项目基本信息

项目名称	日本国际协力银行贷款河南造林项目
所在地区	河南省
行业领域	林业
项目参与方	河南省林业局
项目主要内容	本项目建设以营造林为主，总规模19.42万公顷，其中新造林13.2万公顷，低产低效林改造1.45万公顷，中幼林抚育1.12万公顷，封山育林3.65万公顷
项目当前阶段	完工
多双边贷款机构	日本国际协力银行
贷款所属类型	投资贷款

（二）项目融资信息

本项目利用日本政府优惠贷款74.34亿日元，占总投资的65%。本项目实际贷款72.18亿日元，贷款资金到位率为97.09%。

（三）项目评级信息

本项目被日本国际协力银行评定为A级。

二 项目贷款的实操流程

河南省从2002年开始为本项目做准备，2003年3月向国家发改委上报了《日本政府贷款河南黄河中游生态公益林建设项目建议书》；2003年9月，国家林业局向国家发改委报送了对河南省林业项目建议书的初审意见；2003年11月，国家发改委向国务院上报了关于审批项目建议书的请示；2004年2月，国家发改委审批了项目建议书，并将本项目列入2003~2005年利用日本政府贷款备选项目；2004年3月，河南省林业调查规划院开始编制《日本政府贷款河南黄河中游生态公益林建设项目可行性研究报告》，并于2004年10月完成。2005年11月，日本国际协力银行派专家对本项目进行了预评估，2006年1月，日本国际协力银行会同国家发改委、财政部开展了项目的正式评估，中日双方签署了项目评估备忘录。2006年4月，河南省发改委批准了日元贷款河南黄河中游造林项目可行性研究报告，2006年6月23日，日本国际协力银行副总裁和中国财政部副部长签署了项目贷款协议。2006年7月，国家发改委批准了河南黄河中游造林工程利用日元贷款项目资金申请报告。2007年4月20日，河南省人民政府在郑州召开了日元贷款河南省造林项目启动工作会议，邀请日本驻华使馆、日本国际协力银行驻北京代表处官员加了本项目启动仪式。

本项目总投资为83 500万元人民币，其中利用日本政府优惠贷款74.34亿日元，占65%；国内配套资金29 241万元人民币，占35%。项目建设以营造林为主，总规模19.42万公顷，其中新造林13.2万公顷，低产低效林改造1.45万公顷，中幼林抚育1.12万公顷，封山育林3.65万公顷。项目区包括全省18个省辖市的75个县（市、区、林场）。项目贷款期40年，其中宽限期10年，本项目转贷银行为中国进出口银行，项目采购代理为中仪国际招标公司。

本项目实施期为2007~2014年，项目单位共计完成营造林197 031公顷，占计划194 190公顷的101.46%。其中：防护林165 184公顷，占计划163 610公顷的100.96%；用材林19 267公顷，占计划18 700公顷的103.03%；经济林12 580公顷，占计划11 880公顷的105.89%；主要树种有杨树、火炬松、刺槐、楸树、枣、花椒、山茱萸等。

2016年8月至2017年8月，日本国际协力银行对项目进行后评估，评估认为：实施体制没有变化，援助项目造林地管理的体制得到了完善。河南省获得了来自中央政府的国家重点工程预算支持，从而保证了森林抚育和防治病虫害等运维管理资金。另外，在后评估阶段，虽然部分农户和林场的防护林维护管理费用不足，但河南省林业局以维护生态效果为目的，加大了对防护林维护管理费用的补贴。因此从中长期来看，费用不足的问题将得到解决。技术方面和维护管理情况未发现问题，可持续性高。综上所述，本项目的综合评价为非常高。

三 项目贷款的特点

（一）本项目贷款体现的战略

1. 国别行业发展战略

全球性的生态环境恶化，使得环境问题被提到与发展并重的高度，也使得可持续发展之路成为各国政府必然的选择。可持续发展的理念已成为指导我国发展的纲领和基本战略。中国是一个发展中国家，中国政府积极支持和响应环境与发展领域内的国际合作，并在全球率先完成了寻求可持续发展的《中国21世纪议程》，从而构筑了我国综合、长期、渐进的可持续发展战略框架。河南省始终把国土绿化和生态环境建设放在重要位置，2003年河南省委、省政府下发了《贯彻中共中央、国务院关于加快林业发展决定的实施意见》和《绿色中原建设规划》。

2. 本贷款项目的重点战略

本项目通过资金的流入和借鉴日本先进的林业管理经营经验，以期扩大森林资源总量，提高森林质量，改善生态环境，提高农民收入，促进河南省林业、社会、经济可持续发展。

（二）本项目贷款的主要特点

本项目建设期总投资为83 500万元人民币，其中申请利用日本政府优惠贷款54 259万元人民币，约折合743 351万日元（按2006年1月正式评估前财政部规定的计算汇率），占总投资的65%；国内配套资金29 241万元人民币，占35%，其中省级配套4 175万元，占5%；省辖市级配套2 505万元，占3%；县（市、区）级配套8 350万元，占10%；建设单位自筹和劳务折抵14 211万元，占17%。各级配套资金参照以往林业外资项目的筹措方法，由林业、计划、财政部门协调解决。

本项目贷款期为40年，其中宽限期10年，贷款年利率0.75%；宽限期内（第1～10年）产生利息当年偿还，第11～40年为还款期，实行等额还本利息照付方式，至第40年全部还清本息，贷款和还款当年发生额均按半年计息；日本协力银行一次性收取手续费0.1%；中国进出口银行转贷手续费0.15%（计算方法按利息）；汇率风险按实际发生数计算。在实际执行过程中，可以根据林种、树种不同采用不同的贷款偿还期，由河南省人民政府主管部门决定。

有转贷关系的各级财政之间要逐级签订转贷协议，本项目实施主体与财政或项目办签订贷款实施合同。在各级转贷协议中，明确了各级政府财政部门负责按时偿还转贷协议项下全部到期债务，并同意如不能按期有效履行承诺，同意上级财政部门采取财政扣款的方式偿还全部债务。一般采取林权证抵押和财政发放工资人员担保等方式。项目转贷协议签字生效前，应办好抵押或担保手续，在实施主体还清全部贷款本息之前，抵押物由林业或财政部门管理。项目实施主体不仅有农户，还有大户、企业、专业合作社。实践证明，这些实施主体可以保证项目造林质量，项目效益也有明显提高，项目还贷也很有保证。

项目采购的物资主要包括种苗、肥料、农药、农膜、建筑材料和基础设备（交通工具、办公设备）等，根据各项目县实际需要，确定项目需要采购物资的种类和数量。设备采购本着品质优良、工艺先进、性能稳定、维护方便、价格合理的原则，根据不同的物资类型，采用国际竞争性招标、国内竞争性招标、国内询价或当地直接签订采购合同的方式进行物资采购。具体采购方式按本项目物资采购管理有关规定确定。

四 项目的产出和成效

（一）项目的主要产出

1. 实物类产出

（1）营造林完成情况。

本项目共计完成营造林197 031公顷，占计划194 190公顷的101.46 %。其中：防护林165 184公顷，占计划163 610公顷的100.96%；用材林19 267公顷，占计划18 700公顷的103.03%；经济林12 580公顷，占计划11 880公顷的105.89%；主要树种有杨树、火炬松、刺槐、楸树、枣、花椒、山茱萸等。

（2）设备采购完成情况。

本项目共计完成采购护林防火车70辆、台式计算机112台、便携式计算机7台、打印机93台、复印机49台、数码照相机79部、数码摄像机41部、投影仪20台、GPS126台、水泵141套，打药机162台。

2. 非实物类产出

（1）培训完成情况。

本项目实施以来，先后开展了本项目的施工设计、检查验收、环保规程、财务管理、提款报账、财务决算、档案管理、信息化建设、物资采购、营造林技术、中幼林抚育、病虫害防治等培训班，省级培训达5 084人次，县级培训人次达25 245人次。

赴日培训按照评估备忘录的要求，已先后组织项目单位的管理人员和技术人员开展了5批培训任务，培训达到107人次。

（2）科研推广完成情况。

根据《日本政府贷款河南省造林项目评估备忘录》和《日本政府贷款河南省造林项目实施管理办法》，关于在项目中推广和应用先进的技术成果，以提高造林成活率和项目实施质量的要求。河南省林业局项目办2008年在河南林业信息网上公开发布了《关于日本政府贷款河南省造林项目科研课题招标事宜的函》，组织有关专家对招标课题进行了审定，确定了日贷项目的21个科研课题。

课题立足于项目实施中的主栽树种和关键技术，采取新技术研究与现有科研成果组装配套相结合、常规技术与高新技术相结合的方法，通过科研课题的实施与技术推广，有利于提高项目的科技支撑能力与科技含量，改善和优化项目营造林技术路线和方案，促进项目管理与持续发展能力的提高，进而提高项目的整体实施质量与效益。21个科研课题单位在项目实施过程中，提供了强有力的技术支撑，课题研究也取得了丰硕成果，围绕日贷河南造林项目的实施，发表了一批科研论文，其研究成果已由河南省项目办汇编成册。

（3）日贷造林项目的宣传。

本项目自2007年实施以来，先后在《人民日报》《河南日报》《中国绿色时报》《大河报》《河南工人报》等报纸、人民网、河南省人民政府网站、大河网、河南省林业局网站等媒体进行了全方位、多层次的宣传报道，为项目营造了良好的实施氛围，扩大了本项目在河南的影响力。

（二）项目的成效

（1）改善了本项目区的生态环境。项目区造林新增有林地面积291.5万亩，森林覆盖率净增2.029个百分点。随着森林覆盖率的增加和林木生长，森林的防风固沙、保持水土、涵养水源、调节气候等多种功能得到充分发挥。例如尉氏县西王村2007年共营造项目林102公顷，将全村的宜林沙荒地和严重沙化土地全部绿化，现在已全部成林，目前该村的森林覆盖率达到了51%；有效抵御了风沙和干热风危害，也使周边耕地农作物的产量连年提高，保证了粮食的稳产高产，还促进了野生动物生存、栖息环境的改善，有效保护生物多样性和维持物种间的生态平衡，现在多年不见的雉鸡、斑鸠、喜鹊等鸟类在林子里都随处可见。

（2）提高了项目区的林业经营管理水平。通过本项目的实施，建立了包括规划设计、科研推广、质量监控、财务报账、环境监测、信息系统等一套完整的项目管理和支持保障体系，通过各类培训班的举办，提高了管理人员、技术人员和项目农户分析问题、解决实际问题的能力；结合本项目的实施，开展了21项科研课题的科学实验研究，营造了上千亩的实验林和万余亩的示范林，将实用技术和新成果应用于生产一线，推动了项目区由传统经营理念向现代经营理念的转变。

（3）促进了农村剩余劳动力的转移。项目区人口密度大、耕地少、剩余劳动力多。本项目实施期间，造林、抚育、管护、采果、采伐、加工、销售以及林业产业链的进一步延长，为农村剩余劳动力转移提供了机会。例如：杞柳种植促进条边业发展，山茱萸、金银花、省沽油等森林中药材和森林蔬菜的种植需要大量人力采摘、加工，这在很大程度上促进了医药业的发展和人员就业。据估算，本项目实施至少可使350万人直接受益，促进了社会发展与稳定。

五 项目的总结思考

（一）项目创新亮点及进一步优化的思考

1. 建立管理机构，强化项目科学管理

为确保日元贷款造林项目顺利实施，河南省成立省级日元贷款项目建设领导小组，由主管农业的副省长任组长，省发改委、林业厅、财政、审计等部门主要负责人为成员，负责解决和协调项目实施中出现的重大问题，领导小组办公室设在河南省林业局，具体负责本项目的计划、实施、监督、管理、检查验收及审核报账等日常工作。本项目县成立县级项目领导小组，由主管林业的副县长（市、区长）及发改委、财政、林业、银行等部门的负责人组成，负责造林经营实体的审定、县级配套资金的筹集、协调项目实施中的有关问题。本项目还成立了县级项目办公室、乡镇项目实施管理小组，从上到下形成了一个由组织、计划、财务、科研、质量、信息、物质和债务为一体的项目管理体系，为项目顺利实施打下了坚实的基础。

2. 重视部门合作，共同推进项目实施

首先是与财政部门的合作。林业部门全面负责本项目实施的技术工作和日常管理，财政部门负责本项目的资金账户管理。财政和林业两部门按照各自的工作职责，积极工作，通力合作，在各类管理办法制定、项目物质招标与采购、配套资金落实、报账提款及项目日常管理等很多方面，本着服务大局、一切为了项目顺利实施的目的,共同开展了大量工作,开创了财林两家协调共管的典范,为本项目成功实施提供了强有力的组织、资金和技术保障。其次是与审计部门的合作,审计部门对本项目每年均实施年度例行审计,除对财务报表进行审计并发表审计意见外,还关注项目执行过程中相关单位国家法规和项目贷款协定遵守情况、内部控制和项目管理情况、项目绩效及上年度审计建议整改落实情况。各级审计部门的积极参与,确保了项目资金有序、正确地使用。

3. 制定规章制度,严格规范项目运行

针对本项目管理内容多、要求严、资金量大、政策性强的特点。河南省林业局、财政厅根据中日双方签署的项目贷款协议、备忘录,以及财政部有关规定,联合制定了项目《实施管理办法》《财务管理办法》,省林业厅、财政厅根据各自职责分别制定了项目《检查验收办法》《提款报账办法》,所有管理办法形成一套完整的项目实施管理体系。财务管理办法对财务内部控制、信贷与配套资金支付范围、各级配套到位时限、管理费用、财务监督、会计档案、财务人员等内容都做了详细规定;提款报账办法对各级各部门的责任,报账与支付的程序,材料内容及要求等做了规定;既保证各个管理环节都有章可循,又确保了其管理规范,符合国家相关政策。为保证资金不出现滞留、挪用现象,要求各级各部门资金停留时间不能超过7个工作日。

4. 强化过程管理,保证项目建设质量

本项目从造林地选择、小班规划、造林模型确定、整地、起苗、运输、栽植、浇水、封土直到后期管护等,每一个环节都不能疏漏。各县项目办严把质量关,在施工中,技术人员实地查看、实地指导、实地把关,发现问题及时纠正,坚持上一个工序不合格不准进行下一道工序。严把四道工序:一是把好整地关。按照规定规格进行整地,保证栽植穴有一定厚度的活土层。二是严格苗木关。选用良种一级壮苗,起苗后拉泥浆保鲜,包装后运输,调运到造林地后及时假植管护,避免苗木在起运途中失水。三是做好栽植关,按照三埋两踩一提苗的要求,保证栽植质量。四是落实浇足水。造林时提前考虑水源,提前准备造林用水,严格做到没有水源不栽植,栽植时浇透水;由于措施落实到位,保证了造林的成活率。

本项目建立了严格的工程监测评价体系——三级检查验收制度：包括项目单位自查、县级检查验收和省级检查验收。每年造林结束后，先由项目实施单位进行全面自查，并将检查验收结果报县项目办；县项目办根据项目单位自查结果，进行全面检查验收，然后将县级检查验收结果报省项目办；省项目办根据县级检查自查验收报告，委托省林业调查规划院对全省项目造林进行抽查验收，省级检查验收结果为年度报账依据。

5. 加强科技推广，提高项目质量效益

科技是第一生产力，没有先进的科技支撑，就没有项目的高质量高效益。本着将本项目作为科技兴林的样板，项目提出并在省、县、乡三个级别实施了"项目技术培训与科技推广实施计划"，省市县都建立了相应的技术推广支持服务组，负责辖区内的技术推广工作。本项目省级培训5 784人次，市县级培训25 235人次，并派出107人到国外进行国际交流培训，提高了管理人员、技术人员和参与项目农民的素质和能力。本项目引进种基盘技术，制定和完善主要树种采用压缩基质块快速育苗技术，较传统育苗成本降低30%。同时，结合项目的实施，开展了21项科研课题的科学实验研究。通过课题研究，在省级以上刊物发表学术论文20余篇，有两项科研成果获得河南省科技进步奖；实验树种15个，品种60余个，建设实验林与示范林50余处600多公顷，在项目区推广普及3万多公顷，对提高项目的实施质量，起到了重要的推动作用。

6. 严抓风险控制，确保项目按期还贷

一是完善合同管理，不仅要求有转贷关系的各级财政之间要逐级签订转贷协议，而且要求项目实施主体与财政或项目办签订贷款实施合同。二是明确政府责任。在各级转贷协议中，明确了各级政府财政部门负责按时偿还转贷协议项下全部到期债务，并同意如不能按期有效履行承诺，上级财政部门采取财政扣款的方式偿还全部债务。三是健全贷款抵押担保机制，一般采取林权证抵押和财政发放工资人员担保等方式。项目转贷协议签字生效前，应办好抵押或担保手续，在实施主体还清全部贷款本息之前，抵押物由林业或财政部门管理。四是着力培育多种经营形式。项目实施主体不仅有农户，还有大户、企业、专业合作社，实践证明，多样化的实施主体可以保证项目造林质量，提升了项目效益，保证了项目还贷。

（二）项目不足之处及进一步改进的思考

本项目的失败教训如下：

1. 有些项目林没有适地适树

项目林长势总体较好，但仍然有些项目区林木长势较差，主要问题是没有做到适地适树，如有些地区在丘陵区栽植杨树，生长状况较差；有些农户在引进核桃新品种时，没有考虑其适生性，生长状况一般。

2. 化肥采购报账困难

基层农户在实际营造林中采购化肥，但无法提供翔实的报账单据，且各项目单位涉及农户数量多，整理报账单工作量巨大。因此，部分项目单位放弃化肥采购报账费用，这部分费用由农户自行承担。

3. 部分地方报账支付进度缓慢

根据《河南省审计厅关于日本国际协力银行贷款河南省造林项目2014年财务收支和项目执行情况的审计结果公告》（2016年第1号），焦作市武陟县林业局项目办2013年5月15日申请提款报账化肥款1 772 948.60元，2015年6月17日报账资金到武陟县林业局账户，时间长达2年零1个月。信阳市南湾实验林场2013年2月27日申请提款报账化肥款14 141 40.00元，2015年1月15日报账资金到信阳市林业局账户，时间长达近2年。

4. 项目实施主体特别是农户承担还款责任有一定难度

主要表现在：一是政策原因，有些项目林在天然林保护工程区，或列入重点公益林，严格限制木材采伐，林农无法取得经济效益；二是慢生用材树种防护林（如侧柏）和较差立地条件上防护林（如土层瘠薄）的生态效益远远高于直接经济效益，木材采伐也会受到各种因素的限制（如轮伐期）；三是项目实施周期较长，原来的项目承贷人出现意外或自然死亡造成还贷困难；四是部分地区项目林受到自然灾害的影响，很多受灾区造林地冲毁后无法重新造林。

针对上述失败教训，本项目的对策建议如下：

（1）对纳入天保工程区和公益林区范围的项目林，核定后豁免其贷款债务。

（2）加强项目林的后续管理工作。将项目林的"三防"工作纳入当地政府和林业行政主管部门的职责范围和日常工作中，认真制订项目林的后续管理计划，并且做好信息服务工作。

（3）积极发展林业专业合作组织，推进林业规模化经营。林业专业合作组织在产权明晰的基础上，把分散的林农有机地联合起来，集中经营分散的林地，优化配置林业生产要素，从而提高林农组织化程度，有利于林业规模化集约化经营。

（4）进一步加强经济林技术培训和产品销售信息服务，不断提高经济林的管理水平和经济收益。

（5）建立项目信息管理系统，加快报账速度。在省级层面重点建立省级项目验收和报账管理信息系统，从而加快工程实施进度和报账进度的衔接，加快项目报账支付速度。

湖南省

广东省

湖北省

18. 法国开发署贷款 湖北武汉公共建筑节能改造项目

一 项目介绍

（一）基本信息

项目建设内容包括对武汉市25个国家机关办公建筑、医院、学校和公共文化建筑进行改造及37个分项计量项目（见图18-1、表18-1）。

图18-1 湖北武汉公共建筑节能改造项目

资料来源：湖北省财政厅。

表18-1 项目基本信息

项目名称	法国开发署贷款湖北武汉公共建筑节能改造项目
所在地区	湖北省
行业领域	节能改造
项目参与方	湖北省财政厅、湖北省发展和改革委员会、武汉市财政局、武汉市发展和改革委员会、武汉市建设局、武汉市人民政府城市建设基金管理办公室、武汉市城市建设利用外资项目管理办公室等
项目主要内容	机关办公建筑、医院、学校和公共文化建筑改造；项目管理和测量与验证平台、课题研究与培训、分项计量等
项目当前阶段	完工
多双边贷款机构	法国开发署
贷款所属类型	政策发展贷款

项目建设内容包括对武汉市25个国家机关办公建筑、医院、学校和公共文化建筑进行改造及37个分项计量项目。

（二）项目融资信息

本项目向法国开发署贷款2 000万欧元。

（三）项目评级信息

2019年12月，湖北省财政厅委托中审亚太会计师事务所（特殊普通合伙）对本项目进行绩效评价，绩效等级评价结果为"高度成功"（见表18-2）。

表18-2 绩效等级评价

评价准则	权重（%）	评价分值（百分制）	加权平均得分	绩效等级
相关性	10	98.6	9.86	高度相关
效率	30	89.76	26.93	效率高
效果	30	97.67	29.3	非常满意
可持续性	30	89.25	26.78	可持续
项目绩效	100	375.28	92.87	高度成功

二、项目贷款的实操流程

（一）项目前期背景

法国开发署是法国官方开展全球发展援助的金融机构，其业务定位为发展经济、减少贫穷和保护环境。2006年6月2日，湖北省建设厅与法开署签署了《湖北省既有建筑节能改造融资机制研究合作伙伴框架协议》，中法双方就既有建筑改造开展了为期三年的《中法湖北省既有建筑节能改造融资机制研究》。2008年3月，武汉市邀请法开署等国际组织的专家来汉召开了武汉市既有建筑节能改造融资机制研讨会。2009年5月，"建设武汉城市圈'两型'社会暨中法湖北省既有建筑节能改造融资机制国际研讨会"在武汉召开。2009年11月，武汉市提出了通过利用法开署贷款对武汉市既有公共建筑进行节能改造的意向，随后正式将本项目纳入中法湖北省既有建筑节能改造合作框架。

2010年11月，武汉市政府组织成立了由武汉市发改委牵头，武汉市财政局、市城建委、市房管局、市公共机构节能办及城建基金办等单位参加的工作专班，并明确武汉市城建基金办主要负责项目申贷前期工作。在武汉市发改委的主持下，完成国内各项申报程序和法开署评估工作，2011年3月正式通过法开署执董会批准。2011年11月，财政部与法开署签订了项目《贷款协议》。2011年12月，法开署、湖北省财政厅、武汉市财政局及武汉市城建基金办签署项目《贷款协议备忘录》，项目正式进入实施阶段。本项目建设实施期为6年（2012~2017年），资金使用截止期限为2018年6月30日，还款期为16年（含项目宽限期4年）。

本项目预可行性研究报告于2010年11月获湖北省发改委正式批复（鄂发改外经〔2010〕1561号），项目的可行性研究报告于2011年1月获湖北省发改委批复（鄂发改外经〔2011〕59号）；由于项目内容变更等原因，本项目进行可行性研究调整，可研调整报告于2014年12月获湖北省发改委批复（鄂发改审批服务〔2014〕458号）。

（二）项目实施与执行

1. 项目建设完成情况

本项目初步设计概算为18 935.67万元，合同总金额为16 866.99万元，结算总金额为14 508.80万元，决算总金额为14 445.20万元。目前所有节能改造子项结算工作、第三方节能量审核工作及竣工验收工作已全部完成，竣工财务决算已获武汉市财政局批复。

2. 项目采购情况

本项目所有子项建设内容采购工作已完成，共签订32个合同，其中，武汉市财政内资合同13个，中央预算内资金合同3个，法开署贷款资金合同16个。合同总金额合计人民币16 866.99万元，其中，武汉市财政内配资金合同金额合计人民币1 034.74万元，中央预算内资金合同金额合计人民币944.41万元，法开署贷款资金合同金额合计人民币14 887.84万元。

3. 项目资金使用情况

本项目已圆满竣工，累计支付人民币约14 416.34万元，其中，利用法开署贷款资金约12 005.20万元人民币（折合1 602.32万欧元），利用中央预算内资金约917.49万元人民币，利用武汉市财政内配资金1 493.64万元人民币。

（三）项目检查与评价

在项目的实施验收阶段，法开署提供了有效的指导和管理，分派法开署检查团（平均每年两次）和一些相关专家（技术、财务和机构）为武汉市城建外资办提供项目实施及合同管理方面的技术援助，为解决关键性项目实施及管理问题提供服务，并举办多次项目实施及管理培训，包括：采购指南、法开署支付程序、项目管理、财务管理，大幅提高项目执行机构和实施机构的实施、运营和财务管理能力，帮助成功且可持续地实施本项目，最终实现目标。

法开署认为，武汉市政府在项目实施过程中的各个阶段都起着重要且关键的作用，在帮助项目实施机构在筹集配套资金和项目施工上给予大力支持。本项目是创新性示范项目，被改造单位分布区域广、涉及子项目多，在项目实施过程中，武汉市政府及各级相关部门做了大量协调工作，确保项目按期偿还贷款。武汉市城市建设利用外资项目管理办公室，在整个实施期充分发挥了积极的管理职能，指导有力、协调有效和监督到位，是项目成功完成的决定因素。法国总统马克龙于2018年1月对中国进行国事访问，高度赞扬武汉公共建筑节能改造等项目所取得的丰硕成果。

三 项目贷款的特点

（一）本项目贷款体现的战略

1. 国别行业发展战略

本项目符合法国开发署在华投资业务目标：减少城市发展对环境的影响，支持城市低碳可持续发展，并且本项目是全国第一例利用外国政府贷款、采用合同能源管理（EPC）方式开展既有公共建筑节能改造的创新项目。项目的实施既是对武汉市既有公共建筑节能改造的启动，也是武汉市两型社会建设的重点示范实践。项目建设是探索建立既有建筑节能改造融资机制，确立发展方向，推广既有建筑节能改造示范效应的需要，同时，也是探索节能管理模式，发展节能服务产业的需要。

2. 本贷款项目的重点战略

通过实施本项目，不仅可以减少武汉市公共财政开支，有效推动节能新技术、新产品的推广应用，培育和发展一批合同能源管理企业。通过政府和公共机构率先垂范，可以起到示范作用，推动全社会节能工作的深入开展。此外，项目实施后可有效地降低建筑物使用能耗，减少能耗费用支出，提高能源利用效率，提升能源管理水平，有利于改善武汉市人居环境和机关办公环境，加快发展节能服务产业，起到明显的示范带动作用。

（二）本项目贷款的主要特点

（1）对象：武汉市政府。

（2）期限：贷款还款期为16年，含宽限期4年。

（3）利率：欧元区银行同业拆借利率和利差之和。

（4）抵质押和担保情况：由湖北省财政厅、武汉市财政局逐级进行担保。

（5）提款方式：采用直付和周转金提款相结合的报账方式。

（6）管理方式：项目周期内法开署全程检查指导，定期和不定期派出代表团进行检查，管理方法规范，手续严密。

（7）最终债务人：武汉市政府。

（8）贷款的比较：贷款要求专款专用，其贷款期限较长，贷款实行浮动利率，随金融市场利率的变化定期调整，但一般低于市场利率。

四 项目的产出和成效

（一）项目的主要产出

1. 实物类产出

对武汉市人大、市政协、市财政局、市房管局、市图书馆、市环保局、市车管所、市农业局、市教育局、市城管局、市水务局、市物价局、市审计局、市公安局、市建管大楼、市三医院、市中心医院、市中医院、市医疗救治中心、江汉大学、软件工程职业学院、市建设学校、商学院、城市职业学院、市财政学校25个国家机关办公建筑、医院、学校和公共文化建筑进行改造，建筑节能改造总建筑面积约125万平方米，改造内容包括外围护结构的性能改善、采暖通风空调与热水供应系统、供配电系统、照明系统及监测与控制系统等节能改造；及对37栋建筑进行分项计量。

2. 非实物产出

目前本项目的25个既有公共建筑节能改造子项、项目管理和测量与验证平台、课题研究与培训及分项计量等子项已全部实施完成，起到了良好的示范作用。其中，部分子项获奖情况如下：

（1）《武汉图书馆大楼》及《武汉市车管所节能改造工程》分别被湖北省住房和城乡建设厅评为"2018年度及2019年度湖北省建筑节能示范工程"。

（2）《法开署贷款武汉市三医院节能改造项目》荣获"2017年度国家工程建设（勘查设计）优秀QC小组二等奖"。

（3）《既有大型公共建筑规模节能改造机制及实施策略研究》被确认为"住房和城乡建设部科学技术成果"。

（4）法国总统马克龙于2018年1月对中国进行国事访问，高度赞扬武汉公共建筑节能改造等项目取得丰硕成果。

（5）2018年12月，湖北日报刊登了《武汉25座建筑成节能样板》，实地采访本项目，高度赞扬项目取得的经济效益和社会效益，在全省起到良好示范作用，成为中法合作在气候治理方面的经典、样板案例。

（二）项目的成效

1. 对项目所在地的影响

首先，通过本次既有公共建筑节能改造，提高了武汉地区楼宇使用单位室内舒适度，改善了室内工作环境，进而提高了工作人员工作效率；其次，本项目提高了能源利用率，加强了能源利用管理，有效减少了建筑的直接能源消耗，缓解了城市能源供给压力，通过减少温室气体排放量，减轻了城市热岛效应，减少大气污染，改善了城市居住环境；最后，节省了公益性建筑运维成本，减少了政府财政性开支，为武汉市全面推动既有公建节能改造和建设"两型"社会起到重点示范效应。

2. 对项目所属行业的影响

本项目建成后，经第三方监测单位中国质量认证中心（CQC）审核，所有子项节能率均超过原目标要求，平均节能率约21.76%，超过了《贷款协议》补充协议中规定的平均节能率目标19.25%。实际年节能量为1 855.18万千瓦时，折标煤5 751.05吨标准煤当量，减排CO_2 15 930.41吨，减排SO_2 188.06吨，减排NO_x 69.01吨，减排粉尘4 347.80吨，超过原定节能减排目标。本项目的建设积极响应了国家节能减排的号召，通过政府机构率先垂范，使建筑节能由政府引导推广走向市场化运行管理机制，推动全社会节能工作深入开展，进一步扩大节能改造示范效应。

五 项目的总结思考

（一）项目创新亮点及进一步优化的思考

（1）扎根实情，破解改造施工难题，实现项目管理建设流程的创新。由于目前武汉市缺乏节能改造施工审批相关规程，在项目推进中，项目报建、施工图审批、质监、安监等程序均需要相关管理部门特审特批，同时，本项目是国内第一例利用外国贷款开展公共建筑节能改造的项目，建设监管方面缺乏可借鉴的成熟经验。针对上述难点，武汉市城建外资办作为本项目建设管理单位，参照世亚行项目建设管理经验，结合本项目自身特点，不断探索、总结经验，打破常规思维，起草相关建设管理程序，并征求武汉市城建委各管理部门意见，反复研究，历时近9个月，最终研究制定出了适合本项目的建设管理程序。2014年7月15日，武汉市城建委正式下发了《法开署节能改造项目建设管理程序》（武城建〔2014〕138号），根据管理程序，制定了适合本项目的建设程序，明确了武汉市城建委各个建设站办职责分工及相应管理建设流程。

（2）结合特点，总览全局，武汉城建外资办构建节能改造工程项目管理大纲体系。武汉市城建外资办根据本项目特点制定了《法开署贷款武汉既有公共建筑节能改造项目工程项目管理暂行大纲及制度》，其中，项目管理暂行大纲除了包括项目概况、总体计划安排、能源审计、招标采购、工程实施全面管理、工程节能评估及运营管理、项目财务决算等方面外，还包括"法开署项目采购管理办法""法开署项目财务管理办法""法开署项目工程变更管理办法实施细则""法开署项目档案管理办法""法开署项目会议议事管理办法""法开署项目安全检查、安全例会制度""法开署项目安全生产管理办法""法开署项目文明施工管理办法""法开署项目隐患排查治理制度"及"法开署项目资产移交管理办法"，以上均为本项目的顺利推进起到积极促进作用。

（二）项目不足之处及进一步改进的思考

1. 项目的不足之处

在项目改造施工期过程中不可控因素较多，一是25个节能改造项目及37栋分项计量项目工程实施涉及点多面广，被改造楼宇单位办公能源经费大多属于财政拨款，少数单位改造意识认识不很强，造成协调工作难度加大；二是被改造楼宇少数单位运营维护力量较弱，对后期运营可能造成影响。

2. 进一步改进的思考

针对本项目点多面广及被改造楼宇单位配合程度不高等问题，加大协调力度，积极协调相关政府主管部门，组织各楼宇单位召开专题会议等，引起各单位高度重视。针对被改造楼宇单位行为节能意识不强问题，组织施工单位对各楼宇单位进行节能改造运营维护专题培训，组织管理技术人员对节能改造相关政策进行推广宣传，增强被改造楼宇单位行为节能意识。

广东省

广西省

湖南省

19. 国际农业发展基金贷款湖南中西部地区农村综合发展项目

一 项目介绍

(一) 基本信息

项目建设内容包括整修田间渠道、山塘，建设饮用水供应系统，修建村组公路，发展项目区内优质特色农业产业等（见图19-1、表19-1）。

图19-1 湖南中西部地区农村综合发展项目

资料来源：湖南省财政厅。

表19-1 项目基本信息

项目名称	国际农业发展基金贷款湖南中西部地区农村综合发展项目
所在地区	湖南省
行业领域	农业
项目参与方	财政、发改、农业农村、交通、水利等部门
项目主要内容	（1）社区基础设施建设；（2）可持续农业和市场准入支持；（3）项目管理
项目当前阶段	完工
多双边贷款机构	国际农业发展基金
贷款所属类型	投资贷款

（二）项目融资信息

本项目贷款3 025万特别提款权（SDR）、赠款66万SDR，项目实际提款报账贷款3 024.67万SDR、赠款66万SDR。

（三）项目评级信息

本项目被国际农业发展基金评定为满意项目。

二 项目贷款的实操流程

（1）项目上报及立项：本项目于2010年9月上报（湘发改〔2010〕36号），于2010年12月立项（发改外资〔2010〕2895号）。

（2）项目准备：2011年5月农发基金开始项目设计。

（3）多双边贷款机构评估：2011年11月农发基金开展项目评估。

（4）项目谈判：2012年9月5日，在长沙举行了项目谈判。

（5）项目审批：农发基金执行董事会于2012年9月21日批准了本项目，并且审批结果于当日生效。

（6）项目实施与执行：本项目实施时间为2012年9月21日~2017年9月30日，项目关账时间为2018年3月31日。

（7）项目检查和评价：农发基金对该项目共开展了7次检查：

① 2013年9月15~27日，项目检查和实施支援团对项目进行检查和支持（第一次检查），项目总体实施情况评为基本满意；

② 2014年6月7~13日，项目跟踪检查团开展跟踪检查；

③ 2014年9月11~22日，项目检查和项目执行支持团对项目进行年度检查（第三次检查），项目整体实施表现评价为满意；

④ 2015年9月14~26日，对项目进行中期评估检查（第四次检查），认为项目实现了预期目标；

⑤ 2016年7月5~15日，对项目开展年度检查（第五次检查），项目实施进度评定为满意；

⑥ 2017年4月25日~5月4日，对项目开展年度检查（第六次检查），项目整体实施情况评定为满意；

⑦ 2018年1月15~26日，农发竣工检查团对项目竣工检查，出具的竣工报告将项目评定为满意项目。

2019年11月10~22日，农发独立评价办公室派遣绩效评价团对项目的竣工情况进行绩效评价，评价结论为5分（6分制）。

三 项目贷款的特点

（一）本项目贷款体现的战略

1. 国别行业发展战略

本项目是国际农发基金2011~2015年国别战略（COSOP）在中国实施的第一个项目，它积极响应了"目标地区的农村贫困人口在变化的环境和市场条件下，可持续地利用改善后的生产性自然资产和经济资产，以及改进的技术和咨询服务"这一战略目标。

2. 本贷款项目的重点战略

湖南省中西部地区农村综合发展项目设计于过渡时期，项目地区农村和农业发展机会不断增加。项目区的小农户总体上正在从对粮食安全和家庭资产的需求转向对更多创收机会和改善农村生活条件的需求。在本项目实施期间，国家"十二五"规划（2011~2015年）正在执行，其中农业发展目标中"在灌溉、卫生、运输和农村电气化方面加强相关农业和农村基础设施""增加农民的收入，改善农民的生活条件""加速发展专业化的农民合作社和农业部门组织""改善农业和农村发展支助服务"等与农发基金的国别战略高度契合。

（二）本项目贷款的主要特点

对象：主要是贫困县和非贫困县的经济脆弱乡镇的贫困农户、妇女及少数民族农户。

期限：18年，宽限期5年。

利率：普通贷款。

提款方式：提款报账制。

最终债务人：项目所在县市政府。

四 项目的产出和成效

（一）项目的主要产出

1. 实物类产出

五年共计整修田间渠道662.1千米，整修山塘336处，建饮用水供应系统129套，修建村组公路753.8千米；扶持猕猴桃、核桃、杨梅、柑橘、茶叶、百合、中药材、大棚蔬菜等经济作物5 627公顷，发展果园家禽面积237公顷，发展油茶、竹林改造等农林业面积488公顷；引种示范马铃薯、红薯等薯类作物484公顷；支持71个乡镇技术服务站服务手段和能力建设，支持42个农民合作社的营销管理培训及办公、加工、贮藏等设备设施采购。

2. 非实物类产出

本项目先后编印了《情暖三湘大地案例集》《情暖三湘大地小故集》《情暖三湘大地画册》，印制了有农发基金标志的文化衫和笔记本，拍摄了《富民之路》的电视片，既在项目区内宣传了项目工作，也在国际农发基金亚太地区及中国项目年会上分享交流了项目经验；参与农发基金中国代表处组织的《农发基金监测评价手册》的编写，贡献了项目监测评价方面的经验；湖南省项目办组织有关项目管理人员先后赴云南、湖北、青海、江西等省就项目监测评价、财务管理等方面进行指导和培训；与湖南农业大学合作开展薯类发展方向的专题调研，联合湖南省果茶良种场、湖南省农科院及常德市湘蒙农业发展有限公司进行薯类优质高产新品种筛选，引进新品种为本项目块根块茎作物进行推广示范，支持常德市湘蒙农业发展有限公司开展马铃薯脱毒种薯的生产，为项目提供优质优价的脱毒种薯。

（二）项目的成效

1. 对项目所在地的影响

一是明显改善项目区基础设施。农村社区基础设施建设是本项目最大的投资内容，包含村组公路、农田灌溉设施和饮用水设施建设三方面，是项目群众受益面最广、受益时间跨度最长的重点工程。农田灌溉设施的建设改善灌溉面积1.64万公顷，受益人数17.9万人，村组公路的建设让项目区20.7万人受益，同时惠及周边非项目村，饮用水供应设施建设让2.04万户、8.6万人受益。项目区做到了灌溉有保障，出行全天候，饮水安全又卫生。

二是有力保障农民增收脱贫。本项目为所在区域农户的脱贫增收提供了造血机能，项目的农业产业结合当地实际与项目区农户意愿，既发展当地优势特色产业，突出地域特色，也引进新品种、新技术，引导鼓励农户积极参与，同时，通过各类农业生产技术培训，帮助提高项目农户生产技能。项目竣工后，根据项目县统计数据分析显示，项目区整体农户的收入增幅比非项目区农户高7%~15%。

三是构建完善项目服务体系。项目在发展农业产业的同时，对技术、市场链接、研发等进行支持。支持乡镇推广站建设，为项目服务搭建技术服务平台；支持农民合作社建设，架起农户与市场、农户与外界之间的桥梁，保障了农户的正当权益，形成了当地产—供—销一体化的农业生产模式；支持湖南省内科研院校及相关公司开展薯类新品种筛选及脱毒攻关，为保证薯类种质资源质量打下了基础。

2. 对项目所属行业的影响

一是制定管理制度，形成长效机制。项目实施期间制定的项目实施管理制度及竣工后制定的项目后续管理机制，确保项目资金使用和回补规范化、资金偿还及时和项目管理工作制度化，做到项目实施和后续管理有章可循、有规可依。

二是加强队伍建设，提高管理能力。项目在实施过程中特别注重管理队伍的能力建设，既抓好培训，又加强现场指导和组织考察交流，相互借鉴、开拓思路，涌现一批经验丰富的项目管理人才。

三是开展知识管理，做好经验分享。在项目实施中，及时做好典型和经验的收集整理，形成了一批文字、图像及音像知识产品，向国内外项目管理同行分享湖南项目成果和经验。

3. 对项目相关方的意义

一是将各级妇联选择为项目合作伙伴，大力提升妇女能力建设。根据农发基金2011年国别战略，项目设计要求将妇女获得项目机会纳入主流，妇联是关注妇女权益保护的群团组织，也是项目领导小组成员，负责动员与组织妇女参与相关活动。

农发项目妇女关注策略的实现，妇联发挥了极其重要的作用，通过妇联的工作，弱势女户主家庭的需求得到了具体评价，技术部门提高了对性别问题的认识，并促进了妇女的能力建设。

二是加强与扶贫办的合作，进一步推进精准扶贫建设。扶贫办是项目领导小组的成员，为项目的设计、规划、实施以及目标人群定位等工作提供了专业的指导。项目点的选择得益于各级扶贫办提供的数据资料和标准，项目实施与扶贫办的精准扶贫相互配合，做到了资源共享、资金互补，促进了项目在扶贫方面的建设。

4. 该多双边贷款机构的意义

一是国际农业发展基金在实施过程中促进了知识管理和交流。在国际农业发展基金驻华办事处的积极支持下，项目办以短篇报道的形式确定并记录了成功的项目村和项目支持的合作社，将湖南经验和湖南故事在国内外交流和分享。

二是在实施过程中，国际农业发展基金从设计阶段到竣工阶段都提供了均衡和及时的支持。农发基金调动相关专业的专家支持符合各个项目阶段的需要，如土建工程师、农学家、经济学家、财务专家及合作社专家对项目不同阶段进行指导和支持。国际农业发展基金还在战略层面提供相关支持，例如在性别和目标方面的工作中，提供机会与经验丰富的省级项目办接触学习，引入精确扶贫纲要消除贫困，为项目顺利执行提供全流程的技术、政策及经验支撑。

三是通过项目的实施，促进了农发基金与湖南的进一步合作。目前湖南正在开展农发基金贷款乡村振兴发展项目实施前的准备工作，开启与农发基金新合作。

五 项目的总结思考

（一）项目创新亮点及进一步优化的思考

（1）农发基金项目和国内项目共同融资，与国内项目资金有机结合，同步计划、同时实施、分头报账，很好地解决了配套资金来源问题。开发了一个县级综合财务管理系统，用于管理不同来源的资源流动，确保实现预期目的，且不会重叠和过度。该系统促进了资源有效利用，明确了问责制，保持了适当透明度。

（2）项目设计操作适应性为项目可持续性奠定基础。项目在设计中融入了操作适应性要素，如加强社区所有权的参与性规划和项目实施措施，确保受益人在自主激励方面的能力建设，以及项目管理实施机构与政府管理结构协调等，增强了项目措施在项目实施中的可持续性以及项目受益人的长期受益性。项目实施的制度方式为相关机构提供能力建设机会，帮助建立更灵活的技术支持系统、机制和规章，以确保可持续的项目执行，顺利的实施项目退出，并将项目资产和责任移交给相关的政府机构和受益者，为可持续性发挥作用。

（3）生产模块设计灵活性促进可持续结果。可持续的作物生产和市场准入部分的设计以模块式方法为基础，在实施过程中，允许受益者选择适合当地条件、自然资源禀赋及市场潜力的作物和最佳间作，可以灵活调整安排，根据市场需求选择模块，使生产模块表现更好。

（4）支持农民合作社将弱势群体和价值链发展纳入主流平台。该项目以农民合作社为渠道，通过其与市场导向型农业价值链的整合，覆盖项目贫困家庭，促进高价值作物的生产、加工和集体营销。通过合作社向贫困农户伸出援手，以便建立他们的经济基础，逐步纳入农民合作社而进入市场。

（5）少数民族群体融入项目包容性建设。项目目标群体中有相当比例的少数民族。由于少数民族面临多方面的挑战，因此为实现对贫困农户和弱势少数民族帮助，通过多机构的协同支持实现了少数民族等群体融入项目包容性建设，促进了少数民族共同发展。

（二）项目不足之处及进一步改进的思考

（1）农户培训效果还需进一步提升。因为项目实施单位对培训理念理解不透、对编制培训计划不具体不细致、对培训实施操作把握不到位致使项目实际完成农户培训只占项目设计目标的70%左右。培训是提高项目参与者各项技能的重要手段，在今后的项目实施中应加强对项目管理人员教育，将项目设计的培训目标抓细落实。

（2）对农民合作社的支持力度需加强。本项目对合作社的支持仅限于培训及购置办公设备，安排的资金量少，对农民合作社发挥引领和带动作用有限。建议在今后实施类似项目时，应加大对农民合作社的支持力度，从制度建设、产业发展、市场营销等方面进行支持，真正发挥合作社在农户和市场之间的链接作用。

20. 世界银行贷款
湖南政府性债务管理能力提升项目

一、项目介绍

（一）基本信息

项目建设内容包括构建省本级债务可持续性分析模型（debt sustainability analysis,以下简称"DSA模型"）、中期财政规划、三年滚动资本预算计划、供地方政府披露地方债情况和财政数据的网上平台和地方债预警系统（见图20-1、表20-1）。

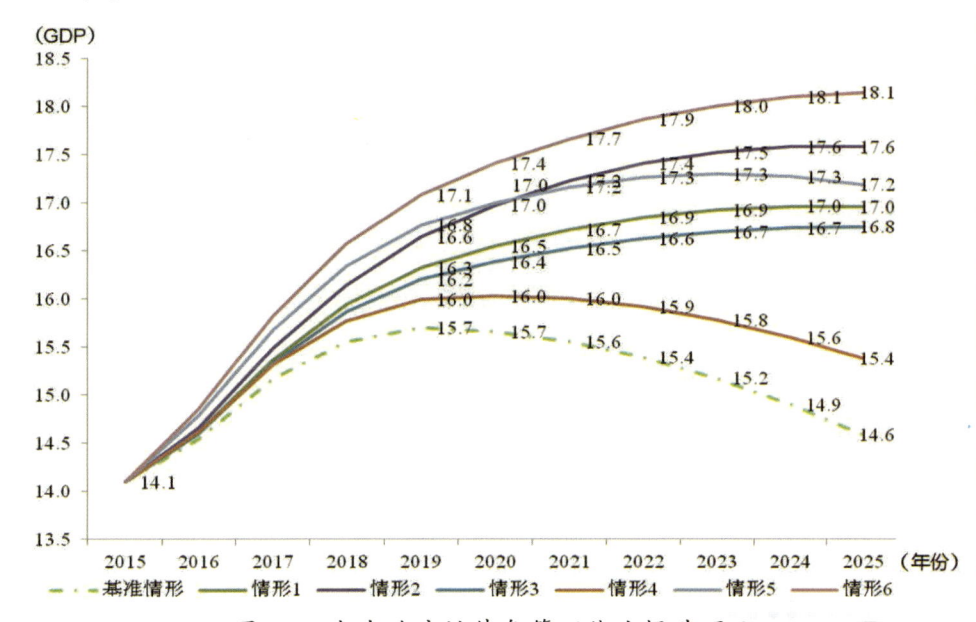

图20-1 湖南政府性债务管理能力提升项目

资料来源：湖南省财政厅。

表20-1 项目基本信息

项目名称	世界银行贷款湖南政府性债务管理能力提升项目
所在地区	湖南省
行业领域	财政
项目参与方	湖南省财政厅、湖南省发改委
项目主要内容	通过在国内首次引进世行发展政策贷款工具，编制资本预算，加强省级以下地方政府债务监管，提高预算透明度，综合施策，提升政府性债务管理能力，增强了财政可持续性
项目当前阶段	完工
多双边贷款机构	世界银行
贷款所属类型	发展政策贷款

（二）项目融资信息

项目贷款额度为2亿美元，最后使用贷款到账数为2亿美元。

二、项目贷款的实操流程

（一）项目上报及立项

2015年3月31日，湖南省发改委、省财政厅联合向国家发改委、财政部报送了

《关于申请世界银行发展政策贷款湖南省政府性债务管理能力提升项目的请示》（湘发改〔2015〕112号）；2016年2月15日，国家发改委、财政部印发《我国利用国际金融组织贷款2016~2018年备选项目规划的通知》，批准世界银行发展政策贷款湖南省政府性债务管理能力提升项目（DPL）列入2016~2018年世行贷款备选项目规划清单。

（二）项目准备

2015年8月27日，世行项目启动团访问湖南，正式开始项目前期筹备工作。

（三）多双边贷款机构评估

2016年5月5~6日，世行向湖南派出项目评估团，对DPL项目进行评估。

（四）项目谈判

2016年9月27日，DPL项目在北京完成谈判。

（五）项目审批

2017年1月10日，DPL项目获世行董事会批准。2017年2月7日，财政部和世行签署DPL项目贷款协议，湖南省和世行签署DPL项目协定。2017年9月15日，财政部和湖南省签署DPL项目转贷协议。

（六）项目实施与执行

DPL项目先期行动获得世行确认以后，贷款资金2亿美元于2017年12月1日一次性到账，2017年12月31日关账。

（七）项目检查和评价

2018年6月6~8日，世行DPL项目检查团访问湖南，经过仔细检查、验证后对项目给予高度评价。

三 项目贷款的特点

（一）本项目贷款体现的战略

1. 国别行业发展战略

一是响应了国家试用国际金融组织贷款新工具的新要求。2015年3月，国家发改委、财政部印发《关于国际金融组织和外国政府贷款管理改革有关问题的通知》（发改外资〔2015〕440号），要求"积极研究采用国际金融组织提出的结果导向型贷款和发展政策贷款等新工具，提高资金使用效益"，并采取培训、研讨等多种形式向全国推广。湖南根据国家战略要求，积极引进并在国内首次试用世行发展政策贷款工具，获得圆满成功。

二是贯彻了国家预算法的新要求。2015年8月，中共十二届全国人大常委会第十次会议重新颁布修订后的预算法。新预算法在预算管理制度、预算控制方式、地方债务风险、转移支付制度、预算支出约束五个方面实现了重大突破。DPL项目从促进财政可持续、建立资本预算、加强地方政府债务管理和提高透明度四个方面着手，先行先试，体现了新预算法的新战略。

三是拓展了中国与世行合作的新途径。DPL项目首次在财政治理领域探索了我与世行进行了贷款合作的可行性，获得成功。2019年12月，世行发布《2020~2025财年对华国别伙伴框架》，把财政改革作为合作的3大支柱领域重点推进。

2. 本贷款项目的重点战略

项目成果辐射和服务于国家"一带一路"倡议。项目在国内首次引进并成功试用债务可持续性分析框架，提升了政府债务管理的科学性、有效性。2019年4月，财政部总结世行、国际货币基金组织（IMF）经验，发布了《"一带一路"债务可持续性分析框架》，鼓励中方和共建"一带一路"国家金融机构使用，作为贷款决策的重要参考。习近平总书记将其作为"为共建'一带一路'融资合作提供指南"的重要措施予以高度肯定。

（二）本贷款项目的主要特点

（1）对象：财政政策（政府债务管理）。

（2）期限：25年。

（3）利率：浮动利率。

（4）抵质押与担保情况：湖南省财政承担偿还责任。

（5）提款方式：一次性提款。

（6）管理方法：纳入财政总预算管理。

（7）最终债务人：湖南省人民政府。

（8）贷款的比较：发展政策贷款与传统的投资项目贷款相比，贷款生效和实施的门槛比较符合国内的需求，是一种更加符合我国改革发展形势的国外贷款工具。一是自主使用。世行采取了以资金激励成员国改革的理念，强调资金使用国在改革政策框架设计上的自主权。在申请使用世行发展政策贷款时，借款方对自身改革目标的设定、改革优先领域的选择及政策框架的制定和实施占据主导地位，世行在此过程中主要提供分析和咨询服务。资金审计及后评估工作也均由借款方的相关机构自主开展，对贷款资金的使用没有限制，对贷款的执行取决于政府自己的预算执行和政策。二是发挥的作用更宏观。主要表现为支持的项目类型为法规政策措施和管理体制机制，可以通过调控经济社会发展政策，实施规划引领，推动政府和部门改革；贷款资金直接进入总预算，形成可用财力；通过世行在全球范围内进行政策对话，提升政府管理水平。三是操作更便利。主要表现为资金支付更便利（可根据约定的政策改革行动节点一次性或分期拨付资金），实施机制更规范（直接纳入财政预算、借款方自主管理），实施成本更节省。操作的便利性主要体现为"拨付即实施"。也就是说，从世行的角度来看，对一个一年期一次性拨付的发展政策贷款项目来说，资金拨付完成即为项目完成。以DPL项目为例，2017年1月获得世行批准，当年即完成资金拨付并关账，整个项目的准备、申报、审批和执行时间不到两年。而传统的投资项目贷款从准备、申报到审批一般需要3年，执行需要5~8年。发展政策贷款与投资项目贷款相比，把准备期从3年缩短为1年内，把实施期从5~8年的时间段缩短为1个时间点，把实施的内容由"多次工程建设验收+多次提款报账"精简为"一次预算拨付"，极大地便利了借款方。

四 项目的产出和成效

（一）项目的主要产出

项目的主要产出见表20-2。

表20-2 项目产出

先期行动	结果指标 （基线和目标）	成效
支柱1 – 财政可持续性		
目标A: 建立一个用来管理风险、增强湖南省财政可持续性的中期财政/债务可持续性框架并加以应用		
先期行动#1：湖南省政府制定并发布一项"**中期财政战略**"，该战略以**债务可持续性**为基础，为省级公共投资确定了符合财政可持续性的指标	A1：湖南省政府公共负债占省GDP比例 基线：14.1% (2015) 目标：< 15 % (2016)	（1）试用DSA模型为构建"一带一路"**债务可持续性分析框架**提供了经验。2019年4月，财政部借鉴世行和国际货币基金组织经验发布《"一带一路"债务可持续性分析框架》。 （2）探索出了硬化政府投资预算约束的体制机制和可行的技术路径。2019年4月，国务院发布《政府投资条例》，明确要求政府应当根据国民经济和社会发展规划、**中期财政规划**和国家宏观调控政策，结合财政收支状况，统筹安排使用政府投资资金的项目，规范使用各类政府投资资金

续表

先期行动	结果指标 (基线和目标)	成效
支柱2 -资本预算		
目标B: 建立编制资本预算的一体化方法以提高投资效率		
先期行动#2：湖南省政府发布命令，**每年编制省级预算三年滚动资本融资计划** 先期行动#3：湖南省政府制定省级预算对交通、水利/灌溉和保障房部门2016-2018年**三年滚动资本融资计划，包括每个项目的预算** 先期行动#4：湖南省政府成立公共项目融资与债务风险管理跨部门委员会	B1：湖南省综合资本融资计划所涵盖的部门数量 基线： 1 (2015) 目标： 3 (2016) B2：跨部门委员会就中期财政战略和交通、水利/灌溉和保障房领域2016~2018年三年滚动融资计划发表意见 基线：不适用 目标：发表意见	（1）提升了湖南政府性债务风险管控能力和投资效率，其中的**资本融资计划/资金使用计划超越了中央当时的要求。** （2）探索出了硬化政府投资预算约束的体制机制和可行的技术路径。《政府投资条例》明确提出国家**加强对政府投资资金的预算约束；政府应当结合财政收支状况，统筹安排使用政府投资资金的项目，规范使用各类政府投资资金；政府投资年度计划应当和本级预算相衔接**

续表

先期行动	结果指标 (基线和目标)	成效
支柱3 –对省级以下地方政府债务的监测和监管		
目标C: 在省一级建立有效的系统，对地方政府的财政健康进行监测，激励地方政府实行审慎的债务管理		
先期行动#5：湖南省实施激励地方政府取得更好绩效的债务置换和新债配额分配制度，建立了早期预警指标 先期行动#6：湖南省政府批准债务管理框架以加强监管，包括：(a)确立对地方政府的信息报告要求，包括要求提交和披露对新借资金的使用计划和基本债务数据；(b)要求在省预警系统中被划分为"红色预警"或"橙色预警"的地方政府提供风险减缓行动计划；(c)根据早期预警系统中的指标向地方政府分配新债限额	C1:达到年度债务数据和新债资金使用计划网上披露要求的地方政府所占比例 基线： 0 (2015) 目标： >40% (2017) C2：早期预警系统中被划分为"红色预警"一年以上但仍未向省政府提交风险缓解行动计划的地方政府比例 基线： 100% (2015) 目标： <40% (2017)	提升湖南政府性债务风险管控能力，建立健全了政府性债务管理体制机制。世行认为，**风险缓解行动计划和根据早期预警指标分配举债配额**两项内容超越了中央当时的要求，彰显了湖南在财政改革和债务管理中的排头兵作用

续表

先期行动	结果指标 (基线和目标)	成效
支柱4 – 透明度		
目标D: 加强预算资金使用的透明度和问责		
先期行动#7：湖南省政府从2016年开始发布**年度公民预算报告和预算执行情况报告**，并**建立网上平台与公民公开交流** 先期行动#8：湖南省从2016年开始(a)**每半年编写并发布债务情况报告**，包括省本级的债务信息以及省级以下地方政府的汇总信息；(b)湖南省**建立一个供地方政府披露地方债情况和财政数据的网上平台**	D1: 从2016年6月底、2016年12月底和2017年6月底开始四个月内在互联网上发布半年综合负债报告 基线：无(2015) 目标：在网上按时发布3份报告 (2017年10月前) D2: 使用湖南省网上平台信息模板发布债务和财政数据的地方政府数目 基线： 0 (2015) 目标： 10 (2017) D3: 财年结束后6个月内网上披露公民预算报告和预算绩效报告的数量 基线：0(2015年) 目标： 2(2017年10月前按时网上发布)	为地方政府债务信息公开探索了方法。2018年12月，财政部印发《地方政府债务信息公开办法(试行)》，明确**预决算、地方政府债券**等信息**应当在相关门户网站公开**，财政部设立**信息公开平台和专栏**支持地方政府债务(券)信息公开

（二）项目的成效

（1）DPL项目推动了政府性债务管理进程，培养了一批具有国际视野的改革人才。

DPL项目开启了我与世行进行智力和技术双向授受、相互学习、共同提高的先河。世行派出了中外两个国籍的"双项目经理"，先后安排总部、国际货币基金和欧盟等预算债务专家67人次访问湖南，培养了一批善于处理中国财经问题的专家。湖南先后选派两位同志到世行华盛顿总部工作1年，两位同志到世行北京办事处短期跟班、帮助工作；各有关单位大批经办同志都得到历练，工作水平不断提高。

（2）在全国率先探索了用预算约束政府投资资金、用债务可持续性分析模型管控债务风险等可行的技术路径。

一是构建了省本级债务可持续性分析模型。DSA模型是世行、IMF共同开发，用来衡量某一国家或地区融资需求与其偿债能力是否匹配、是否存在债务风险的数理分析工具。在深入了解全省财政经济运行机制、投资决策机制、存量债务构成情况的基础上，构建了省本级初步的DSA模型，模型推演出了可以达到省级政府性债务整体可控、实现财政可持续的"基准情形"，提出了编制三年滚动债务预算的意见与建议，得到了省政府主要领导的肯定。

二是建立了供地方政府披露地方债情况和财政数据的网上平台。建立了公民预算报告和预算绩效报告、省本级和全省汇总综合负债情况报告、地方政府债务数据网上披露平台的"两报告一平台"，开创了财政预算、特别是政府债务信息与公民接触互动的新方法，也进一步推进了湖南在中国财政信息披露和透明度方面的领先地位。有关债务构成和风险指标的信息将一年两次定期发布，定期向公民通报，并建立网上平台与本地公民公开交流。

三是建立了地方债预警系统，对地方政府进行监测和监管。根据地方政府的6个财务和债务指标把它们分成红、橙、黄、绿几个类别。用早期预警指标作为参考来确定债务限额和分配债务置换/新增债券额度，以奖励那些财务更为审慎的地方政府。采用一个分配公式向那些非标准债务比例较低和债务收入比率较低的地方政府提供较大的债务置换份额；新债配额则按早期预警系统的指标来分配，在预警系统中得到绿色或橙色评级的地方政府得到较大的份额。

四是创新了加强债务管理的政策措施。主要包括:确立对地方政府的信息报告要求,要求提交和披露新借资金的使用计划和基本债务数据;要求在省预警系统中被划分为"红色预警"的地方政府提供风险减缓、恢复财政健康的行动计划。

以上参照国际通行模板公开省本级和市县政府债务信息,发布年度预算报告和预算绩效报告、半年度负债情况报告,建立披露地方债和财政数据的网上平台等做法,开创了政府债务信息公开的新方法,被财政部2018年12月印发的《地方政府债务信息公开办法(试行)》吸收。

(3)发掘了我国与多双边贷赠款合作的新价值,成为应对某些国家对我国贷款项目质疑、缓解"毕业问题"压力的有效途径。

DPL项目作为我国与世行合作的第一个发展政策贷款项目,项目的成功实施,为推动国际财经合作转型升级提供了范例,为国家财经外交工作取得主动权,也为深化中国与世行的合作打开了一扇新的窗口。2019年8月,湖南省常务副省长作为唯一受邀的地方政府代表,专门就中国与世行的合作发表视频讲话。2019年12月,财政部、国家发改委把世行结果导向贷款湖南省湘赣边区乡村振兴地方政府治理能力提升项目(PforR项目)列入规划,拟以财政政策为核心,义务教育、农村公路政策为支柱,能力建设为基础,探索促进县市级地方政府治理能力现代化的可行途径。世行执董会通过2020~2025财年对华国别伙伴框架战略,把财政改革作为合作的三大支柱领域之一。

五 项目的总结思考

(一)项目创新亮点及进一步优化的思考

(1)可以把发展政策贷款作为促进建立现代财政制度,进而促进深化改革的工具。根据我国全面深化改革的路线图,可以利用发展政策贷款引导和完善政策框架设计,激励行业部门和地方政府落实改革任务。按照顶层规划、基层实施的思路,统筹各类改革资源,分步骤、有重点地推动发展政策贷款在不同层级政府、不同改革领域的应用。在省级层面,可考虑根据相关部门承担年度改革任务的多寡、关键程度，设计科学公平的贷款分配公式，提高相应部门预算，推动其更积极地参与和落实改革任务。

（2）可以把发展政策贷款作为优化地方政府和行业债务结构的有益尝试。考虑到发展政策贷款资金虽然在中央层面来看额度有限，但对于一个领域、行业或市、县、区政府来说却数字不小且较为优惠，因此在省级以下地方政府和部分行业部门使用，可在一定程度上起到优化债务结构、降低局部债务风险的作用。

（3）可以把推动发展政策贷款作为规范国外贷款管理的契机。在我国现行的国外贷款管理体系中，投资项目贷款纳入预算具有操作难度，而发展政策贷款要求直接进入政府的一般预算。为此，可在新预算法和预算管理体制框架内，理顺将发展政策贷款纳入一般预算管理的相关机制，促进国外贷款的规范管理。

（二）项目不足之处及进一步改进的思考

（1）引进并成功实施发展政策贷款，需要以我国和世行的政治互信为基础，但从近两年来的合作氛围来看，双方政治互信不足，要想再次引进这一贷款工具还需要做很多工作。

（2）引进全球最佳实践和先进工具，完善我国政府债务管理体制机制，积累债务管理经验，对于我国加强"一带一路"建设过程中的投融资管理具有重要意义。建议组织专门力量，深入研究资本预算、DSA模型和预算透明度等项目成果，为做好"一带一路"投融资管理提供借鉴。

（3）继续支持湖南深化与世行的合作关系、做好正在筹备的PforR项目，探索DPL项目成果在市县一级政府治理能力现代化过程中运用的可行路径。

广西省

海南省

广东省

21. 世界银行贷款广东农业面源污染治理项目

一、项目介绍

(一) 基本信息

项目建设内容包括治理养殖场牲畜废弃物治理示范工程和环境友好型种植业示范工程（见图21-1、表21-1）。

图21-1 广东农业面源污染治理项目

资料来源：广东省财政厅。

表21-1 项目基本信息

项目名称	世界银行贷款广东农业面源污染治理项目
所在地区	广东省
行业领域	农业
项目参与方	广东省财政厅、广东省农业农村厅、地方种植/养殖相关企业、合作社以及其他相关人员
项目主要内容	（1）环境友好型种植业子项目，包括土壤养分管理，农作物病虫害综合管理、保护性耕作试点等； （2）牲畜废弃物治理子项目，包括建设能源环保型、能源生态型养殖场的废弃物管理设施和高床养殖新技术试点； （3）监测评估、能力建设及知识管理，包括监测评估项目活动，提高项目执行能力，总结宣传项目实施所取得的经验教训等； （4）项目管理，包括省、市、县项目办对项目进行的日常管理等
项目当前阶段	完工
多双边贷款机构	世界银行
贷款所属类型	传统项目类型

（二）项目融资信息

世界银行贷款1亿美元，全球环境基金（GEF）赠款510万美元，2020年调整资金安排，世界银行贷款8 100万美元，GEF 510万美元保持不变。截至2021年5月17日，贷款累计已提款7 327.34万美元，占二次调整后项目提款比例90.57%；赠款累计已提款423.34万美元，占二次调整后项目提款比例83%；

二 项目贷款的实操流程

2006~2011年，广东省参与实施了全球环境基金（GEF）资助的东亚牲畜废弃物管理项目，积累了丰富的项目管理与实施经验，得到了世界银行的认可，并与世行方面建立了良好的合作关系。在此背景下，在农业部支持下，经国家发展改革委和财政部批准，广东农业面源污染治理项目于2011年8月列入利用世界银行贷款备选项目规划（发改外资〔2011〕1915号）。

项目于2013年6月完成世行评估，项目建议书通过省政府批准；8月，省发改委批复项目可行性研究报告；10月，国家发改委批准项目外资利用计划，项目谈判完成；12月底，世行执董会批准贷款和赠款。2014年2月，签署项目贷款协定、赠款协定和项目协定，5月底生效；8月底，财政部和广东省政府签订转贷转赠协议；9月初，广东省财政厅与农业厅签订转贷转赠协议。项目于2014年1月正式实施。世界银行每年派出督查团对项目进行两次督导检查，每次连续约10天。2017年11月完成中期调整。项目原计划于2019年12月31日关账。中期调整后，项目关账期为2021年6月30日。2021年2月8日，完成项目二次调整。

三 项目贷款的特点

（一）本项目贷款体现的战略

1. 国别行业发展战略

本项目是中国使用世界银行贷款开展农业面源污染治理的第一个项目，纳入广东省完成国家和省环境保护"十二五""十三五"规划所要求的农业减污目标，也是世界银行和全球环境基金项目——扩大东亚及其沿海大型海洋生态系统可持续发展合作投资（全球环境基金项目编号：4635）不可分割的一部分。

2. 本贷款项目的重点战略

本项目以"加快农业转型升级，建设幸福广东"为主线，通过在省内筛选项目示范区域来进行环境友好型种植业和牲畜废弃物管理的示范，以减少农业污染源对水体污染的影响，有利于农业污染减排目标的完成、改善农业生产与农村生活环境质量、建设资源节约型和环境友好型社会。

（二）本项目贷款的主要特点

根据项目贷款协定，本项目贷款本金需在25年内偿还，包括5年宽限期。

项目贷款提款实施报账制，提款方式主要是偿还支付和直接支付。合格费用发生后，省项目办向省财政厅提款，省财政厅定期向世行申请回补。

本项目贷款的追溯报账开始日为2013年10月29日，最终债务人为广东省农业农村厅。

四 项目的产出和成效

（一）实物类产出

环境友好型种植业示范工程从2014年的2市、6县、6镇、50个村、1.18万个农户、7.2万亩农田，逐步发展到2020年的10市、26县、92镇、576个村、10.6万个农户、57.5万亩农田。项目区农药使用总减量、采用项目推广的作物生产方式的户数、作物生产面积等16个项目发展目标指标全面完成。大幅度减少补贴标准甚至停止补贴的探索取得成功，农户继续保持环境友好型生产方式。纳入治理的牲畜废弃物治理养殖场从2014年的2市12家，发展到2020年的15市123家，项目养殖场年增产能41.36万头（存栏）。特别是高床养殖场，与传统养殖相比，受非洲猪瘟影响很小，值得重点推广。

（二）非实物类产出

经过7年的不懈努力，项目取得阶段性成效，得到省委、省政府、农业农村部和世界银行的肯定。广东省和农业农村部领导先后对世行项目作出批示；《广东省实施乡村振兴战略规划（2018~2022年）》《关于创新体制机制推进农业绿色发展的实施方案》《广东省打好污染防治攻坚战三年行动计划（2018~2022年）》《关于加强乡村振兴重点工作决胜全面建成小康社会的实施意见》等政策文件也肯定了项目创新经验与做法。

首先是机制模式充分创新：创建农业集中资金办大事新机制，集中解决农业污染防治和绿色发展突出问题，为广东省农药、化肥零增长和畜禽粪污资源化利用、农产品质量安全等通过国家年度考核作出了应有贡献；创建农业面源污染治理补助新机制，建立以信息化为载体的农业面源污染治理补偿机制，实现补助资金精准到位、透明可溯、安全高效；创建以村镇为重点的技术推广激励新机制，有效化解"最后一千米"问题；创建生猪高床生态养殖新模式实现工厂化养殖、现代化管理；创建南方保护性耕作新模式，实现水稻生产全程机械化、化肥深施、稻秆还田、耕地保护与利用有机结合；创建农业人才队伍培养新模式，打造出一支强有力的绿色农业发展队伍。

其次是农村环境持续改善：项目累计整治农田超过569万亩次。根据第三方机构监测，与项目前比较，亩均减施化肥30.1%，减施农药29.6%，化肥农药品种结构大大改善，配方肥、缓（控）释肥成为主导，高效低毒低残留农药和生物农药基本全覆盖。累计减施化肥（折纯）5.5万吨、减施农药（有效成分）568吨。农田总氮减排率平均达26.3%，总磷减排率平均达36%。水稻亩产量普遍增幅18.9%，99.3%的农户自觉把农药包装废弃物交回指定收集点；农田水质和土壤健康改善，生物种群增多，农户参与面源污染治理的热情高涨；93.5%的受访者觉得水体环境明显提高，项目区再现"田间闻鸟语，水渠见鱼蛙"的生态景象。项目养殖场粪污综合利用率和设施装备配套率均达100%，COD、氨氮、磷去除率分别达98.68%、95.61%、96.89%，环保投诉大幅度减少。

最后是队伍素质不断增强：经过基线调查、顶层设计、项目谈判、实施督查、制度完善、中期调整等全过程锻炼，培养了一支熟悉世行项目、能与国际接轨、绿色发展意识较浓、组织协调能力较强的骨干队伍。

五、项目的总结思考

（一）项目创新亮点及进一步优化的思考

本项目的创新主要体现于机制模式的持续创新。

（1）创建农业集中资金办大事新机制。农业面源污染治理项目立项时在原农业厅单个项目资金规模最大，整合了世行贷款、赠款、企业自筹资金及未来20年财政专项资金，集中解决农业污染防治和绿色发展突出问题，为我省农药、化肥零增长和畜禽粪污资源化利用、农产品质量安全等通过国家年度考核作出了应有贡献。

（2）创建基于农业面源污染治理的农业生态补助新机制。建立以信息化为载体的农业面源污染治理补偿机制，实现补助资金精准到位、透明可溯、安全高效，7年来累计为农户发放补贴1.6亿元；项目累计销售环境友好型化肥、农药及喷药设备6亿元。

（3）创建以村镇为重点的技术推广激励新机制。有效破解农业技术推广"最后一千米"问题，实现减肥（化肥）减药（农药）不减产目标。累计发放镇村激励资金3 367万元，项目区全面普及配方肥、高效低毒低残留农药和生物农药。

（4）创建生猪高床生态养殖新模式。实现工厂化养殖、现代化管理。与传统养殖相比，受非洲猪瘟影响很小，值得重点推广。

（5）创建南方保护性耕作新模式。2万多亩示范田实现水稻生产全程机械化、化肥深施、稻秆还田、耕地保护与利用有机结合。

（6）创建农业人才队伍培养新模式。累计组织出国培训4批71人次，出国交流13批60人次，国内游学（培训）37批38省次278人次，培训市、县、镇、村技术人员、农户及企业人员26.3万人次，培养绿色农业管理人员2 801名，专家技术人员1 300多名，其中联合国粮农组织专家2名，打造出一支强有力的绿色农业发展队伍。

（7）经验成果不断复制推广。河南信阳市合赢养殖有限公司2018年到清远佳兴农牧有限公司高床发酵型养殖场参观学习，回去后投资建设了生猪养殖与粪污同步发酵的轻钢结构高床养殖猪舍并投产，年出栏生猪4 000多头；不少大企业在高床养殖基础上进一步创新，发展多层高床养殖模式；省政府新增4 000万元给省供销社，要求按照世行项目环境友好型种植业子项目的做法和补贴标准，专项用于省内其他县化肥、农药污染控制；项目做法写进多份政策文件，要求进一步推广，政策转化效果相当显著。

（二）项目不足之处及进一步改进的思考

广东农业面源污染治理工作总体进展顺利，得到各界的肯定和农户的欢迎，项目前期发现的问题已基本解决，当前存在主要问题是加快未完成工程验收和项目资金支付，全力配合项目总验收和后评估。

针对以上问题的改进思考：一是全面完成所有牲畜废弃物治理工程建设并通过验收；二是按期完成资金支付；三是完成项目资产移交；四是全力配合验收评价；五是加快推广项目成果；六是加强面源污染动态监测。

海南省

重庆市

广西壮族
自治区

22. 新开发银行贷款广西崇左生态水系修复工程项目

一、项目介绍

（一）基本信息

项目建设内容包括湿地修复工程及其配套设施（见图22-1、表22-1）。

图22-1 广西崇左生态水系修复工程项目

资料来源：广西壮族自治区财政厅。

表21-1 项目基本信息

项目名称	新开发银行贷款广西崇左市城区生态水系修复工程项目
所在地区	广西壮族自治区
行业领域	城建环保
项目参与方	金砖国家新开发银行、广西壮族自治区人民政府、崇左市人民政府、崇左市水利投资有限责任公司等
项目主要内容	（1）河湖湿地修复连通工程包括6条河道16座湖泊1座湿地的修复及连通工程和2项截污工程，7座功能湿地的建设； （2）滨水生态修复工程包括14处共146.2千米生态岸线的滨水绿带保护和14处公共共享空间的建设； （3）智慧水系管理系为一套覆盖全部项目区的自慧自动化控制系统； （4）能力建设
项目当前阶段	开工建设阶段
多双边贷款机构	金砖国家新开发银行
贷款所属类型	投资贷款

（二）项目融资信息

本项目总投资为35.29亿元，项目主要资金来源为新开行贷款3亿美元（按6.75汇率，折合人民币约20.25亿元），国内配套资金约15.04亿元，其中，中国农业发展银行贷款7亿元，其余为中央和自治区补助资金和市本级财政配套资金。目前，已从新开发银行提款5 681万美元；中国农业发展银行贷款已到账4.97亿元；各级财政配套安排3.65亿元。

二 项目贷款的实操流程

2016年7月，崇左市人民政府启动本项目的规划编制工作。2017年4月，崇左市城区生态水系规划获得崇左市政府批复。2017年12月25日，崇左市发展和改革委员会批复立项。2019年2月25日，可行性研究报告获得广西壮族自治区发展改革委批复，总投资约为35.29亿元，建设总工期为48个月。2019年7月19日，本项目的初步设计获得广西壮族自治区水利厅批复。

2017年12月，本项目申请列入国家利用新开发银行贷款2018~2020财年备选项目规划，2018年2月，通过省级财政评审上报国家发改委和财政部。2018年7月~2019年1月，金砖国家新开发银行考察团就项目推进工作先后四次开展了项目鉴别、项目预评估、项目正式评估。2019年2月1日，本项目被列入国家利用新开发银行贷款2018~2020年备选规划。同年3月4日开展贷款谈判，3月30日本项目通过新开行董事会成员国同意，4月24日资金申请报告获国家发改委批复。2019年5月14日，新开行代表团在广西崇左市与财政部和广西壮族自治区人民政府分别签订《贷款协定》和《项目协议》，标示着新开行贷款广西崇左市城区生态水系修复工程项目3亿美元正式落户崇左市。本项目是广西壮族自治区首个利用新开发银行贷款的项目。

根据《贷款协定》，本项目由广西壮族自治区人民政府作为项目执行机构，崇左市人民政府作为项目实施机构，崇左市水利投资有限责任公司作为项目实施单位。2019年3月31日为新开行董事会批准日；2019年5月14日，财政部与新开发银行签订《贷款协议》；2019年7月12日为项目贷款协议生效日；2024年11月14日为项目关账日，项目的宽限期为5年。

三 项目贷款的特点

（一）本项目贷款体现的战略

1. 国别行业发展战略

一方面，金砖国家新开发银行为金砖国家及其他新兴经济体、发展中国家的基础设施建设和可持续发展项目动员资源，并作为现有多边和区域金融机构的补充，促进全球增长与发展，本项目的实施完全契合金砖国家新开发银行的成立初衷。另一方面，本项目作为广西壮族自治区和崇左市的重点项目，其实施将助力打造崇左市山清水秀的生态名片，提升当地居民生产生活用水质量，优化当地的招商引资环境。同时，本项目将极大改善崇左市城区水生态环境，提高城市抗洪抗旱和排水能力，推动中心城区"通起来""绿起来""美起来"，这符合国家生态可持续发展战略。

2. 本贷款项目的重点战略

促进崇左城市建设，打造符合"一带一路"倡议长江经济带和京津冀协同发展战略的现代化山水城市。崇左市是"一带一路"重要门户的前沿城市，是目前广西唯一全境同时享受北部湾经济区、珠江—西江经济带和左右江革命老区振兴规划的地级市。根据《广西崇左城市总体规划（2002~2020）局部修改（2008）》，崇左市的城市性质为：中国—东盟自由贸易区陆路通道上的以亚热带农业、边境工业、国际商贸、边关旅游、壮族文化和山水园林为特色的桂西南现代化区域中心城市；崇左市城区定位为：桂西南区域次中心城市，功能为综合型，主要以制糖热带水果等资源加工工业为龙头，综合发展资源深加工工业、商贸业、出口加工业、旅游业，努力培育科研产业，使之成为具有地方特色的经济发达的现代化山水城市。构建城区生态水系，在有效保障了水安全的前提下，有利于提升崇左城市形象，促进崇左城市建设，适应"一带一路"倡议要求，进一步巩固崇左市区域旅游集散中心的地位，打造山水田园城市格局风貌，形成现代化山水城市。

（二）本项目贷款的主要特点

本项目贷款为主权贷款，通过财政部转贷给广西壮族自治区人民政府，再转贷给崇左市人民政府。贷款期限为20年，包括5年的宽限期，利率为6个月伦敦银行间拆借利率+利差1.05%，贷款本金偿还从2024年开始，分30期半年度等额还款。提款方式主要为周转金方式提款，由崇左市水利投资有限责任公司根据项目进展情况提出申请提款报账，经崇左市项目办初审、崇左市财政局复审后向广西壮族自治区财政厅申请提款报账，最终债务人为崇左市政府。

四 项目的产出和成效

（一）项目的主要产出

1. 实物类产出

项目建成后，崇左市城区水面面积将由现状的587.9公顷增加至848.5公顷，水面面积增加了44.3%，有效解决了城区水资源分布不均的问题；绿地面积由现状的1 076公顷增加至1 353公顷，绿地面积增加了25.7%；形成生态岸线146.2千米，改善并恢复灌溉面积1.91万亩，山水林田湖草生命共同体生态系统将得到进一步改善。项目完工后，预计16万名居民将直接受益于当地水体污染的减轻和整体环境的改善，约25 000名居民直接受益于防洪能力的提升。

2. 非实物类产出

在本项目实施的过程中，用"大格局、现代化、谋长远"的战略眼光，和金砖国家新开发银行联手，建设"智慧水系管理系统"。通过信息化手段，利用"大数据"和"云平台"，在生态水系的后期管理中，真正实现监控、监测、调度、管理的自动化，全面提升监管效率和崇左市水利的现代化管理水平。通过项目的实施，引进新技术和先进的管理经验，积累崇左市利用双多边贷款的管理经验，实现引资、引技和引智的有机结合。

（二）项目的成效

1. 对项目所在地的影响

本项目对崇左市而言，以水生态文明建设为导向，以江河湖库水系连通为基础，结合城区现有的水系和湖体，恢复历史上原有的湖体水面，进一步挖掘城区低洼地带的可蓄水空间。通过工程措施，将那渠河水、响水河水和左江水引水入城，实现那渠河、响水河、左江与城区内各个湖泊的有机连通。通过该项目的实施，将连通现有河湖，对城区内现状水体进行环境综合治理和生态修复，盘活城区水系，形成良好的生态水格局。城绕水建，山水绕城，从根本上解决城区生态水系保护的主要问题。

对广西而言，广西崇左市城区生态水系修复工程项目是广西首个利用新开发银行贷款的项目，项目利用贷款金额达3亿美元，是崇左进一步扩大开放，落实中央"大力推进生态文明建设"战略部署和"绿水青山就是金山银山"的发展理念的重要举措，是提升崇左市城市生态环境质量，探索城镇化建设和环境友好型城市建设新的途径，也是广西加强利用国际金融组织贷款，推动广西和新开发银行建立更紧密合作关系的成功实践。

2. 对项目所属行业的影响

对生态产业而言，本项目采用新开发银行贷款的模式，可为将来同行业项目的实施提供借鉴，拓宽了项目融资渠道。此外，本项目是对生态产业中修复行业的补充，进一步完善了国家的生态修复工程。同时，本项目立足当前、着眼长远，深入实施城区生态水系修复工程，系统推动生态文明建设。

3. 对项目相关方的意义

在对中国的贷款而言，金砖国家新开发银行重点支持具有以下特点的基础设施项目：一是具有全局性、战略性和示范性；二是对绿色、可持续发展具有关键意义，且能够发挥重要作用。广西崇左市城区生态水系修复工程项目贷款符合以上政策要求。新开行重点支持崇左市的水环境修复与保护，改善崇左市城区水资源分布不均、易发生水旱灾害的现状，防范城市洪涝灾害，进一步优化崇左市城区生态和人居环境，使得崇左的经济、社会和生态发展实现较大提升。本项目不仅优化了崇左市生态水系的硬件条件，在软件上也将开展能力建设和引入具有创新性的智慧水系管理系统。本项目贷款成功，也是新开发银行下一阶段项目执行的起跑线。

五 项目的总结思考

（一）项目创新亮点及进一步优化的思考

本项目的实施，引进资金的同时引进了国际金融组织先进技术和管理经验，进一步扩大崇左市的开放合作，同时又积极践行了中央"大力推进生态文明建设"的战略决策和"绿水青山就是金山银山"的发展理念，将进一步提升城市生态环境质量，为边境民族地区城市生态文明建设、城镇化建设和环境友好型城市建设探索新的途径。本项目工程具有工程新、策略新、理念新、科技新、管理新的特点：一是工程新，利用灌溉渠道做生态——南干渠在不影响灌溉的情况下，兼顾生态，一条灌溉引水渠，长藤结瓜串河湖，城外灌溉幸福果，城内孕育生态花；二是策略新，七水合一，多规合一，城、水、人居、生态等多方位、多角度进行水系修复；三是理念新，在生态水系修复中，融入海绵城市建设理念，以生态和工程措施相结合做水系修复；四是科技新，引入一体化远程测控智能闸门系统，使用太阳能清洁能源，降低污染和能耗，自动控制、精准配水；五是管理新，以现代信息化手段进行水系自动化控制和管理，做到水系运行、调度、水质监测自动化，计量准确。

（二）项目不足之处及进一步改进的思考

项目前期准备阶段，初始建设内容规划设计理念与新开行银行政策需求存在一定差距，项目创新性和示范性不够，后期对项目内容设计进行了较大调整，一定程度上影响了项目进展。

下一步继续加强与新开发银行、自治区财政厅及各方协调沟通，加快实施进度和工程进度款的支付报账工作，促进新开行贷款及时有效使用，发挥效益。

重庆市

四川省

海南省

23. 欧洲投资银行贷款海南东方感城风电一期项目

一 项目介绍

(一)基本信息

项目建设内容包括风力发电厂及其配套设施(见图23-1、表23-1)。

图23-1 海南东方感城风电一期项目

资料来源:海南省财政厅。

表23-1 项目基本信息

项目名称	欧洲投资银行贷款海南东方感城风电一期项目
所在地区	海南省
行业领域	电力
项目参与方	广东水电二局股份有限公司、海南新丰源实业有限公司
项目主要内容	49.5兆瓦风力发电
项目当前阶段	完工
多双边贷款机构	欧洲投资银行
贷款所属类型	投资贷款

（二）项目融资信息

1. 参与项目融资机构

（1）欧洲投资银行；

（2）中国银行广州市开发区分行；

（3）中国银行海南省分行。

2. 贷款到账数

（1）欧洲投资银行为：2 500万欧元；

（2）中国银行广州市开发区分行：1亿500万元；

（3）中国银行海南省分行：4 500万元。

二、项目贷款的实操流程

（一）项目上报及立项

（1）将本项目上报海南省财政厅、海南省发改委和海南省政府批准立项。

（2）项目提交资料：本项目提交的资料包括项目核准文件、贷款申请报告、授权委托书、项目财务结算表、企业法人营业执照、资信证明书、股东三年内最近财务报表、可研性研究、环境评估报告、法人身份证复印件。

（二）项目准备

（1）本项目获得国家发改委和财政部批准。

（2）本项目必须在技术、经济、财政、环境和社会等各领域可行。

（3）本项目符合行业贷款要求：针对可再生能源、能源效率清洁发展机制项目，贷款最高可覆盖项目总成本50%以上。

（三）项目审批

作为开发利用清洁能源的项目，项目方依据国家发展和改革委员会《关于下达利用欧投行应对气候变化框架贷款第一批备选项目计划的通知》的要求，积极向欧投行申请2 500万欧元应对气候变化框架贷款。2008年1月22日，海南省省长签字同意感城风电项目申请欧投行贷款。2008年5月15日，国家发展和改革委员会〔2008〕1168号文将感城风电项目列入利用欧投行应对气候变化框架贷款第一批备选项目。2008年5月15日，《国家发改委关于海南省东方市感城风力发电场（一期）项目利用欧洲投资银行贷款资金申请报告》批复（发改外资〔2008〕3385号）本项目。

欧投行于2008年7月26~27日到海南省对项目进行了最终评估。2010年2月11日，海南新丰源实业有限公司与海南省财政厅签订《关于利用欧洲投资银行气候变化框架贷款实施海南省东方市感城风力发电项目的再转贷协议》和三方协议（海南省财政厅、海南新丰源实业有限公司、中行海南省分行）。

海南新丰源实业有限公司在2010年3月12日申请第一笔提款2 000万欧元用于采购风机支付设备供应商。2010年5月7日资金到位后付给供应商。在2010年7月22日申请第二笔提款500万欧元并于8月4日资金到位。

（四）项目实施与执行

本项目于2007年12月4日通过海南省发展与改革厅的核准。项目位于海南西海岸，北起感恩河入海口，南至板桥镇利章港一带，南北向长约7千米、东西宽约1千米，平均海拔高度为6～9米，年平均风速4.29米/秒，50年一遇最大风速为37.15米/秒，装机规模49.5兆瓦，安装1.5兆瓦的风机33台，年利用小时数可达2 200小时。2009年7月15日，项目开始开工建设，至2010年1月26日生产楼、综合楼、33台风机基础全部建设完工。2010年4月25日，首台机组并网发电，2010年7月15日，完成33台风机的吊装工作。2010年8月9日，33台风机已全部并网发电。从项目开始发电到2020年6月，上网电量为102 866.75万千瓦时，上网电价为0.61元/千瓦时（含税价），实现发电收入为62 748.72万元。

（五）项目检查和评价

根据财政部(财国际〔2011〕9号）的文件精神，2014年5月由海南省财政厅委托海南鸿晔会计师事务所作为评价机构，评价小组在海南省财政厅、项目办和项目所在地市财政、环保部门配合下完成项目评价。2014年7月，完成《欧洲投资银行贷款气候变化框架之海南东方感城风电场一期49.5兆瓦项目绩效评价报告》，贷款编号为FIN024213。财政部委托伊世特中国有限公司连续四年到现场项目检查和评价。

三 项目贷款的特点

（一）本项目贷款体现的战略

1. 国别行业发展战略

本项目的贷款机构欧洲投资银行是欧洲共同经济体成员国合资经营的金融机构，其宗旨是利用国际资本市场和共同体内部资金，促进共同体的平衡和发展，故该行主要贷款对象为成员国及与其有密切联系、合作的其他国家。本项目的实施符合欧洲投资银行期望改善能源供应的想法，契合其"气候投资战略"的布局，并且与《巴黎协定》的目标保持了一致。

2. 本贷款项目的重点战略

与国内银行贷款相比，本项目所采用的贷款方式资金成本较低，在国内银行无法提供充足的外币或人民币贷款时，采用这类贷款可以借助其稳定的资金来源，为项目采购设备提供有利的资金支持。国内银行贷款利率维持4.90%，而欧洲投资银行到目前止最高利率为2.306%、最低利率0.127%，所以运营成本相应减少。

（二）本项目贷款的主要特点

1. 对象

（1）可再生能源项目，例如风能、生物质能、太阳能、地热及小/中型水电项目；

（2）在供应与需求侧提高效率的项目；

（3）造林项目；

（4）能源高效的安装了烟气脱硫、脱氮装置；

（5）甲烷回收与利用；

（6）捕捉、催化HFC23；

（7）与上述的可再生能源或清洁发电项目相关。

2. 期限

本项目贷款期最长为18年（含5年宽限期），采用固定利差浮动利率，即年利率为6个月的EURIBOR或EURIBOR+10~15个基点，最多不超过40个基点。

3. 利率

计息方式分固定利率和固定利差浮动利率。

4. 抵质押与担保情况

本公司由母公司广东水电二局股份有限公司为本项目提出供全程信用担保、实物抵押、风电场收费权质押。

5. 提款方式

（1）外汇管理局做外债登记；

（2）在商业银行开设外汇账户；

（3）项目公司提交申请材料；

（4）向欧洲投资银行提交提款申请；

（5）提款申请内容包括提交提款人亲笔签名、购买设备发票、提款申请日期、支付日期、提款金额、汇款账号；

（6）待欧投行对提款申请内容审核无误后，下发支付通知告知其支付款项的、金额、利率及币种；

（7）欧投行确定申请日期15个工作日后贷款资金到账。在贷款发放后，由海南省财政厅代将设备采购款支付给设备厂家；

（8）管理方法：由财政部委托海南省财政厅管理本项目。

（9）最终债务人：海南新丰源实业有限公司。

四 项目的产出和成效

（一）项目的主要产出

实物类产出：

边安装边投产发电，即安装调试好一台风机后可以立即并网发电。在此之前，国内风力发电项目并网发电模式都是所有风机调试完后，再进行并网发电。主要原因是风机推迟供货，不能实现全部风机安装、调试等待并网。本项目采用的安装方式值得推广。

（二）项目的成效

1. 对项目所在地的影响

本项目不仅具有明显的经济社会效益和环境效益，而且企业的发展也可带动周边地区经济的发展。本项目的实施既可以为海南提供充足的电力,又可缓解环境资源的压力,风电场本身也可成为一旅游景点,促进当地旅游业的发展,同时能为当地居民提供相应的就业机会。

2. 对项目所属行业的影响

本项目可缓解海南省电力资源短缺的压力,加快优化海南省能源电力结构,提高可再生能源和新能源的占比。本项目装机容量49.5兆瓦,年上网电量可达10 385.7万千瓦时。按照火电煤耗(标准煤)每度电耗煤350克,项目每年可节约标准煤3.63万吨,每年可减少烟尘排放量约491.8吨,SO_2排放量407.1吨,NO_2排放量约420.2吨,CO排放量约9.6吨,CO_2排放量10.9万吨,有效减少了环境污染。

五 项目的总结思考

(一)项目创新亮点及进一步优化的思考

1. 合理降低贷款成本

海南省财政厅先与财政部签订转贷协议,然后由海南省财政厅与海南新丰源实业有限公司签订再转贷协议。在签订再转贷协议前,地方财政要求海南新丰源实业有限公司提供国内商业银行出具的担保函,鉴于银行出具担保函收取的费用过高,失去利用欧投行贷款的优势。所以,海南新丰源实业有限公司的做法为:由其母公司广东水电二局股份有限公司为本项目提供全程信用担保、实物抵押、风电场收费权质押,这样既可为公司节省成本,凸显利用欧投行贷款的优势,也合理规避地方财政的风险。

2. 科学的还贷管理,确保欧投行贷款的及时还贷

海南新丰源实业有限公司充分尊重银行对风电项目专项资金管理的规定和要求,并接受海南省财厅对项目资金的监控管理,确保欧投行的资金安全和按计划还贷。

为避免公司受到外汇的大幅波动带来的较大资金风险影响,采取以下防范措施

规避风险：

（1）积极推进清洁发展机制（CDM）项目。

18年贷款期间，收2010~2013年CDM项目带来160.79万欧元收益，该项收益将全部用于项目外汇还贷，极其有效地规避外汇波动带来的风险。

（2）加强与银行合作。

项目方充分尊重银行的意见，并针对外汇波动适时采取以下风险防范措施：

① 人民币大幅升值时，公司将提前还贷，从中获取外汇差价，使项目获得更好的收益。

② 人民币出现较大幅贬值时，公司会利用银行融资的方式来提前还贷，规避由于外汇波动可能带来的不利影响。

3. 示范和典型作用

本项目是海南省唯一利用欧投行应对气候变化框架贷款的风电项目，也是国内第一个完成此贷款提款手续的风电项目，受到了国家发改委、财政部的高度认可，并将本项目作为标杆示范项目在全国范围内推广欧投行贷款经验。同时，作为粤水电第一个使用国外资金贷款的项目，不但为粤水电开辟了跨出国门找资金的融资渠道，而且有利于进一步降低粤水电财务费用，提高营业利润。此外，作为国家发改委、财政部利用欧投行贷款的标杆示范项目，本项目的实施为国内其他项目申请欧投行贷款提供宝贵的经验，也为其他项目提供了一整套可供借鉴的操作流程（如贷款申请、签订转贷协议、提供担保、外汇登记、提款等），可节省各实施环节的时间。

（二）项目不足之处及进一步改进的思考

（1）项目审批和谈判过程冗杂，建议合理缩短贷款周期，提升全方位优势。

利用欧投行贷款需要经过项目申请、审核、列入贷款规划、资金申请报告批复、转贷款协议谈判、签订、外汇登记、开设外汇账户、提款等一系列复杂的审批和谈判过程，使得利用欧投行贷款的前期过程历时较长，建议合理缩短贷款前期过程的周期，彰显欧投行贷款的全方位优势。

（2）尚未开通欧投行贷款的国内联系渠道，建议欧投行开通国内联系渠道，以便项目公司能就实施过程中的问题及时向欧投行咨询。

（3）由于利用欧投行贷款的有关程序比较灵活，使欧投行贷款相关程序未能实现制度化和规范化。建议通过国内外各种业务定期培训，加强各项目对利用欧投行贷款相关程序的准确理解和掌握，使利用欧投行贷款管理工作逐步走向制度化与规范化。

四川省

贵州省

重庆市

24. 世界银行贷款重庆统筹城乡发展与改革二期卫生项目

一、项目介绍

（一）基本信息

项目建设内容包括医院常规建筑的土建和安装、治疗污水处理、医气系统、标准化的成本核算体系等智能化建设（见图24-1、表24-1）。

图24-1 重庆统筹城乡发展与改革二期卫生项目

资料来源：重庆市财政局。

世界银行贷款重庆统筹城乡发展与改革二期卫生项目

表24-1 项目基本信息

项目名称	世界银行贷款重庆统筹城乡发展与改革二期卫生项目
所在地区	重庆市
行业领域	医疗卫生
项目参与方	重庆市项目办、项目医院业主
项目主要内容	支持8个区县级医院扩建或新建及开展相关的软活动
项目当前阶段	有4家医院已完工并投入运行
多双边贷款机构	世界银行
贷款所属类型	特别投资贷款

（二）项目融资信息

项目总贷款为9 000万美元，目前使用贷款到账数为8 700万美元。

二、项目贷款的实操流程

"世界银行贷款重庆市统筹城乡发展与改革二期卫生项目"于2011年8月被国家发改委正式列为2012~2014年度备选项目。2011年10月，世行项目准备团到重庆进行项目准备考察，2012年2月，世行评估团来重庆对项目进行评估。2012年5月，世行完成正式项目评估文件，2012年6月14日，世行执董会批准该项目，2012年7月11日签署贷款协议和项目协议，2012年10月5日，贷款协议正式生效。本项目关账日期为2021年1月31日，贷款期限25年，含宽限期6年。

三、项目贷款的特点

（一）本项目贷款体现的战略

1. 国别行业发展战略

中国非均衡发展导致城乡之间和城乡内部发展产生了巨大差距，医疗卫生资源集中在主城的三级医院，卫生资源配置的差异导致非城市地区医疗服务水平低下。本项目的实施符合国家"十二五"规划中关于解决城乡发展失衡及发展社会事业的目标。

2. 本贷款项目的重点战略

拟建项目旨在增强重庆市项目区县医疗机构的服务能力，实现提高卫生服务质量的目标。通过本项目的实施，区县居民可在当地享受较好的医疗卫生服务，不用到费用更高、路程更远的主城高等级医疗机构就诊。项目的实施将支持世界银行国别伙伴战略第二项内容，即减少贫困、不平等和社会排斥等现象。除此之外，本项目将特别聚焦重庆市偏远及卫生服务供给不足的农村地区。

（二）本贷款项目的主要特点

（1）本项目是世行在中国首个以区县级基层医院建设为主的贷款项目。在设计方面，采用绿色医院的设计原则，节约用水用地和建筑材料；充分考虑建筑朝向和整体布局，优化流程设计，更加人性化，方便后期使用。

（2）本项目专门设置了能力建设子项，提高项目管理能力，加强项目执行机构在采购、财务管理、项目监督、安全保障方面的能力。

（3）本项目除了改扩建/新建医院，还通过支持一系列如培训、考察等软活动，加强医疗机构的能力建设，提高服务效率。

（4）本项目的成功实施将提高项目区县非都市区域居民享受区县级医疗服务的可及性，项目区县的居民可以就近接受较好的医疗卫生服务，不用到费用更高、路程更远的主城高等级医疗机构就诊医疗服务。

四 项目的产出和成效

（一）项目的主要产出

1. 实物类产出

改扩建或新建8家区县级医院，包括2家妇幼保健院、2家中医院和4家综合医院。

2. 非实物类产出

为医院改革制度准备、人员培训（专科医生、医疗从业人员、医疗管理人员）、建立和完善卫生管理信息系统以及项目执行支持和督导。

（二）项目的成效

（1）本项目为重庆市城乡统筹发展提供了支持。通过改善医疗设施条件，提高医疗服务可及性，提升医疗服务质量，重庆市八个项目区县的居民将直接受益于本项目。8个区县总人口超过700万，其中有7个区县为国贫县或省贫县。

（2）通过本项目下的能力建设，项目医院的医务人员将提高医疗服务质量，提升专业素质，项目管理人员也将通过项目提供的培训进一步提高管理水平。

（3）本项目将对全市医疗服务产生溢出效应，最终对全国的卫生行业起到示范作用。借力信息管理系统的完善，以及市、区县卫生局开展的绩效监测。

（4）世行二期项目软活动的设计是在2010年，当时世界卫生组织和中国的卫生部正在推动我国的新医改。项目开展的6项活动包括协同医疗服务、促进中医药发展、医院标准化成本核算、医院绩效监测与评估，以循证医学为依据的临床路径应用，还有持续质量改进活动也是当时国际上比较重视的几项内容，可以说是中国新医改的一个先行先试，意义很大。对全重庆市公立医院的管理都将起到一个很大的推动作用。在全国应该说也是先进的。

（5）自2020年1月暴发新冠肺炎疫情以来，项目医院为抗击新冠肺炎疫情，发挥了重要作用。

五、项目的总结思考

（一）项目创新亮点及进一步优化的思考

1. 城口县人民医院住院综合楼及门急诊楼建设项目

世界银行借款重庆市统筹城乡发展与改革二期卫生项目城口县人民医院住院综合楼及门急诊楼建设项目，该项目总建设总面积35 610.53平方米，其中地上14层，地下3层，项目总投资22 572万元。其中2019年5月投资批复17 456万元，2019年2月新增投资5 116万元；世界银行初始贷款1 438万美元（折合人民币9059万元），2019年1月追加世行贷款4 150万元；2020年6月各合同变更追加世行贷款1 550万元，地方配套建设资金4 500万元。项目于2016年2月3日项目主体工程招标，2016年8月8日签订施工合同，8月17日破土动工，工程项目含综合楼主体工程等大小12个合同包，项目于2020年5月正式投用。世行在城口的投资取得了巨大的社会效益，资金使用绩效得到了最大限度的发挥。主要表现在以下4个方面。

（1）助推城口脱贫攻坚。

医院世行项目建设正值国家脱贫攻坚和城口县脱贫摘帽验收的关键时期，在健康扶贫考核中明确要求深度贫困区县必须要有一所二级甲等医院。在新大楼投用之前，医院业务用房面积、医疗服务流程、院感防控设施等均达不到二甲标准。是世行项目新大楼建成投用为城口县二级甲等医院创建提供了关键的基础条件，是世行的投资有力助推了城口县的脱贫攻坚事业，帮助医院限时完成了全县脱贫摘帽考核的关键指标。

（2）助推城口疫情防控。

当新冠肺炎疫情来临时，因基础条件限制，医院作为定点收治医院，可以说是措手不及、仓促应战。但在城口县委政府坚强领导下，社会各界广泛支持，医院取得了3名确诊病例和69例疑似病例全部治愈、医务人员零感染、城口最早被划定为重庆市疫情防控低风险区的辉煌战果，这其中也得益于世行大力帮助。一是世行给予医院280万元的疫情防控专项资金支持，采购了消毒、治疗设备和物资；二是在世行项目中，为医院建设了负压手术室、负压病房各一间，对疫情防控意义非常重大；三是新大楼建设中，为医院建设了规范的聚合酶链式反应（PCR）实验室，医院才能在规定时限内建成二级核酸实验室，为全县群众及时提供核酸检测服务；四是利用世行资金采购了80排160层电子计算机断层扫描（CT），医院才能腾出原32排螺旋CT作为新冠肺炎确诊病人和疑似病例的专用检测CT，才能达到疫情防控的基本要求。

（3）助推群众就近就医。

医院作为全县唯一的二级综合医院，原有医疗设施极为简陋，很多患者选择外出就医，增大了群众就医成本。通过世行投资对我院的软硬件建设，就医环境得到极大改善，服务能力得到极大提升，为实现90%患者县内就医做出了贡献。一是建设了宽敞、明亮、舒适的病房，满足了对条件要求较高的医疗消费群体的就医需求，以前职工医保患者就医率一直很低，搬进新大楼后，职工医保患者持续增长，从近一个月的门诊统计来看，日均门诊量达到585人次，较去年平均数增长20.6%；二是搬进新大楼后，增设了3个住院病区，使以前无法收治患者的科室能独立收治病人；三是建设了层流手术室和数字减影技术（DSA）导管室，原来没条件开展的三四级手术现在能放心开展，心脏卒中、脑卒中患者能够就地开展介入手术抢救，为这类患者赢得黄金4小时抢救时间，有效降低了心脏卒中、脑卒中患者外转抢救的死亡率；四是建设起了规范的血液透析室，原来医院的板房透析室最多只能容纳100人透析，且治疗流程严重不达标，搬进新大楼后，选择在外地透析的患者纷纷回流，现在透析患者已达到135人，有效降低了这类特殊患者的医疗负担。

（4）助推公立医院改革。

在县级公立医院改革中，对医院服务能力、服务环境、患者满意度、职工满意度提出了更高要求。一是通过世行软实力建设项目，为医院引进临床医疗专家6名担任学科带头人，培养了10名规范化培训医师，培训了37名医疗护理骨干，医疗技术得到有效提升；二是开展了绩效监测、成本核算、临床路径、持续质量提升建设项目，使医院管理更加规范，为公立医院改革提供了技术支持；三是采购了大型CT、四维彩超、DSA等大型医疗设备，提升了医院疾病诊断能力；四是极大改善了患者就医环境和医护人员办公环境，使职工满意度、患者满意度进一步提升。

2. 垫江县中医院内科综合大楼建设项目

世界银行贷款重庆市统筹城乡发展与改革二期卫生项目垫江县中医院内科综合大楼工程属新建项目，新增床位数240张，建筑面积2.7万平方米，总投资为1.2亿元，建安投资为1.06亿元，总贷款额度1 285万美元。同时，开展为后续医疗卫生改革提供准备的相关人才培养、信息化建设和医院服务质量改善等活动。本项目于2016年开工，2019年底基本完工。在2020年1月，因新冠肺炎疫情暴发，被紧急征用作为垫江县集中隔离治疗点，为抗疫作出了重大贡献。该项目从前期设计、顺利实施到建成投用，实现了经济效益最大化，提高了当地的医疗服务水平，改善了卫生服务的公平性及可及性。主要特点为：

（1）前期设计引入先进环保理念。在项目的规划和设计过程中，贯彻执行《绿色医院建筑评价标准》的要求和理念。为确保绿色环保这一概念能得到充分贯彻，世行在项目法律文件中将"采用国家节能环保建筑标准""新建空调系统的能效限定值及能源效率等级满足国家标准""采用集中供暖/制冷面积占医院总面积的比例"作为项目成果考核指标（KPI）。前期按世行要求编制了《环境管理计划》，分析项目可能的不良环境影响，制定了施工期、运营期对三废处理的工程措施，特别对运营期医疗废物的收集、暂存、转运制定了详尽安排。在项目设计初期，力求通过制定切实可行的预防、消减措施缓解不良环境影响，改进项目的选址、规划、设计和实施等活动。在实施期，定期对空气、噪声、扬尘、污水排放进行监测，确保各项施工活动的开展符合《环境管理计划》的规定。

（2）充分利用世行灵活的采购程序节约投资。医院建设相对复杂，除常规公共建筑的土建和安装外，还涉及医疗污水处理、医气系统等。基于具体内容，结合世行各类采购程序和合同类型，本项目采用了灵活的分包模式和针对性的采购方式。如主体土建和装修合同、通风空调及智能化合同的采购使用了国内竞争性招标采购程序；对于医气系统，因金额相对小且专业性强，则采用询价方式进行采购；而电梯此类质量要求高的合同，为确保质量并兼顾竞争性要求，采用了同档次品牌询价方式。所有合同均采用实质性响应的最低评标价中标这一原则，在费用控制上取得较好的效果。本项目投资概算为12 197.91万元，工程直接费用10 613.26万元。按世行采购方式进行招标后，工程建安费用（最新结算价）为7 725万元，每平方米造价2 862元，比同期县内同类工程建安成本下降500~1 000元，累计额节约成本约3 000万元。

（3）贯彻执行全过程管理理念。在规划设计阶段，世行引入了国际经验、介绍了国际最佳做法；世行督导团多次参与方案论证，为合同分包方案的确定及后期招标文件审查提供技术支持。在施工阶段，世行督导团强调进度管理、参与协调多合同交叉施工出现的问题、结合具体情况对变更处理提供技术支持以推进项目实施。项目管理公司在保证质量、推进项目实施的情况下，严格投资控制，做好信息管理和合同管理；同时组织协调项目业主与施工方处理变更，促使业主单位不断地完善内控制度、积极推进各项审批手续的办理，确保项目合规性。

（4）兼顾医疗设施建设与医院软活动支持。医院建立了标准化的成本核算体系，对医务从业人员和管理人员开展系列培训，逐步提高了该院的管理能力和医疗服务水平。同时，该院也开展了中医推广活动以改善中医药服务质量。本项目的实施不仅改善了当地的就医环境，也极大地促进了卫生事业的发展。

（5）在本次抗击新冠肺炎疫情中发挥重要作用。2020年1月暴发了新冠肺炎疫情，而垫江县境内并无传染病医院和标准的隔离病区，全县97万人民面临无集中隔离治疗点的困境。县政府启用该项目大楼作为垫江县集中隔离治疗点。该大楼共收治垫江县新冠病例20例，隔离疑似病例26例，无症状感染阳性1例。目前，垫江县内疫情得到了缓解，该大楼仍用作外来人员的检测和隔离点，为全县全面复工复产和疫情反弹提供有效保障，为全县乃至全市广大人民群众身体健康和经济社会发展提供了有力支撑。

3. 潼南区妇幼保健院整体迁建工程项目

世界银行贷款重庆市统筹城乡发展与改革二期卫生项目潼南区妇幼保健院整体迁建工程项目，新增床位150张，总建筑面积1.6万平方米，总投资为8 456万元，建安投资为6 628万元，总贷款额度845万美元。同时，实施为后续医疗卫生改革提供准备的相关人才培养、信息化建设和医院服务质量改善等活动。该院的中医儿科成功申报为重庆市妇幼保健重点专科和中国妇幼保健协会授予妇幼健康中医（中西医结合）基层重点专科，被重庆日报"健康70年·重庆健康民生贡献力70品牌"活动评选为"重庆富有医疗高质量发展贡献力单位10强"。

本项目于2016年开工，2018年10月投入运行。该院的建成投用，极大地改善了当地妇女儿童就诊及住院环境，提高了妇女儿童的医疗保健水平，推进了潼南区卫生事业的发展，在社会、经济两个效益方面取得了显著成绩，主要体现在：

（1）该院业务收入同比增长22%，门诊人次同比增长21.7%，剖宫产率同比下降1.6%，抢救危急重症患者79人，抢救成功率100%。

（2）组建了全区妇幼专科联盟，帮助基层提升服务水平，落实双向转诊机制，促进全区妇幼保健工作规范化开展。

（3）创新开展妇幼健康教育工作，加强托儿所、幼儿园卫生保健工作。建立并完善了全区妇幼健康教育工作网络，积极协调配合区教委，加强对托幼机构卫生保健工作的日常监管，加大对托幼机构卫生保健人员的培训力度。

（4）助推潼南区扶贫医疗工作，最大限度方便群众就医。医院设立了"一站式"结算服务窗口，全面落实了健康扶贫的各项工作规定和要求。全年累计235名患者实施了"先诊疗后付费"结算，共计兜底93 454.64元。

4. 涪陵区人民医院住院综合大楼建设项目

世界银行贷款重庆市统筹城乡发展与改革二期卫生项目涪陵区人民医院住院综合大楼建设工程，新增床位227张，总建筑面积为2.2万平方米，总投资为1.2亿元，建安投资为1.03亿元，总贷款额度1 072万美元。本项目于2016年开工，预计2020年8月完工。本项目前期设计规划阶段，世行团队以及知名医院建筑专家黄锡璆多次参与项目医院设计，对整体方案、流程提出改进建议。在2016年由《中国医院建筑与装备》杂志社联合《城市建筑》杂志社共同举办的"2016中国医院建设匠心奖"系列评选活动中，荣获"2016年中国医疗建筑设计年度优秀项目"。该项目建成投用后，将极大改善当地就医环境、优化卫生资源配置，有力推动涪陵区医疗卫生事业的发展，更好地为广大人民群众身体健康提供优质、便捷的医疗服务，最大限度地满足人民群众的健康需要。

（二）项目不足之处及进一步改进的思考

项目内容包含工程建设和医疗卫生改革两个领域的内容，相对传统的医院建设项目更加复杂，也没有现成经验可资借鉴。尤其是关于医疗改革方面的内容，既有创新性，又有敏感性，需要大胆而谨慎的开拓探索。改革的活动，需要配合国家层面的改革进行。因此，在项目执行中，世行和重庆方也在不断进行微调，使国家的改革能够不断融合进项目，最终在项目实施中体现出效果。结合项目总体实施进程，重新审视项目准备，可以看出项目准备时存在项目准备时间太短，准备不充分，导致后期实施期过长这一问题。

医院属公共建筑，除土建、通风空调、装修等常规建设内容外，还包括医院专业内容，如特殊科室、医疗废水处理等，同时对智能化系统有较高要求。故在采购分包时需综合考虑医院的规模、常规内容与专业内容的衔接，需要做到既减少合同、各专业间的协调，又保证专业内容相对独立分包便于采购。

针对以上问题的改进思考：一是后续项目，要特别注意风险的防范，不仅是社会、环境的风险，还有采购、招标等各个方面的风险；二是坚决全面彻底完成各项工程建设；三是加快报账进度；四是抓好项目收尾工作，做好建设主体移交等工作；五是加强成果推广，重点推广公立医院改革模式，以及区县参与国内国际项目的管理方法。

云南省

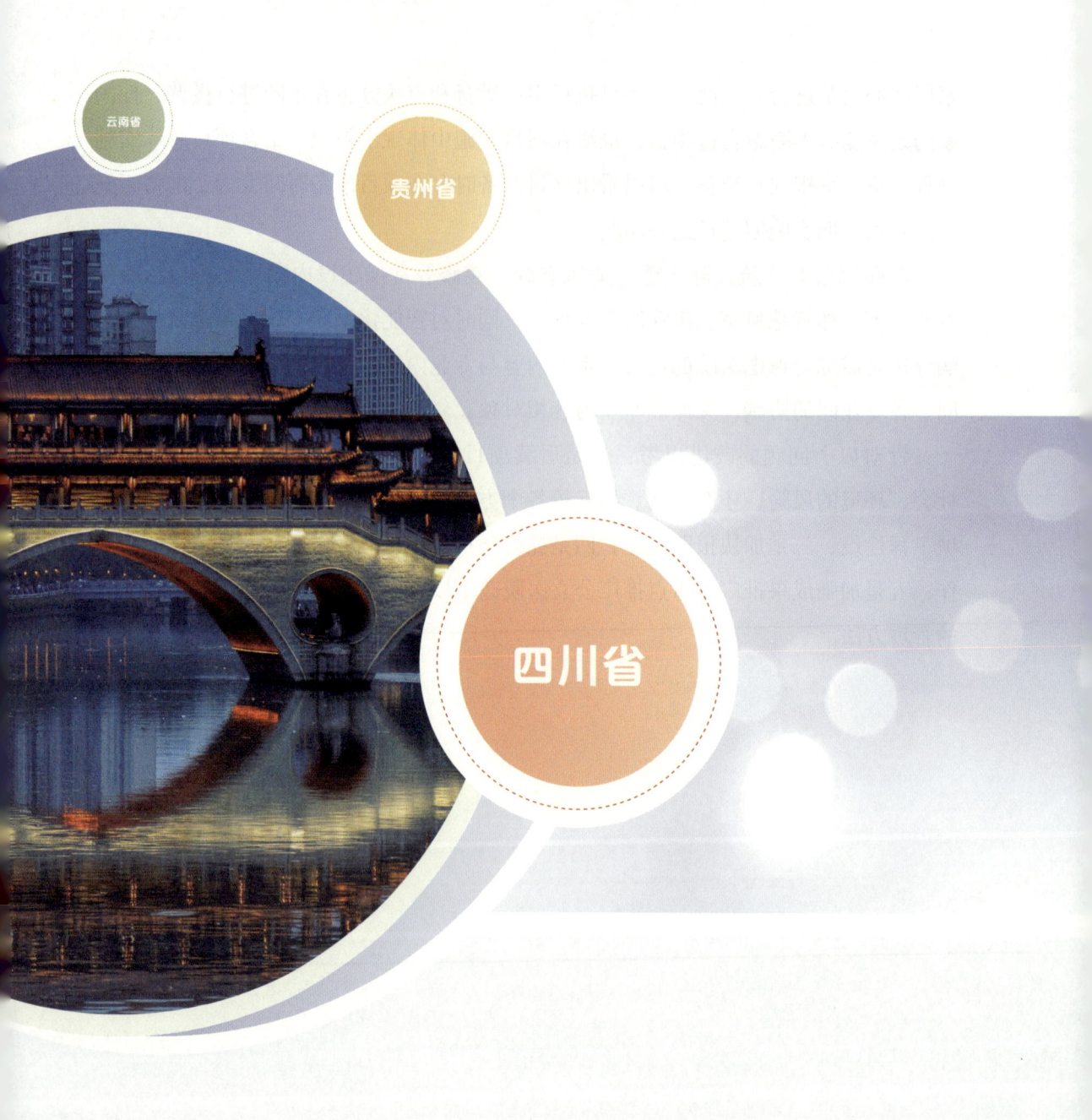

贵州省

四川省

25. 法国开发署贷款四川城镇基础设施灾后重建项目

一、项目介绍

(一) 基本信息

项目建设内容包括重建道路、桥梁、防洪堤；新建供水站及其配套设施、净水厂及其配套设施、污水处理厂及其配套设施、垃圾转运站及其配套设施、加压泵站和高位蓄水池（见图25-1、表25-1）。

图25-1 四川城镇基础设施灾后重建项目

资料来源：四川省财政厅。

表25-1 项目基本信息

项目名称	法国开发署贷款四川城镇基础设施灾后重建项目
所在地区	四川省
行业领域	市政基础设施
项目参与方	四川省城建环保项目办
项目主要内容	道路、桥梁、防洪堤、供水排水处理及其管网、垃圾收集站等的修复及新建
项目当前阶段	完工
多双边贷款机构	法国开发署
贷款所属类型	紧急重点贷款

（二）项目融资信息

本项目全部贷款额1.5亿美元，均为双边贷款，贷款到账数1.5亿美元。

二 项目贷款的实操流程

（一）项目上报及立项

2008年10月完成了项目建议书汇总报告，并向四川省发改委上报了项目建议书，11月财政部向法国开发署提出四川省灾后恢复重建项目资金申请，2009年1月，四川省发改委分别以川发改外〔2009〕20号、川发改外〔2009〕21号、川发改外〔2009〕22号、川发改外〔2009〕23号、川发改外〔2009〕26号和川发改外〔2009〕40号对大邑县基础设施项目、彭州市基础设施项目、广汉市基础设施项目、德阳市孝感水厂二期项目、中江县基础设施项目以及罗江县基础设施项目的可行性研究报告进行了立项批复。

（二）双边贷款机构准备和评估工作

由于本项目属于灾后恢复重建的紧急贷款项目，项目准备和评估工作同步进行。2008年10月，法国开发署组织评估团组到四川开展项目评估，并向董事会提供了评估报告。

（三）项目谈判

贷款协议签订时间及生效日期为2009年4月24日，项目关账时间2012年6月30日。

（四）项目审批

2008年11月，财政部向法国开发署提交贷款申请报告。2008年12月18日，法国开发署董事会对贷款申请报告进行审查，并正式批准。

（五）项目实施与执行

根据财政部与法国开发署联合颁发的项目《操作手册》，本项目采用设计施工总承包模式（设计—施工（DB）和设计—采购—施工（EPC）总承包模式）。根据项目建设内容共分为12个合同包（其中10个土建合同包、2个设备合同包），见表25-2、表25-3。经业主申请，财政部与法国开发署同意，项目的施工监理及采购代理费用列入法开署贷款支付。根据招标执行情况，法国开发署1.5亿美元贷款资金经竞争性招标节约投资约1560万美元。经业主申请，四川省财政厅、四川省发改委和四川省住建厅同意，并报财政部、国家发改委和法国开发署批准，同意将招标结余资金用于进一步完善中江县城镇基础设施项目，立项批复为中江县市政基础设施灾后重建补充项目。

表25-2 成都地区项目

合同编号	所在地区	合同内容	合同量	实际量	评价分析
DY-C1	大邑县	二环路工程	8.881千米	8.881千米	按期完成，质量合格
		邑邛故道工程	1.596千米	1.596千米	按期完成，质量合格
		斜江河堤工程	4.957千米	4.409千米	合同内王滩左岸0.548千米河堤植被完好，满足设计的防洪标准，为了保护生态和建设生态大邑，根据成邑城投函〔2011〕51号文件要求取消此段河堤的实施，除此之外全部按期完成。质量合格，满意
BL-C1	彭州市白鹿镇	小夫路	12.5千米	10.672千米	设计优化，按期完成，质量合格
		万白路	9.22千米	9.241千米	初步设计优化，四川省发改委批准，质量合格
		五条支路	19.1千米	17.727千米	
BL-W1	彭州市白鹿镇	供水站及输水管线	5个供水站，11.5千米输水管线	取消1个，剩余4个有2个水厂合并实施	业主和当地政府考虑了现场的实际情况，报请省发改委批准后作出的调整
		污水处理站	1座	1座	按期完成，质量合格
		村级垃圾收集站和中转站	9座村级垃圾收集站、1座中转站	取消	业主和当地政府考虑了现场的实际情况，报请省发改委批准后作出的调整

表25-3 德阳地区项目

合同编号	所在地区	合同工程量	完成情况	评价分析
JY-W1	德阳	（1）取水输水工程：取水能力11.33万立方米/天的取水头部，管径DN1200的取水管道20千米； （2）净水厂：供水能力10万立方米/天的净水厂1座，合同项下为设计和土建施工	2011年12月20千米取水输水工程完成初验，2012年9月净水厂基本完工。整体工程于2012年12月完成竣工验收	根据项目完成情况，各合同包均基本按照合同预期要求的内容进行。原合同内容于2012年10月全部完成，部分补充合同于2013年5月完成
JY-E1	德阳	供水能力10万立方米/天的净水厂的设备供货与安装工程	2012年11月工程完工开始试运行。整体工程实际于2012年12月完成竣工验收	
GH-C2	广汉	重建雒城镇4条城镇道路和2座桥梁： （1）佛山路东段长600米、宽30米； （2）九江路长400米、宽15米； （3）苏州路长1100米、宽15米； （4）广东路长1000米、宽40米； （5）蒙阳河西城桥长96.05米、宽30米； （6）坪桥河大桥长116.05米、宽18米	整体工程实际于2012年4月完成竣工验收，比计划工期滞后约1个月	

续表

合同编号	所在地区	合同工程量	完成情况	评价分析
GH-W1	广汉	（1）供水设施：扩建每天5万立方米供水能力的广汉市三星堆自来水厂，并恢复每天2万立方米的供水能力； （2）重建雒城镇5 300米的输配水管道； （3）雒南污水处理厂：每天处理污水5万立方米的污水处理厂1座	自来水厂工程于2012年11月5日完成竣工验收，污水处理厂工程于2012年10月10日完成竣工验收，配套的供水管线工程于2012年6月按计划完成竣工验收	
GH-E1	广汉	1座规模5万立方米/天的自来水厂和1座规模5万立方米/天的污水处理厂的设备供货与安装工程	业主运营商已进场配合调试整改	
ZJ-C1	中江	中江县2条道路、1座桥梁和4段防洪堤的恢复重建。 （1）玄武大道延长线建设工程； （2）西环线二期道路建设工程； （3）玄武大道跨凯江桥梁重建工程； （4）城区防洪堤重建工程：重建城区防洪堤4段，总长度2.6千米	工程于2012年6月7日完工。2012年6月21日完成初验。整体工程于2012年8月完成竣工验收	
ZJ-C2	中江	中江县市政基础设施灾后重建补充项目土建部分	2013年5月竣工	
ZJ-S1	中江	中江县市政基础设施灾后重建补充项目设备部分	整体工程于2013年4月竣工	

续表

合同编号	所在地区	合同工程量	完成情况	评价分析
LJ-W2	罗江	（1）秀水河水源地取水井及输水管线安装工程：在秀水河水源地建3口"大口井加渗渠"，1口"大口井"及水泵房作为补充取水水源；水源地至县城自来水厂的原水输水管道，全长3 000米； （2）白马关自来水输水管道工程； （3）配水管网工程	工程于2012年10月完工，并于2012年11月16日完成初验	
LJ-C1	罗江	罗江县3条道路及沿线排水管网工程： （1）南新区凤凰大道； （2）城东天台湖东岸银发产业路； （3）白马关片区凤雏路环山路	整体工程于2013年4月完成竣工验收	
LJ-W3	罗江	新建金山镇污水处理厂1座，设计规模5 000立方米/天，循环式活性污泥法工艺	整体工程于2013年4月已基本完成，督促业主完成配套管网建设，并组织人员完成调试运营	

三 项目贷款的特点

（一）本项目贷款体现的战略

1. 国别行业发展战略

法国开发署在华发展战略主要包括：城市可持续发展、提高能源效率、发展清洁能源、农村可持续发展、保护自然资源。自成立七十多年以来，法国开发署在全球发展中国家设立了七十余个代表处，开展扶贫与可持续发展的项目。本项目的实施有助于提高民众生活水平、发展经济、保护环境与生物多样性、普及教育、扶持农业与私营经济，这些均符合法国开发署的发展理念。

2. 本贷款项目的重点战略

（1）将关键基础设施恢复到汶川地震前的水平；

（2）在减少地震和洪水灾害脆弱性的同时，适当扩大服务设施规模；

（3）强化地方政府管理震后恢复重建项目的能力。

（二）本项目贷款的主要特点

由于本项目是地震灾后恢复重建项目，时间紧任务重，亟须在较短时间内修复损毁的基础设施。因此，为加快本项目建设进度，项目采用了设计施工总承包模式（DB、EPC）。同时为加强对设计施工总承包的管理，对项目管理采用国际咨询公司和国内监理公司组成咨询服务联合体进行项目管理和施工监理的工作，可以充分发挥国际咨询公司丰富的国际项目管理经验和专业能力，以及施展国内监理公司熟悉国内法律法规的特长，从而做到了优势互补，最大限度地发挥了其作用。实践证明，这种模式对于整个项目的圆满完成起到了关键作用，保障了DB/EPC模式在国内成功推广及应用。

四 项目的产出和成效

（一）项目的主要产出

（1）大邑县：重建道路10.48千米；重建防洪堤4.41千米。

（2）彭州市：重建道路37.64千米；重建供水站3座，输水管线11.5千米。

（3）德阳市：新建取水管道20千米和取水能力11.33万立方米/天的取水头部；新建一座处理规模10万立方米/天净水厂。

（4）广汉市：重建道路3.1千米，重建桥梁2座；扩建一座处理规模5万立方米/天的净水厂，新建输配水管道5.3千米；新建一座处理规模5万立方米/天的污水厂。

（5）中江县：重建道路4.83千米，重建桥梁2座；重建河堤2.6千米；新建截污干管14.1千米，垃圾转运站1座。

（6）罗江县：重建供水管网41千米，加压泵站和高位蓄水池各1座；新建秀水河水源地取水井3口；重建道路10.6千米；新建一座处理规模0.5万立方米/天的污水厂。

（二）项目的成效

1. 对项目所在地的影响

本项目对于四川当地灾后经济发展具有重大意义。项目的实施对于扩展城市空间、改善区域交通状况、保护当地生态环境、提高居住环境质量和改善城市形象都发挥了积极作用，也将极大程度改善四川当地的投资环境。通过大力发展四川的旅游产业，促进当地经济社会的可持续发展，加快灾后重建的进程。本项目的实施，提升了城镇形象，带动了旅游和相关产业的发展。无论从灾后重建的重要性，还是城镇的发展需求，甚至从改善城镇环境状况来讲，都具有十分显著的社会和经济效益。

2. 对项目所属行业的影响

（1）区间路网的完善将改善项目城市的交通和投资环境，有利于当地社会经济的快速恢复和发展，提升城镇形象。

（2）交通基础设施的改善将极大地推进道路沿线旅游产业链群的快速形成和发展，是当地旅游产业健康和持续发展的必要保障。

（3）河堤整治工程极大地改善了河道滨水环境，为城区居民提供了休闲去处，加速了城区旅游业的发展。

（4）供水设施的建设提高了灾区城镇供水的安全性，使居民饮水健康得到保证，也加快了城镇化建设的步伐。

（5）污水处理项目的建成运营，改善了当地居住环境，对提高人民群众生产生活水平具有十分重要的意义。

（6）项目的成功实施强化了当地政府管理震后重建项目的能力，积累了外资贷款项目的实施和管理经验，为今后进一步引进外资贷款项目打下了坚实基础。

五 项目的总结思考

（一）项目创新亮点及进一步优化的思考

在项目实施过程中，本项目充分利用外资项目管理创新的特点，借鉴国外项目管理先进理念，同时结合灾后重建项目要求，采取了一些新的建设模式和合同分包方式，并取得了良好效果，主要体现在：

1. 采用设计施工总承包方式节约建设资金，减少实施期间的合同变更频次，提高了项目管理能力

为了保证灾后重建项目的质量，减少中间环节并加快建设进度，四川省项目办经与法方、项目业主充分沟通并经国家发改委、财政部及相关部门批准，采用设计施工总承包方式将项目建设内容共分为12个合同包。这是国内利用外国政府贷款在城镇市政基础设施建设领域首次采用设计施工总承包方式建设的项目，该方式不仅有利于规避采购和实施过程中项目管理的风险，同时也有利于提高工程质量、有效控制投资。经招标，本项目共节约贷款资金约1 560万美元。

与传统分包模式相比，采用设计施工总承包模式通过内部合作与深度交叉，减少外部协调环节，缩短建设周期，从而降低运行成本；通过全过程的质量控制，克服非专业机构实施项目管理的弊端，既保证了工程质量，又提高各利益方的效率和效益，同时减少了合同变更及索赔，有利于提高设计管理质量。

2. 工程管理与施工监理无缝衔接是对传统项目管理模式的创新

本项目采用了国际咨询公司和国内监理公司相结合的工程管理和施工监理模式，既符合中国国情又能与先进的国际工程管理接轨。这种模式能够打破业主在项目运行不同阶段与所需雇佣的不同工程师之间的交流壁垒，在项目的规划准备、设计和实施过程中使工程师的技术能力、职业信誉贯穿始终并融为一体，从而使业主的投资在技术经济、工程质量、经济效益、环境效益、社会效益等方面达到项目规划时的既定目标。同时通过规范现场监理的权限减少国内工程监理的不规范行为。

3. 运用动态管理机制加强项目管理的时效性

本项目具有外资贷款和灾后重建的双重意义，且灾后重建的进程和成果备受国

内外关注。从项目实施起，四川省城建环保项目办除按照法开署贷款项目操作手册要求，按时向外方提交半年报外，还建立起了每月定时向四川省内相关部门提交月报的制度，便于发改、建设、财政、审计等部门及时掌握项目最新进展情况，统筹计划与管理；同时，四川省城建环保项目办还建立起与国际咨询公司召开周例会制度，建立风险评估系统，并从工期、质量、安全、投资控制等方面加强项目管理，追踪项目最新动态，了解项目存在问题并及时商讨解决方案。

（二）项目不足之处及进一步改进的思考

在本项目实施期间，国内还未开始广泛采用设计施工总承包模式进行工程建设，而法开署此前也没有相应的招标范本。因此，招标文件和合同条件都是完全套用国际咨询工程师联合会（FIDIC）的相关合同和招标范本。虽然总体来看在国内是一次成功的尝试，为后续国家大力推广设计施工总承包方式积累了经验，但由于当时国内对设计施工总承包的建设管理程序、法律法规都还不够完善，导致了项目执行过程中对合同变更和索赔产生争议。随着国内设计施工总承包模式的进一步普及和规范，此类问题逐步得到了解决。

陕西省

云南省

贵州省

26. 世界银行贷款贵州文化与自然遗产保护项目

一 项目介绍

（一）基本信息

项目建设内容包括基础设施建设、古建筑维护、民居修缮、村寨环境治理、非物质文化遗产保护和旅游发展能力建设等，具体归为4大类别，即：少数民族文化遗产保护、自然遗产和景点保护与开发、旅游门户城镇设施、能力建设和项目实施支持（见图26-1、表26-1）。

图26-1 贵州文化与自然遗产保护项目

资料来源：贵州省财政厅。

表26-1 项目基本信息

项目名称	世界银行贷款贵州文化与自然遗产保护项目
所在地区	贵州省
行业领域	旅游
项目参与方	原贵州省旅游发展委员会（旅游局）
项目主要内容	（1）少数民族文化遗产保护； （2）自然遗产和景点的保护与开发； （3）旅游门户城镇设施建设； （4）能力建设和项目实施支持
项目当前阶段	完工
多双边贷款机构	世界银行
贷款所属类型	投资贷款

（二）项目融资信息

项目总贷款为6 000万美元，最后使用贷款到账数为5 916.80万美元。

（三）项目评级信息

世界银行对本项目完工情况评级为"满意"。

二 项目贷款的实操流程

"世界银行贷款贵州文化与自然遗产保护项目"（即"贵州省文化、自然遗产地基础设施建设项目"）是2002年由贵州省发改委从支持旅游业加快发展的角度向国家发改委提出的项目。2004年，国家发改委在发改外资〔2004〕2074号文件中将本项目列入国家多年度贷款规划中。贵州省政府安排本项目"由贵州省发改委牵头、财政厅监督、旅游局组织实施，项目办设在旅游局"，并于2005年6月原则通过《世界银行贷款贵州文化及自然遗产地保护基础设施建设项目建议书》，标志着本项目立项工作的完成。

2006年，根据贵州省政府黔府办发〔2006〕104号文件，成立了由时任分管旅游的副省长为组长，省发改委、财政厅、旅游局、民宗委、国土厅、建设厅、交通厅、水利厅、林业厅、文化厅、环保局、扶贫办等部门相关负责人组成的世行项目领导小组。领导小组下设办公室，办公室设在旅游局。项目所在的市（州、地）和县（市、区）也先后建立项目领导小组及办公室。各级世行项目领导小组及办公室的成立，为项目的推进提供了组织保障。

在历经立项、准备、评估、谈判、提交董事会这几个阶段后，2009年6月26日，省委常委、省人民政府副省长代表贵州省与世界银行签署本项目的《项目协定》，并于2009年9月16日生效。本项目实施地点主要涉及安顺市、黔东南州、黔西南州三个市（州）内的16个县（市），包括省旅游局、贵州师范大学在内共计22个子项目。

项目计划关账期为2016年6月30日，经中期评估，将实际关账期延迟到2017年6月30日。

三 项目贷款的特点

（一）本项目贷款体现的战略

1. 国别行业发展战略

贵州省"十一五"规划（2005~2010年）确立了加快旅游，特别是乡村旅游开发步伐的战略，将旅游开发作为经济结构调整和扶贫的重要手段。本项目既符合我国"十一五"规划提出的优先发展文化遗产保护的政策，以及"十二五"规划提出的促进区域协调发展和提高生态文明水平的战略，也符合世界银行《2006~2010年国别伙伴战略（CPS）》中强调的"减少贫困、不平等和社会排斥""管理资源稀缺和环境挑战"等重要任务。

2. 本贷款项目的重点战略

项目旨在通过加强旅游业和更好保护文化、自然遗产，增加当地社区的经济收益。通过改善乡村基础设施、修缮传统民居、加强传承传统文化技能（如传统歌舞、手工艺品）、培训旅游操作实践技能(如导游、旅游服务、酒店业务)，促使项目所在村寨的居民成为旅游发展的直接受益人，参与到旅游所带来的经济创收机会中，增加经济收益。

（二）本贷款项目的主要特点

（1）项目基层参与度高、归属感强、管理公开透明。项目建设内容主要在村寨，以社区参与的方式实施，通过社区动员，由村民选举产生村项目实施小组及监督小组，成立旅游、民族文化保护等协会，使村民参与到项目设计、实施和监督过程中。其目的是增强项目管理的公开透明度，使村民产生归属感，增强村寨自我管理、自我发展的能力。

（2）项目综合性强、涵盖面广、成效多种多样。本项目是一个综合发展项目，以帮助当地百姓脱贫致富为目的，以可持续旅游发展为手段，以保护环境、文化传承、社区发展为依托。项目实施涉及基础设施建设、文化遗产保护、村民能力建设、非遗文化传承等软硬件内容。项目地点分布广泛，以村寨社区为基础，涵盖自然景区、文化古镇、地质公园等不同类型地点。

（3）项目组织结构健全、监督机制完善。项目执行的组织机构从省一级一直延伸至村寨一级，除了省、市（州）、县各级建立项目领导小组，下设项目办外，还在各项目点村寨建立村项目实施小组及监督小组。

四 项目的产出和成效

（一）项目的主要产出

1. 实物类产出

在基础设施方面：18个项目点村寨建成约142千米道路（进寨道路、步道）、56千米排水渠道、38千米供水管道、2 780立方米污水处理池、8个停车场（21 620平方米），安装900个垃圾桶、421个消防栓、4 370个指示牌，修建31个公共厕所。

在景区建成关岭国家地质公园游客服务中心（2 539平方米）、1个停车场（5 000平方米）、大型鱼龙化石陈列馆，并完成公园的绿化。在万峰林建设完成160千米的步道和自行车道系统。在杉木河景区修建两个停车场、垃圾清运系统及电子监控系统。

在服务设施方面：修建完成9个村镇级5 170平方米的游客服务中心，3个18 063平方米县级游客服务中心，1个15 206平方米省级中心。

在对传统民居和文物修缮方面：修缮传统民居1 040户，建设29栋示范民居，修复安顺旧州古镇的天主教堂、清元宫、关岳庙等；修复黄平旧州古镇的天后宫、天主教堂；修复锦屏隆里古镇的状元祠、真武寺、书坊桥等；修复施洞两湖会馆、张佰修公馆、刘家祠堂；修复天柱三门塘刘氏宗祠、古碑群。

2. 非实物类产出

（1）保护和传承非物质文化。在突出传统技艺传承的村寨开展非物质文化保护和传承，向来自村寨的3 215人提供传统技艺培训，向650名旅游从业人员提供旅游管理主题培训。在贵州师范大学实施的省级项目中，对1 800名学生进行了文化旅游理论和实践方面的培训。

（2）创造村民就业机会，提高收入和文化保护意识。在项目施工期间为当地村民创造了就业机会和收入，提高当地村民对自身文化价值的保护意识，项目建成后，实施点游客数量和旅游业相关收入有所增加。

（3）扩大贵州美誉度和影响力。本项目下的"三门塘刘氏宗祠保护与修复项目"获得了2016年联合国教科文组织亚太地区文化遗产保护荣誉奖，世界银行管理层、联合国教科文组织以及其他国际组织也因交流项目经验多次访问贵州，扩大了影响力。

（二）项目的成效

（1）世行资金对大部分贫困县而言，可谓是"雪中送炭"，帮助当地解决之前无法推进的小型民生基础设施建设，如排水沟、消防池等。6 000万美元分到18个项目点，起到了"四两拨千斤"的撬动作用，世行项目引领了近4亿元国内资金投入建设，也使安顺旧州、锦屏隆里这两个古镇成为新兴的旅游城镇。

（2）世行项目通过改进村寨道路体系、供给水系统，建设排污管道，修缮民居，使村寨整体变得干净整洁卫生，改善了村民的居住环境，给当地老百姓带来实在的利益。

（3）世行项目进一步突出了贵州"旅游脱贫"的效果。主要项目点的年度旅游人数大幅增长，从2008年的50万人次增加到目前的400万人次；从事旅游业的村寨村民收入明显提高，2009年雷山县的干荣村村民年平均收入每人1 450元，到了2014年底，增加到每人3 208元；通过民居修缮、作坊修缮和深度非遗等社区项目实施，村民参与旅游发展的积极性大大提升，在丹寨县石桥村，造纸户由原来的26户提升到40户。

（4）世行项目首先采用社区参与方式，由村民自发地成立相应的非物质文化小组，开展相关活动，让其以主人翁的姿态参与本项目，促进了村民对自身文化的认可，增强了当地农民自主管理和脱贫致富的能力；其次县项目办组织相关的非物质文化传承培训，全面提升了村民的业务技能；最后以造纸为主的石桥村、以银饰制作为主的施洞及以侗族刺绣为主的黎平县两个村寨，通过引入非政府组织（NGO），将非物质文化遗产向外界进行推广。

（5）世行项目执行期间，每年举办关于世行财务报账、招标采购、工程管理、工程建设国内相关规定方面的培训。大量的培训和世行项目的实际操作，培养了一批熟悉世行贷款项目规则、土建工程流程、项目管理等方面的人员。

（6）世行项目带来项目管理理念上的改变，与以往国内项目只注重建筑单体、忽视对功能和营运考量不同，世行项目不仅强调建筑物的建设，还强调功能及后续维护管理等一系列完整运营体系，迫使各项目点对实施内容的后续维护运营等进行深入的思考。

（7）世行项目促进了各厅局和各方力量的合作。在乡村旅游发展方面，世行项目整合了省文保局、住房建设厅的力量，一批关注乡村建设的设计师、志愿者也参与其中，共同推进乡村建设。同时，世行项目也为关注乡村发展的学者提供了样本分析，并为各方经验的汇总打下基础。

五 项目的总结思考

（一）项目创新亮点及进一步优化的思考

（1）项目直接投资少数民族村寨，通过对包括人行步道、排水系统、环境卫生和固体垃圾管理等基本基础设施的修建改善，促使村寨居民生活水平得以提高，改善村寨环境的同时带来更多旅游机会，使村寨居民从旅游开发中获益。

（2）项目建设涉及民居修缮部分，在组织实施时按照社区参与方式进行。通过村民选举产生村项目实施小组、旅游、民族文化保护等协会，使项目在村里的知晓率达到80%以上，促进了当地村民以主人翁的姿态去了解和参与项目，增强了当地村民自主管理能力。

（3）项目始终贯穿文化遗产与自然遗产保护的理念。实物类产出方面，不管修复建筑是否属于文物范围，在修复过程中都遵从世界文化遗产保护"真实性、完整性"的原则，坚持使用传统材料和施工工艺，使其得到真实、合理、有效全面的保存。在注重对当地典型建筑的保护同时，加强对非物质文化遗产的保护和传承，所有项目村寨都成立了非遗小组，开展书籍整理和光碟制作等活动。为积极探索适合地方村寨的非遗保护发展路径，还分别在丹寨县、台江县和黎平县引入专业社会组织，从系统性、专业性和参与的广泛性方面深度开展非遗项目。

（二）项目不足之处及进一步改进的思考

（1）项目设计规划全局性不足，整体效果不突出。本项目涉及安顺市、黔东南州、黔西南州三个市（州）内的16个县（市）、17个村寨和4个古镇，以及省旅游局和贵州师范大学两个省级单位，执行地点分布广、设计涵盖的建设类别多、程序复杂，尤其是一些项目村寨地处偏远，交通极为不便。项目包括道路、排污、新建示范民居或接待中心、民居维护修缮、古文物建筑维修保护等各类基础设施的工程建设，以及开展非物质文化遗产传承、培训及咨询服务等活动，项目内容复杂。土建工程项目既要满足国内基建程序也要符合世行要求，在村寨实施的项目还将按照世行要求的社区参与方式推进，组织实施工作十分繁杂艰巨。这些困难未在项目申报阶段给予考虑，最初项目申报采取"自下而上"的方式进行，项目点和项目内容的提出主要是从当地出发，未从全省全局的角度进行整片发展的通盘考虑，使得项目点分散，整体效果不突出。

（2）专家意见角度不同、存在差异，应建立统一决策机制。项目期望达到经济发展、社会管理、遗产保护等多项目标，在这些目标的指引下，专家们对项目的指导意见不一，有时甚至相互矛盾，导致在项目执行时项目实施单位无所适从。对于村寨小型基础设施建设，社区发展专家强调应该由当地村民自行确定，项目的执行内容应具有不确定性，而采购专家要求工程建设的内容必须明确；对于民居修缮，社区发展专家强调要尊重村民民主权利和受益户屋主的意见，按照他们的意见自选施工队或个人来进行修缮，但文化文物专家则认为当地村民施工队或屋主并未了解自身民居的文化保存价值，完全照着村民和屋主的意见对于民居修缮反而造成破坏。因此，在项目目标设定及项目内容设计阶段，应充分考虑各目标设定有可能带来的不同理念的冲突及相应的解决机制。

（3）项目规模小、分散程度高，应注重打包联合推进。项目分散到各县，使得各县的项目建设规模较小，难以吸引有影响力的设计院，使得各地设计时间和质量保证方面难度大。为了保证设计质量，对一些重要的项目应联合打包进行设计。

甘肃省

陕西省

云南省

27. 世界银行贷款云南学前教育发展实验项目

一 项目介绍

（一）基本信息

项目建设内容包括在5个州（市）新建县示范幼儿园15所；在农村偏远山区建立了30个农村社区幼儿班；在曲靖市沾益区建立了3个农村小学附属幼儿园；在云南师范大学、昆明学院、昭通学院三所高校建立学前教育研究与师资培训基地，包括在昆明学院和昭通学院两所高校新建2个实验示范附属幼儿园和一个特殊教育康复中心。（见图27-1、表27-1）

图27-1 云南学前教育发展实验项目

资料来源：云南省财政厅。

表27-1 项目基本信息

项目名称	世界银行贷款云南学前教育发展实验项目
所在地区	云南省
行业领域	教育（学前教育）
项目参与方	省级及项目实施地区教育、发改、财政部门
项目主要内容	项目由云南省5个州（市）7个县（区）和3所省内高校共同实施，项目主要建设内容包括：县级示范幼儿园、农村社区幼儿班、小学附属幼儿园和一所特殊儿童早教中心建设和设备配置，以及项目院校学前教育研究中心和教师培训中心建设；幼儿教师、保育员、管理人员等在职培训；并通过政策研究、质量标准制定和试点、科学育儿方法推广等活动，推动云南省学前教育管理体制和投入机制的改革，进一步提高学前教育的管理水平，探索农村地区的学前教育服务模式，构建利用多种有效手段扩大优质学前教育资源覆盖面的有效机制，逐步缩小区域、城乡差距，促进教育公平，最终实现云南省特别是农村地区的学前教育覆盖率和学前教育质量的提高
项目当前阶段	在建项目
多双边贷款机构	世界银行
贷款所属类型	投资贷款

（二）项目融资信息

项目总贷款为5 000万美元，截至2021年5月，项目已提取贷款约3 915万美元。

（三）项目评级信息

截至2021年5月，世行对本项目绩效指标结果框架（IPO）、项目整体实施进度（IP）2项实施评级均为"满意"。

二、项目贷款的实操流程

2013年9月，云南省向国家上报了云南学前教育发展实验示范项目申请书，申请将本项目列入国家备选项目规划清单。同年，云南省教育厅和世界银行联合举办了云南学前教育国际研讨会，云南省相关各级部门与世行共同根据云南学前教育发展状况，聚焦世行贷款学前教育项目的选题、论证、设计等，总结经验、分析问题，共同探讨云南学前教育事业未来发展的对策与建议。2014年12月，云南学前教育发展项目列入《国家发展改革委财政部关于利用世界银行贷款2015~2017财年备选项目规划》（发改外资〔2014〕2284号）。

2015年5月，世界银行代表团对项目进行了鉴别：制定项目发展目标、范围、项目活动内容、项目监测评估、质量保障体系，以及农村学前教育服务模式试点等。同年9月，世界银行代表团对项目进行了预评估，在曲靖市沾益县项目点进行了实地调研考察，进一步完善项目设计，完成项目涉及县（市）和高校项目逻辑框架、结果框架及绩效指标基线值的制定和修改。2016年5月，项目通过世行的正式评估。

本项目的实施历经三轮谈判：2016年11月，与世界银行完成谈判；2017年3月，财政部与省政府签订贷款协议和项目协议；2017年6月，世行学前项目正式生效，项目协议利用世行贷款5 000万美元，转贷期限为33年（含5年宽限期）。

三、项目贷款的特点

（一）本项目贷款体现的战略

1. 国别行业发展战略

本项目是世行国别战略的具体体现。其立足云南学前教育领域起步晚、基础弱的现状，聚焦城乡教育发展不平衡，矛盾突出的问题，在农村边远山区建立跨部门合作管理体制，依托当地已有资源，建立贫困幼儿早教点，为农村贫困幼儿提供接受学前教育的机会，同时着力推动办园体制、学前教育体制、师资培训与保障体制改革，给予进城务工随迁子女、农转城人口子女平等共享城市优质学前教育资源提供了机会，以提升学前教育质量、扩大教育覆盖面等为抓手，助力优质教育机会不平等、贫困代际传递等问题的解决，这与世行国别战略中关注消除贫困、共享经济增长效益，实现均衡发展的重点战略相一致。

2. 本贷款项目的重点战略

本项目落实国家与云南省中长期教育改革和发展规划纲要的具体方案。2010年7月，国务院颁布《国家中长期教育改革和发展规划纲要（2010~2020）》，将学前教育列为今后10年教育事业八大发展任务之一专章部署，提出了2020年基本普及学前教育的目标和"重点发展农村学前教育"的任务。同年，云南省围绕国家整体纲要，立足地区实际，发布了《云南省长期教育改革和发展规划纲要（2010~2020）》提出：以基本普及学前三年教育为目标，全面提升学前教育的整体水平。到2020年，经济较发达地区基本普及学前三年教育，经济欠发达地区基本普及学前一年教育，有条件地普及学前两年教育，重视0~3岁婴幼儿教育的细化目标。

（二）本贷款项目的主要特点

（1）对象：本项目由云南省5个州（市）7个县和3所省内高校共同实施，主要受益对象为农村贫困幼儿、贫困家庭、贫困地区幼儿教师、本省设有学前教育专业院校及相关科研人员。

（2）期限：贷款期限33年（含5年宽限期），项目建设期为2017年1月至2021年12月，共计5年。

（3）利率：贷款利率为世行浮动利率（6个月伦敦同业银行拆借率+利差），平均利率在2.4%~3.7%。贷款债务类型为混合型贷款。

（4）抵质押与担保情况：5州（市）7个项目县债务为政府负有偿还责任贷

款，由执行项目的地方政府负责偿还；省、州、县财政分别向上级财政部门出具了还款担保承诺函。2所省属高校债务为政府负有担保责任贷款，由高校筹措自有资金偿还。

（5）项目贷款类型：投资贷款。

（6）提款方式：预付款（周转金）方式提款。

（7）管理方法：

项目由教育、发改、财政三部门，根据职能职责共同协作开展。云南省发展与改革委员会为投资主管部门，主要负责项目立项审批和资金申请报告的审核上报工作，项目准备和实施过程中的重大决策。省财政厅及各级财政局承担项目账户的开立和管理，管理项目资金，检查和批准项目实施所需的融资需求，监督审查项目资金的使用，确保项目实施所需资金的有效使用，及时准备提款申请和报销项目支出报账。

项目具体由云南省教育厅统筹协调实施，并成立了由厅长挂帅，分管厅领导为副组长，多部门（处室）参与协作的项目领导小组，省项目办设置在云南省教育厅外资贷款办公室。项目办公室，配备6名专职人员，包括主任及副主任各1名、14位项目管理官员及教育专家。为确保项目提供有质量的技术保障，省项目管理办公室还建立了省级专家队伍，提供技术支持。

项目执行机构为云南师范大学、昆明学院、昭通学院、巍山县、漾濞县、洱源县、沾益区、西畴县、巧家县、建水县教育局。项目单位均设立了项目办公室，并下设教育培训工作组、基建工作组、采购工作组，负责项目的组织、协调、指导、管理。

四 项目的产出和成效

（一）项目的主要产出

1. 实物类产出

（1）本项目在昭通市、曲靖市、红河州、文山州、大理州5个州（市）新建县示范幼儿园15所，为全省2020年三年毛入园率达到88.79%奠定了基础。

（2）本项目在农村偏远山区建立了30个农村社区幼儿班，推进当地农村地区的学前教育，进一步探索农村地区的学前教育服务模式，完善贫困地区早期儿童教育服务网络。

（3）本项目在曲靖市沾益区建立了3个农村小学附属幼儿园。近1 500个农村边远地区的孩子解决了上园难问题，切实改善学前教育发展不均衡，农村、特别是偏远山区、少数民族地区学前教育资源匮乏、适龄儿童入园难的现状。

（4）本项目在云南师范大学、昆明学院、昭通学院三所高校建立学前教育研究与师资培训基地，其中，昆明学院和昭通学院两所高校新建2个实验示范附属幼儿园，一个特殊教育康复中心。

2. 非实物类产出

本项目作为实验示范项目，项目下7个县（区）不同程度享受到国家和本项目的帮助，学前教育事业得到一定的发展。本项目的实施以规范优质幼儿园建设为基础，将为云南学前教育的管理体制、投入机制的进一步深化改革，为学前教育教学、科研、培训体系的建设和偏远农村学前教育服务体系和机制的建设提供借鉴。截至2020年底，共计完成项目县各类培训（在职教师、教辅人员和管理干部）5 586人次。

（1）建立省级学前教育质量保障体系（含0~3岁学前教育机构质量标准研发、3~6岁幼儿园综合评价、学前教育持续性政策研究及融合教育研究中心等）。

（2）通过分析云南省学前教育政策与学前教育事业的发展，在总结国内外学前教育政策经验的基础上提出对云南省学前教育政策发展的启示与建议，2018年和2019年形成的成果产出分别是：《国内外学前教育政策研究报告》《世行贷款云南学前教育发展实验示范项目沾益区亲子共享阅读项目质量提升咨询报告》《2019年国内学前教育政策研究报告》，同时项目下产出的政策建议在《云南省学前教育行政管理办法》《云南省示范幼儿园办园水平综合评价方案（试行）》中被采纳。

（3）实施亲子（共享式）阅读项目。亲子共阅项目是通过对农村幼儿家长进行亲子共享阅读干预，提高参与此项目活动幼儿的阅读能力、语言表达能力、认知和社会交往等能力，参与此类活动的儿童知道更多词汇，具有较好的认知能力，对书籍更感兴趣，且将来会成为更好的读者。截至2020年底该项目为2个公办幼儿园、30个农村民办幼儿园幼儿教师开展亲子阅读培训102人，直接受益儿童人次2 946人。

（4）本项目将迈出云南省探索多部门合作共同提高0~3岁早期教育公共服务的第一步，为云南省提供制定0~3岁早期教育管理与发展的政策依据，从政策研究层面填补云南省管理0~3岁早教机构、发展0~3岁早期教育的空白。项目下将开展0~3岁早教机构准入标准的研究并完成《云南省发展0~3岁早期教育咨询报告》。

（5）多渠道开展国际交流合作，促进云南与周边国家的学前教育共同发展。2017年1月举办首届农村学前教育可持续发展国际研讨会，以学术报告、专题讨论和参观幼儿园等形式，围绕如何提高农村学前教育覆盖率、提升学前教育质量、加强评估工具的应用等开展了学术交流与经验分享。2019年9月，举办学前教育发展知识分享国际研讨会，为探索世界银行与云南省教育厅之间继续合作的模式提供良好的机会。

（6）借项目之力，云南师范大学获得全省首家高校设立学前教育博士点，逐步建立起本硕博一体化的学前教育人才培养体系。

（7）昆明学院编写的《3~6岁特殊儿童保育工作指导手册》《融合教育活动设计与指导》《学前特殊需要幼儿康复训练》《学前融合教育个别化教育计划拟订与实施》等四本学前融合教育的实用指导教程，计划2021年出版。

（8）教育部办公厅发布了《关于公布2019年度国家级和省级一流本科专业建设点名单的通知》（教高厅函〔2019〕46号）和《关于公布2020年度国家级和省级一流本科专业建设点名单的通知》（教高厅函〔2021〕7号），昆明学院、云南师范大学学前教育专业先后成功入选"双万计划"国家级一流专业建设点。

（二）项目的成效

1. 对项目所在地的影响

（1）项目县学前教育事业得到大力发展，学前三年毛入园率从2016年的59.73%提升至2020年87.56%，超过年度目标21.56个百分点。

（2）截至2020年底，项目合计直接受益儿童15 955人，其中女童7 728人，受益女童比例为48.44%，已完成年度目标和最终目标。

（3）项目县（区）通过培训获得幼儿教师资格证、保育员证、园长证、保健员和保健医证的幼儿教师和教辅人员数为3 999人，持证比例达到71.2%。得益于项目对教师持证培训的支持，项目县教师持证比例呈上升趋势。

（4）截至2020年底，本项目共完成新建及翻建12个幼儿园，共计171个班级，其中小班45个，中班47个，大班49个。巍山县和巧家县共建成农村社区幼儿班30个。家长较高的满意度也反映出项目高质量的服务。

（5）2020年7个项目县（区）均开展为期2天以上的培训，农村园和民办园幼儿教师参加培训的累计平均比例为98.0%。

（6）项目涉及3所高校组织学前教育专业教师国内外培训共计1 157人次，其中，昆明学院1 047人，昭通学院43人，云南师范大学67人。

2. 对项目所属行业的影响

本项目的大多数幼儿园已经开始招生，因此所有的相关评价指标均超过了项目所设定的2019年中期目标。就项目质量而言，学生和教师的总体比例已经超过了预期水平。各项目大学也提供帮助，确保在项目中期能实现儿童学前教育领域的毕业生就业率和拥有高级学位教师的招聘目标。同时，儿童学前教育政策和工具包的研究工作也在进行中，其中包括：专为0~3岁儿童服务的机构标准，特殊学前教育指南，为农村从事学前教育的教师提供的培训工具包，为少数民族儿童设计的双语儿童读物，以及儿童发展测量工具。所有这些都有助于为学前教育的发展创造一个有利环境。

3. 对项目相关方的意义

对云南的意义，除了支持项目县的工作，本项目还旨在提高云南在学前教育管理方面的制度能力，并已在项目中期取得了重大进展。在本项目的支持下，新的省级机构服务质量标准（试行版）于2018年11月发布，本项目的省级政策至今已应用于108所幼儿园。在接下来的项目期内，该试行质量标准将会得到进一步完善，以便在全省范围内推广应用。与此同时，项目还支持了《云南省学前教育管理办法》的研究，这项政策也已获云南省政府批准。云南省毗邻东南亚和南亚，在项目支持下云南师范大学将建设成为中国面向东南亚和南亚的"区域学前教育知识中心"，目前已经为来自东南亚和南亚的学前教育政策制定者举办了两次培训班。

对世界银行的意义，本项目是世行首次贷款支持中国儿童早期教育的项目，项目的实施将为世行下一步在帮助各成员国解决诸如农村和较贫困地区、国家儿童早期教育和基础教育的机构能力提升，针对留守儿童和特殊需求儿童的政策研究、成熟的高素质教学力量的体制机制建立等一系列改善儿童早期教育和技能发展项目质量方面，提供一些案例经验，以协助世行更好地为各成员国继续贡献更多科学、系统、有效解除制度束缚、共享经济增长成果的实践方案。

五 项目的总结思考

（一）项目创新亮点及进一步优化的思考

（1）管理模式新。以规范优质幼儿建设为基础，改革创新学前教育管理体制和投入机制；通过建立云南省学前教育研究与师资培训基地，促进学前教育科研和师资培养的改革创新，探索解决教师编制不足的问题；通过建立农村偏远山区早期教育指导和服务体系，完善贫困地区早期儿童教育服务网络项目；通过在项目州市贫困农村开设社区幼儿班、设立农村幼儿园，切实改善当地农村偏远地区学前教育发展不均衡、学前教育资源匮乏、适龄儿童入园难的现状。

（2）内容设计新。为了将项目内容与项目绩效目标、实际需要更紧密的结合，探索研究项目内容创新设计，致力于提高项目成效。通过实施亲子共享阅读干预子项目，对农村幼儿家长进行亲子共享阅读干预，提高幼儿的阅读能力、语言表达能力、认知和社会交往等能力，为省内其他农村地区提供宝贵的幼儿教育经验；通过研究设计0~3岁早期教育发展方案，迈出多部门合作支持0~3岁早期教育公共服务的第一步，为云南省相关教育机构管理和发展政策提供了理论基础、填补了政策空白。

（3）知识合作新。通过利用世界银行贷款，引入了国际先进招标采购机制，推动项目招标采购工作更加公开、透明、规范。同时，学习了项目财务管理新模式，凸显财务参与的重要性，强化了项目资金监督管理。此外，项目各参与方获得更多机会"走出去"开阔视野、打开思路，学习国际先进理念，同时，也"请进来"国外专家队伍、丰富的国际经验和深厚的智力资源，对促进学前教育交流合作发挥了积极作用。

（二）项目不足之处及进一步改进的思考

本项目下新建幼儿园也存在诸如：编制短缺导致学生与教师比例低；教室设置方案缺乏灵活度；授课教师不太注重对幼儿创造力的引导，反而要求孩子在艺术活动中墨守成规、生搬硬套。

下一步改进思考建议：一是项目县在筹建新幼儿园时，幼儿园的设计，特别是教室的设计应向多功能发展，多方考察并咨询相关专家评估设计方案。在公费教师资源有限的情况下，应积极确保充足的师资力量；二是项目下的省级学前教育专家小组对各项目幼儿园的监测、项目活动的评估应更加深入、更具针对性；三是随着更多的项目幼儿园相继投入使用，需确保项目管理办公室和省级专家组层面的人力资源充足；四是项目管理办公室应与教育厅核心职能部门保持信息畅通，包括基础教育、民办教育和教师工作处等机关单位，从而便于项目干预，保证项目完全遵循现行政策；五是项目管理办公室应继续做好项目经验教训的总结工作，以扩大项目规模或成为政策改革的基础。项目监测评估团队很好地记录了其监督工作的全部过程，并实时将项目实施过程中发现的困难和问题反映给世行和相关省级管理部门，更加系统化的经验教训总结有助于余下项目计划的施行。

28. 亚洲开发银行贷款云南洱海高原湖泊水环境综合治理项目

一、项目介绍

（一）基本信息

项目建设内容包括项目环洱海在挖色、双廊、上关、湾桥、喜洲、大理古城新建6座下沉式再生水厂，在环洱海东岸、北岸、西岸铺设污水管（渠）约231千米，建设污水提升泵站11座，尾水提升泵站3座，塘库（梨花潭塘库）1个（见图28-1、表28-2）。

图28-1 云南洱海高原湖泊水环境综合治理项目

资料来源：云南省财政厅。

表28-1 项目基本信息

项目名称	亚洲开发银行贷款云南洱海高原湖泊水环境综合治理项目
所在地区	云南省
行业领域	环境
项目参与方	云南大理州、市、县各级政府、大理市财政局、住建局、中国水环境集团
项目主要内容	项目环洱海在挖色、双廊、上关、湾桥、喜洲、大理古城新建6座下沉式再生水厂，处理规模达到远期（至2030年）11.8万立方米/日，近期(至2020年)5.4万立方米/日，出水达到国家一级A类排放标准；在环洱海东岸、北岸、西岸铺设污水管（渠）约231千米，建设污水提升泵站11座，尾水提升泵站3座，塘库（梨花潭塘库）一个。项目建成后，服务范围达66.41平方千米，服务人口65.28万人，截污主干管居住区覆盖率达到100%，河道截污干管覆盖率达到100%
项目当前阶段	完工
多双边贷款机构	亚洲开发银行

（二）项目融资信息

A项贷款（A Loan）：1.5亿美元整；2017年5月12日签署贷款协议，已完成提款。A项贷款主要用于云南大理洱海高原湖泊水环境综合治理项目建设。项目采用国内银行贷款和亚洲开发银行贷款两种方式进行联合融资。

理洱海项目投资总额约人民币34.9亿元，除亚行贷款及股东实缴资本金外，项目实施所需其余资金由国家开发银行配套支持，融资比例不超总投资70%。

B项贷款（B Loan）：亚行批复授信额度3.5亿美元整，2020年6月23日签订的贷款协议，金额3亿美元整，由中国银行、中国建设银行及交通银行境外分行组成银团，各提供1亿美元额度，目前处于提款中。

（三）项目评价信息

A项贷款自2017年投放以来，还本付息正常，有效促进了项目的建设实施，取得了较好的经济、环境和社会效益。由于贷款投放仅三年，暂未进入亚行贷款后评价期。截至目前，项目方在亚行内部评级结果保持稳定，且在向亚行申请私营局贷款的项目方评级中位于前列。

二 项目贷款的实操流程

（一）贷款上报

通过支持新形式PPP、环境管理和包容性增长，中国水环境集团所实施项目涉及亚行与中国《国别合作伙伴战略》五大战略重点中的三个：管理气候变化与环境、支持包容性经济增长以及支持制度和治理改革。

中国水环境集团作为社会资本方，以PPP模式为政府提供综合水环境治理服务，洱海项目符合亚行上述相关战略及相关政策。中国水环境集团于2015年启动向亚行申请贷款资金事宜。

（二）多双边贷款机构尽调及评估

2015年7月，按照亚洲开发银行私营局贷款申报程序，中国水环境集团与亚行签署尽调协议，正式启动贷款前期尽调及评估工作。

2016年5月27日，在完成书面材料的初轮内部审阅后，亚行完成贷款概念书审批。

基于项目体量与复杂程度，亚行于2016年6月组建专项尽调团队，对项目方财务状况、公司管治、技术实力及存量项目情况等方面进行了更加全面深入的尽调。

亚行专项尽调团队在进行更深一步的书面材料审阅及与相关负责人访谈后，结合现场考察结果，对项目方ESG（环境、社会与治理）、技术实力与所实施项目环境与社会影响三个方面进行了评估。评估报告于2016年10月完成，该报告随后披露于亚行官方网站。

（三）贷款审批

（1）2016年10月10日，该笔贷款顺利通过亚行信贷委员会会议。

（2）2016年11月，亚行董事会正式批复对中国水环境集团共计2.5亿美元的授信额度，其中A项贷款1.5亿美元，直接使用亚行资金，B项贷款1亿美元（后增加至3.5亿美元），使用银团资金，并配套技术援助赠款26万美元。

（四）贷款实施与执行

1. A项贷款生效执行

经过多轮合同谈判，2017年5月12日，中国水环境集团与亚洲开发银行正式签订A项授信额度下1.5亿美元的贷款合同，当日生效。

A项贷款资金主要用于大理洱海项目的建设，并将于2027年12月到期。2017年12月，亚行A项贷款完成第一批次提款；2018年4月，亚行A项贷款完成第二批次提款，至此1.5亿美元贷款完成全额提款。

2. B项贷款审批调整

中国水环境集团于2019年2月向亚行申请将B项授信额度从1亿美元调增至3.5亿美元，为长江经济带实施的综合水环境治理项目储备资金。

2019年7月，中国水环境集团融资负责人赴亚行总部马尼拉，与亚行总部授信审批团队谈判授信调增事宜。

2019年11月，亚行董事会对B项贷款下1亿美元授信额度调增至3.5亿美元的申报进行正式批复。

2020年6月23日，中国水环境集团与亚洲开发银行正式签订B项授信额度下3亿美元贷款合同，并同时启动提款工作。该笔资金计划投放于陕西、贵州、四川三省所实施的水环境综合整治项目，旨在将A项贷款下所支持项目的运营知识和技术专长推广到更多城市，很好地体现公私合作（PPP）新模式的优势，见表28-2。

表28-2 陕西、贵州、四川实施的项目

项目名称	所属长江水系/经济带
陕西安康项目	汉江，长江最长支流
贵州省贵阳南明河及双龙项目	乌江，长江支流
四川绵阳木龙河项目	嘉陵江，长江支流

（五）贷款检查和评估的内容

除传统商务条款贷后检查下需中国水环境集团报送相关财务数据外，亚行关注所支持项目建设运营过程中对环境与社会的影响，中国水环境集团每年定期向亚行报送环境与社会年报，汇报项目建设运营情况；亚行环境与社会保障团队随机进行项目现场检查，并与项目所在地居民、政府官员等利益相关者进行访谈，了解利益相关者对项目实施的满意度。截至目前，检查结果均为满意。

三 项目贷款的特点

（一）贷款体现的战略

贷款评估时期正值国家"十三五"实施期间，该笔贷款符合亚行帮助中国恢复水生态系统和抵御水灾，并通过PPP模式支持中国打好水污染防治攻坚战的国别战略。

该笔贷款符合亚行管理气候变化与环境战略的环保要求。水资源管理方面符合亚行大力支持的政策，包括洪水治理、湿地保护、水资源开发，以及生物多样性和生态系统保护等。同时符合亚行的水资源政策：旨在扭转农业、工业和城市污水造成的水资源退化趋势。

亚行《水资源行动计划》将废水管理视为中国和其他快速工业化国家的行动重点。2020年，亚行的水务投资目标提高到20~25亿美元，每年另外增加5亿美元用于私营部门贷款。

不同于传统建设模式，亚行认为PPP模式项下，中国水环境集团作为特许经营权获得者统一设计和实施河湖污染防治和生态恢复综合规划项目，该项目包括众多环环相扣的环境设施和服务，尤其包括了设计和开发下沉式再生水厂，释放了我国稀缺的土地资源。A项贷款下资金直接用于支持中国西部河湖水质的改善，大理洱海的治理已见显著成效。B项贷款下授信额度的调增批复是希望将A项贷款下所支持项目的运营知识和技术专长推广到更多城市，很好地体现了公私合作(PPP)新模式的优势。

（二）本项目贷款的主要特点

（1）对象：中国水环境集团有限公司；

（2）期限：A项贷款10年，宽限期4年；B项贷款7年；

（3）利率：浮动利差贷款；

（4）抵质押与担保情况：由中国水环境集团提供全额持续性担保；

（5）提款方式：A项贷款提款期4年，可根据用款需求，申请分批次放款，该笔贷款实际情况为分两批次提款；B项贷款提款期1年，可根据用款需求分批次放款，暂未提款；

（6）管理方法：根据签订的贷款合同下相关条款，亚洲开发银行对A项贷款与B项贷款进行统一贷后管理；

（7）最终债务人：中国水环境集团有限公司；

（8）贷款的比较（见表28-3）。

表28-3 三种贷款模式

贷款类型	项目期限	资金使用类别	项目宽限期	资金使用方式	投放地区
亚行贷款	7~10年	除作为项目债务性融资资金使用外，亚行允许该资金以项目资本性资金使用	A项贷款资金提款期4年，宽限期4年	先批复授信额度，根据中国水环境集团项目用款需求，美元贷款在境外放款，以直投或外债形式投放至相关项目；亚行也可提供美元等值人民币贷款资金，可从境内直接放款	A项贷款（云南大理洱海）；B项贷款（四川、陕西、广西等）项目所在地为以上省份可使用该笔贷款资金，符合亚行支持中西部地区基础设施建设及水资源保护政策
国内商业银行项目贷款	根据单个PPP项目期限，10~25年不等	是项目债务性融资资金	结合项目建设期设置贷款宽限期，一般为1~2年	针对单个PPP项目进行授信，贷款资金转款专用	无地域限制
境外商业银行贷款	3~5年	是债务性融资资金	一般为贷款提款后第二年开始还本	综合授信额度	无地域限制

亚行贷款特点：亚行与一般商业银行不同，除提供融资资金外，还关注项目方本身的技术实力，以及所支持的项目在治理中的提升空间。因此，亚行私营局贷款均会配套提供技术援助赠款，由亚行组建技术援助专家团队对项目进行实地调研并出具评估报告，以论证项目方技术实力以及是否有可提升的空间，并出具相关解决方案；亚行在评估ESG管制体系后会针对性地提出改善建议，协助项目方提高管制水平。此外通过贷款合作，项目方充分学习和借鉴了亚行的先进管理理念和技术方法。

（三）本项目贷款所属类型

本贷款属于投资贷款（项目贷款）。

四 项目的产出和成效

（一）项目的主要产出

1. 实物类产出

A项贷款下支持项目已全面运营。

大理洱海项目主要产出为建成6座高品质下沉式再生水厂，231千米污水管（渠）11座污水泵站，3座尾水泵站，1座生态塘库，每年可减少从洱海"抽清排污"2 000万吨。

几年前的洱海，蓝藻肆意生长，水质急剧恶化；经过系统治理，洱海生态环境有了极大的改善洱海水质自2016年项目开工5个月Ⅱ类、7个月Ⅲ类。2019年，洱海水质稳定保持Ⅱ类7个月、Ⅲ类5个月；2020年，1~5月洱海水质稳定保持Ⅱ类、六月Ⅲ类。蓝藻水华滋生势头得到了有效控制，近岸水域感观转好，湖内水生态发生积极变化，全湖水生植被面积达到32平方千米，占湖面的12.7%。洱海的抢救行动取得了阶段性成果。

2. 非实物类产出

配套A项授信，亚行向中国水环境集团提供技术援助赠款26万美元，以帮助其提升污水处理标准，改善污泥管理水平，并提高污水处理过程中的能效；亚行拥有独立且强大的环境与社会保障团队，结合亚行的选择性影响投资政策，亚行支持项目方对已有环境与社会管理体系进行提升及完善，并强化项目方业务对环境和社会的积极影响。

（二）项目的成效

1. 对项目所在地的影响

（1）展现PPP"物有所值"精神，治理效果显著。

大理洱海水环境治理PPP项目是一项功在当代、利在千秋，造福子孙后代的基础性工程。多年来，云南省委、省政府，大理州委、州政府，大理市委、市政府都对洱海治理持续投入了大量的人力、物力，但洱海典型的高原湖泊，治理工作是一个世界级的难题。同时作为少数民族集聚的贫困地区，洱海治理缺乏资金和专业人才。

在国家鼓励创新投融资体制及财政部推行政府与社会资本合作的大背景下，大理州市党委政府引入社会资本中国水环境集团参与洱海保护治理，在实践中运用集团自主研发的第五代高品质下沉式再生水系统等先进技术手段，项目实际投资节省了约6亿元，节约率达17.2%。按省、州、市抢救洱海的要求三轮提速，提前工期6个月。项目完善的智慧监管系统，使得处理有数据、付费有依据。政府吨污水处理支出费用下降了近40%。仅这一个项目的投资，就超过了"十二五"期间洱海保护治理的总投入。项目是财政部第二批PPP示范项目，同时获得国家发改委专项资金6.72亿元的支持。目前"十三五"规划治理项目已经完成投资162.45亿元，占规划总投资的81%，是"十二五"的5.8倍，初步筑牢了洱海保护治理的基础。

项目创新提出并采用"海绵农田"技术体系，每年减少从洱海抽清排污2 000万吨，实现资源化利用，真正实现物有所值。项目六座污水厂紧邻洱海，采用下沉式再生水系统，节约地面空间约160亩，对周边环境影响范围减少约1 400亩，地面空间可用于建设零排放的高品质临海公园、生态停车、自驾游营地等旅游服务设施，减轻政府财政压力，达到政府、公众、社会资本合作共赢的局面，形成"正资产"，真正实现水环境治理与绿色发展有机融合。

（2）示范项目成为成果转化基地和科普教育基地。

2019年11月16日，设立"洱海保护人才教育基金"为洱海保护的管理人才、技术人才培养提供帮助。2019年12月，项目六座水厂被授予"十三五"国家水专项成果转化示范基地、生态文明和"两山理论"党建教育基地，为住房和城乡建设部标准定额司科技管理培训班提供项目实地进行教学。

（3）示范项目展现的生态文明思想得到广泛宣传与肯定。

① 各级领导高度关注项目，多次深入调研考察，并对治理工作给予了充分肯定。2020年1月，习近平总书记时隔5年再次来到云南考察并查看了大理洱海水样，

持续关注洱海水质和云南的生态环境保护。2019年2月25日，中共中央政治局常委、国务院副总理韩正视察洱海水环境治理时，肯定了洱海环湖截污PPP项目具有重要示范意义，提出洱海保护要"久久为功"。

② 2018年12月底，国务院办公厅发出通报：对国务院第五次大督查发现的130项典型经验做法给予表扬，其中包括云南省大理白族自治州全面打响以洱海保护治理为重点的水污染防治攻坚战。

2. 对项目所属行业的影响

（1）解决传统污水处理厂"邻避问题"。

下沉式再生水厂由于其地下结构和封闭空间，有效解决了臭气噪声的邻避问题，可以原地改扩建下沉，占地仅是原来直接占地的60%，地上节省的土地可以全部综合利用；污水处理厂原地改扩建下沉，无须搬迁，节省了大量管网投资和新征土地，彻底避免了搬迁后地上污水处理厂再次被城市包围的邻避问题。

（2）升级污水厂为资源再利用综合体。

地上污水处理厂出水标准低，能达到地表水四类的不足5%，水资源利用率低，不足8%，并且低标准出水污染河道。由于下沉式再生水厂可建在城市中心位置，便于水资源利用，目前已建的下沉式再生水厂出水标准均达地表水四类，水资源利用率高达100%。地上污水处理厂其开放性的特点，导致在冬季和夏季，生化处理的效率产生波动，水的温度能量流失。在下沉式再生水厂中，其封闭的空间和地下的结构有利于生化系统的稳定运行和能量的收集利用。下沉式再生水厂可与城市生产生活区零距离，从而使得热能的回收利用更加便捷高效。

（3）将生态安全和生物安全提升到新的高度。

与地上污水处理厂的开放性相比，下沉式再生水厂在臭气、气溶胶收集处理、病毒灭杀方面有独特优势。此外，由于下沉式再生水厂可就近分散式建设，管网距离短，大大减少了长距离运输产生的沿途病毒扩散风险。

据测算，在未来5~8年内，下沉式污水处理与资源利用系统将带动现有污水处理厂改扩建投资1.2万亿元，创造土地27万亩，动土地上的建筑类投资8万亿元，年减少碳排放120万吨，提供河道生态基流补水等水资源每年500亿吨，大大减少城镇供水压力。

3. 对项目相关方的意义

水务行业是亚行在中国的重要业务领域之一，中国水环境集团完善的商业模式与专业高效的技术运营实力给亚行留下了深刻印象，值得亚行持续向更多地区推广。

该笔贷款的初次批复及B项贷款额度调增审批符合亚行一直以来对水资源的改善与保护政策，符合亚行2020年及2030年战略，符合亚行私营局支持以PPP模式实施基础设施项目战略。亚行向中国水环境集团提供的共计4.5亿美元融资，是截至2020年6月亚行向中国环保企业提供的最大一笔抵款。

五 项目的总结思考

（一）项目创新亮点及进一步优化的思考

将城镇污水处理厂从过去的单纯污水处理的功能，转变为污水处理和资源利用的系统。

1. 科学系统治理、统一规划、分步实施

水环境综合整治是投资巨大、运行复杂的系统工程，对专业技术、资金保障等要求很高。借鉴项目的成功经验，在项目实施初期进行充分的调研和论证是项目成功的前提。克服流域治理面临的"头疼医头、脚疼医脚"、缺乏系统性规划等弊端，通过重新优化流域生态系统规划和污水厂布局，可大大节省管网收集和调水、补水等工程投资，也大幅度降低再生水运营费用，更加符合社会资本方投资项目的内生要求和市场需求。将城镇污水处理厂从过去的单纯污水处理的功能，转变为污水处理和资源利用的系统。

2. 大理洱海项目创新亮点

（1）技术创新、治理体系环环相扣，实现资源循环利用。通过技术和管理提升，创造更大的环境效益。环湖截污一期项目估算投资34.9亿元，通过技术优化，节省投资6亿元，缩短工期10个月。洱海水质和水生态得到根本性改变，据统计，2018年、2019年洱海全湖水质连续两年实现7个月Ⅱ类、5个月Ⅲ类，未发生规模化蓝藻水华，主要水质指标变化趋势总体向好。河道水生植物河底覆盖率逐

渐上升，得到省市各级政府、老百姓和国内外专家的高度认可和赞扬。

（2）通过绿色可再生能源的转化实现节能减排。创新实施"海绵农田"，每年可减少洱海抽清排污2 000万吨。该项目六个污水厂处理后的尾水进入生态塘库、湿地系统进一步自然净化后用于周边村庄的农业灌溉和面山绿化浇灌，对环境友好。污水处理末端产生的污泥通过低温干化技术进行浓缩脱水，脱水后的污泥再进行污泥堆肥，制成有机肥回用于农田和林业施肥，实现资源循环利用。

（3）构建环洱海绿色交通体系和绿色生态旅游配套服务设施。通过下沉式再生水厂的优化，噪音和气体排放得到控制。地面景观以及可利用型建筑物的设计就可以充分实现多功能复合利用的要求。依据《大理市旅游总体规划》等相关法律法规，在确保再生水厂正常运行的前提下，结合大理全域旅游规划，优先利用再生水厂地面和泵站地面提供旅游服务基础设施。

（4）降低生产风险和生产成本的技术创新。传统零件清洗工艺需要用到大量溶剂，不仅对员工健康存在潜在危害，还制造大量危废，处理成本巨大，通过技术创新，采用新型环保清洗剂，有效降低危废处理成本。

（二）项目不足之处及进一步改进的思考

1. 项目的不足之处

大理作为经济欠发达地区，债务负担沉重、可用财力有限。未来如何争取更多的中央的财政支持，努力用好外省市对云南的支援优势，多方筹措资金，有效发挥了财政资金撬动作用，吸引更多社会资本投入洱海保护治理，将是政府面临的课题。

2. 进一步改进的思考

洱海流域农业面源污染治理，应该保持农业生态的良性循环为目标，全面推进洱海流域绿色农业发展。

（1）发展农业循环经济。

将畜禽内所产生的粪便垃圾通过一定的处理，将其变为种植业所需要的肥料，建立"种植——养殖——沼气、有机肥——种植"的循环经济发展模式，有效地将畜禽类所产生的粪便转化为农作物的肥料，从根本上解决洱海流域的农业面源污染。

（2）促进农业产业结构调整。

积极促进"环境友好型"农业的发展，加快生态农业发展步伐。完善相关农产品的绿色认证体系，对于农产品的产地、绿色程度、有机程度等作出严格而规范的管理及鼓励制度。建立"互联网+"思想，根据市场需求积极调整农业种植产业的结构。在引进先进农作物生产种植技术和设备的同时促进营销渠道的多样化，并且积极打造农作物品牌以建立完整的农业产业结构链，将现代化网络的思想融入农业的生产种植中。

宁夏回族自治区

甘肃省

陕西省

29. 亚洲开发银行贷款陕西能效提升与环境促进项目

一 项目介绍

（一）基本信息

项目建设内容包括建立一个清洁能源融资平台：成立金控发展公司（实施机构）；成立投资决策委员会；完善清洁能源融资平台操作流程；使用子项目回流资金建立循环资本链（见图29-1、表29-1）。

图29-1 陕西能效提升与环境促进项目

资料来源：陕西省财政厅。

表29-1 项目基本信息

项目名称	亚洲开发银行贷款陕西能效提升与环境促进项目
所在地区	陕西省
行业领域	节能减排
项目参与方	陕西金融控股集团有限公司、陕西金控发展投资管理有限公司、陕西省中小企业融资担保有限公司、陕西金控融资租赁有限公司、上海浦东银行、长安银行
项目主要内容	（1）执行与管理。本次亚行贷款项目采用"中间金融机构转贷"模式运行。在此模式下，省财政厅、省发改委负责在项目实施阶段提供政策和理论指导；陕西金控作为亚行项目的执行机构，负责项目的整体布局与规划；陕西金控的全资子公司——金控发展公司作为实施机构，负责项目的具体操作与管理 （2）资金的使用。贷款资金主要使用方式为委托贷款、融资担保和融资租赁。陕西金控以委托贷款形式将亚行贷款转贷给合格的子项目，上海浦东发展银行作为委托代理银行，负责为子借款人提供委贷资金；融资担保主要由陕西省中小企业融资担保有限公司为商业银行跟贷提供信用担保；融资租赁主要由陕西金控融资租赁有限公司负责，主要以融资租赁的方式对亚行贷款支持的子项目进行资金支持 （3）重点支持领域。亚行贷款项目主要用于支持减碳效果明显的项目，具体分为以下四类：第一类为工业领域、建筑领域以及热力供应领域内的节能减排与能效提升项目；第二类为新能源及可再生能源利用项目；第三类为节能服务公司的合同能源管理类项目；第四类为温室气体减排与大气污染治理项目
项目当前阶段	根据项目推进计划，该项目当前处于建设期（关账期：2017~2022年）
多双边贷款机构	亚洲开发银行
贷款所属类型	投资贷款

（二）项目融资信息

本项目的资金总额为1.5亿美元，总贷款期限为15年（其中：10年为宽限期，第11年开始等额归还项目本金），贷款成本利率为浮动利率，计算方式为6个月LIBOR（伦敦同业拆借利率）加0.5%（主权贷款加价），每年于5月15日、11月15日向亚行支付已提款本金的利息以及未提款本金0.15%的承诺费。截至2020年7月末，亚行贷款项目已完成6个子项目的投放工作，总计投放金额8 500.36万美元，折合人民币5.96亿元，已提款比例达56.67%。

（三）项目评级信息

本项目2019年评价情况为满意。

二、项目贷款的实操流程

本项目的贷款签订日为2017年3月29日，生效日为2017年6月28日，项目关账期5年（2017~2022年），宽限期10年（2017~2026年），项目关账日为2022年6月30日，项目还款期5年（2027~2031年），项目最终到期日为2031年11月15日。具体实操流程如下：

（1）2014年4月，陕西省政府同意陕西金融控股集团作为亚行项目的执行机构；

（2）2015年5月23日，陕西省金融控股集团向陕西省财政厅提交关于申请亚行贷款支持能效提升与环境促进项目的请示；

（3）2014年5月26日，陕西金融控股集团向陕西省发展改革委提交关于申请将能效提升和环境促进项目列入利用亚洲开发银行贷款备选项目规划的请示；

（4）2014年5月29日，陕西省发展改革委向国家发展改革委提交关于借用亚洲开发银行扶持陕西能效提升与环境促进工程项目的请示；

（5）2014年6月17日，陕西省人民政府国有资产监督管理委员会为陕西金控控股集团有限公司申请亚行贷款提供担保；

（6）2014年6月23日，陕西省财政厅向财政部提交关于申请亚洲开发银行贷款支持能效提升与环境促进项目的请示；

（7）2015年4月28日，项目被国家发展改革委、财政部列入2015~2017年备选项目规划；

（8）2015年12月，金控集团全资设立子公司——金控发展，并且指定其作为亚行项目的实施机构，并由其在亚行项目准备和实施阶段开展日常项目管理工作；

（9）2015年12月，通过经亚行同意的竞争性程序，金控集团招标选择上海浦东发展银行和长安银行作为委贷行来共同管理中间金融机构贷款；

（10）2016年4月，陕西金融控股集团选择全资子公司——陕西中小企业融资担保有限公司，为缺乏商业银行接受的抵押物的子项目提供信用担保；

（11）2016年4月，陕西金融控股集团选择子公司——陕西金控融资租赁有限公司为需要采购设备较多，但缺乏实际抵质押物的子项目提供融资租赁服务；

（12）2016年7月，陕西金融控股集团成立了投资决策委员会对亚行贷款支持的子项目进行投资决策和批准；

（13）2016年8月，陕西金融控股集团与陕西企科环境技术有限公司签订咨询服务协议，来为备选子项目提供环境筛选、评估和监测咨询；

（14）2016年8月，陕西金融控股集团与中国船级社签订咨询服务协议为备选子项目提供节能核查和监测服务；

（15）2016年9月，项目可行性研究报告完成编制并由陕西省发展改革委批复；

（16）2016年10月，亚行贷款项目正式完成谈判工作；

（17）2016年11月，项目资金申请报告编制完成并由国家发展改革委批复；

（18）2017年3月，项目贷款协定由财政部和亚洲开发银行正式签订，6月贷款协定正式生效；

（19）2017年10月，亚行副行长到西安为项目召开了启动会；

（20）2018年1月，亚行贷款项目完成了首个子项目贷款资金的投放工作。

三 项目贷款的特点

（一）本项目贷款体现的战略

1. 国别行业发展战略

本项目执行机构陕西金控集团积极打造陕西绿色金融服务平台，且该服务平台已被列入陕西省"十三五"规划。其中明确提出"依托陕西金融控股集团和亚洲开发银行，构建节能环保、绿色低碳发展的绿色金融服务平台，推动二氧化碳排放权、排污权以及节能市场化交易"，该平台的建立为陕西境内的绿色投资项目提供融资，为陕西加强科技统筹、大力发展循环经济、服务业和战略性新兴产业，促进产业结构调整，加快节能减排产业发展创造了良好机遇。同时，本项目关注陕西省中小企业的节能减排和大型企业有较大影响的节能和清洁技术的项目。通过项目实施，对陕西省乃至中国西部地区的环境可持续发展、私营部门发展和气候变化减缓有直接贡献。

2. 本贷款项目的重点战略

本项目符合陕西省节能减排产业转型升级的发展战略。陕西省作为能源生产和消费大省，节能环保任务艰巨。"十二五"期间陕西省把节能工作重点放在国有企业、行业龙头企业等大型企业上，经过五年多的努力，这些企业的节能改造基本完成，"十三五"期间陕西省的节能工作重点放在了中小企业。2015年，陕西省六大高耗能行业中，电力热力行业中小企业超过50%，化工行业中小企业超过20%，建筑领域近70%为中小企业。在这些行业中小型企业融资难问题较为突出。因此，本项目的主要目标是推动陕西省重点高耗能行业中小企业的节能减排工作。同时，陕西省节能减排产业化发展进程迎来了前所未有的机遇。随着国家实施新一轮西部大开发战略，对陕西省依托资源优势，发展特色优势产业，加快传统产业升级改造，发展现代能源化工，大幅度提高能源利用效率，实现跨越式节能提供了难得机遇。

（二）本项目贷款的主要特点

（1）优化投融资模式，提高资金使用效率。项目创新采用"政府+平台+金融+第三方服务机构"四位一体的组织模式,以及"转贷+担保+租赁"为组合的金融模式,通过"引资+引智"支持陕西省清洁能源开发利用,提升传统产业技术水平,提高能源使用效率。通过创新项目运作机制,优化资源配置、规范资金管理,有效解决陕西省节能环保类项目融资难问题。本项目开创了由政府平台运作国家主权贷款的新模式,得到了财政部和发展改革委的高度认可。

(2)本项目采用高度市场化的操作模式,贷款资金使用方式更为灵活。陕西金控作为项目执行机构,主要负责项目执行过程中的整体运营、决策和监管工作。子项目贷款额度、期限和利率的选择,均由陕西金控按照市场化原则进行筛选和确定,从而保证和兼顾了项目的绿色效益、社会效益和经济效益。同时,亚行贷款资金可以采用委托贷款、担保、融资租赁三种方式使用。子项目贷款周期一般为3~8年,贷款资金将滚动循环使用,拓宽了资金使用渠道,提高了资金使用效率。

(3)本项目的实施推动建立了节能环保绿色金融平台新机制。陕西省"十三五"规划中明确提出,依托陕西金控建立陕西绿色金融服务平台,该平台正是以亚行贷款项目为基础和切入点,通过使用担保、融资租赁等各类金融工具及手段,提高企业绿色项目融资的能力。同时,引进第三方绿色服务机构,为企业提供节能技术设计、绿色项目认证、节能与碳排放权交易咨询等一体化服务。通过融资融智结合,实现资金整体使用效益最大化,为项目企业提供绿色项目综合服务方案。

(4)本项目担保方式为股权质押,陕西省国资委以其持有的陕西金控集团(执行机构)的股权向财政厅进行质押,子借款人向陕西金控集团提供商业性担保。提款方式为子项目获得亚行最终不反对意见批复后,借款人就每一个子项目借款金额为限向亚行提交提款报账表格。本项目的最终债务人为各子借款人。

四 项目的产出和成效

(一)项目的主要产出

1.实物类产出

(1)为本项目建立一个清洁能源融资平台;具体包括:金控发展公司(实施

机构）成立；金控发展公司员工到位；成立投资决策委员会；完善清洁能源融资平台操作流程；与委贷行签署法律协议；与担保公司签署法律协议；与第一批子项目签署法律协议；使用子项目回流资金建立循环资金。

（2）通过清洁能源融资平台来支持有示范性的节能减排子项目。本项目严格按照亚行规定的年度资金投放任务进行推进和执行。截至目前，亚行贷款项目已完成6个子项目的投放工作，总计投放金额8 500.36万美元，折合人民币5.96亿元，已提款比例达56.67%。

2. 非实物类产出

（1）以实施的示范性模式为依托，借鉴国际上先进的节能减排项目管理理念和国外节能减排项目实施经验，推广和引进先进技术，解决陕西省在节能减排资金、管理和技术上的不足，提高节能减排项目实施水平，推动陕西省低碳经济建设。

（2）本项目通过支持企业在技术引进、设备更新、节能减排等方面的投资，大幅提升企业能效水平，尤其是推动中小企业能效显著提升，增强企业综合竞争力，推动节能环保产业整体的提质增效。

（3）本项目的实施充分提升陕西省整合、协调各方资源的能力，充分发挥各自的职能和优势。本项目通过搭建金融平台，促进金融模式和金融产品融合使用能力的提升。同时，提高陕西节能监测和审核能力，为企业进行碳排放权、节能市场化交易提供基础条件。

（二）项目的成效

1. 本项目建立了陕西开发能效提升金融平台新机制

本项目实施的重要环节是在陕西建立绿色金融服务平台创新机制，陕西金融控股集团为项目提供金融平台，充分引进市场化运作机制，研究采用多种方式组合而成的资金运作模式，积极争取政府专项资金。在绿色金融服务平台中使用多种金融工具，通过委托贷款、担保、融资租赁，充分发挥金融机构在项目选择、风险控制等方面的优势，同时探索使用其他多种融资方式广泛引进社会资本，为亚行贷款项目运作机制创新、陕西省利用外资方式等方面提供实践经验。

2. 本项目的实施有利于陕西节能环保产业的转型升级

节能环保行业项目多数为具有一定公益性的产业化项目，涉及多个行业，资金需求具有多样性和复杂性的特点，既要依靠政府财政资金的大力支持，又必须调动更多的社会资金支持，仅凭一家机构难以持续发展与促进。陕西金控集团（项目执行机构）作为陕西省政府唯一的投融资平台，既具有政府投融资功能，又具有社会兼容功能。通过本项目实施，能够有效借助多种金融工具，引导更多的社会资金投入，从而加大对陕西节能环保产业项目的投资，最终为陕西建立利用金融手段解决环保问题的市场化机制，满足中小型企业多样化和复杂性的融资需求。

3. 本项目的实施开辟了国家主权贷款项目的"陕西模式"

本项目是陕西金控集团履行陕西现代经济金融生态圈孵育者的最直接表现，是陕西金控集团受政府相关部门委托管理的一项国家主权信用贷款市场化运用试点项目，是由政策的变化、政府的信任、陕西金控集团的定位、能力与水平等多种因素共同促成的产物。经过一段时间的运营，本项目已成为国家主权贷款中的一张靓丽名片，得到财政部、亚行等国内、国际机构的认可。同时，通过多年的苦心经营，以本项目为案例，陕西金控集团已经结交并建立了广泛的国际金融组织朋友圈，为今后创新开展国际金融组织贷款业务、创新利用外资、支持陕西实体经济发展奠定了极好的环境和基础。

五 项目的总结思考

（一）项目创新亮点及进一步优化的思考

（1）本项目建立了较为完善的决策管理体系。项目的实施标准和评价体系，主要以项目的经济、节能、社会和环境效益等多种评价因素为主，为确保项目实施质量和标准达到相关要求，项目执行及实施机构需配套建立专业化的项目管理体系。截至目前，作为项目执行机构的陕西金控和作为项目实施机构的金控发展公司已制定和颁布了十余项涉及亚行贷款项目的各类管理办法和制度，其中包括：《亚行贷款项目执行管理办法》《亚行贷款项目财务管理办法》《亚行贷款项目风险评审委员会工作办法》《专家评审委员会工作办法》等。

（2）本项目加强对子项目单位的系统化指导和培训，防范项目实施中的合规风险。此次陕西省利用亚行贷款节能减排项目的借贷主体主要是子项目单位，这些子项目单位多数是第一次使用亚行贷款，普遍缺乏项目实施和操作经验，缺少防范项目实施中各类风险的意识。因此，在项目实施过程中，对子项目单位加强防范各类风险方面的知识培训和教育十分必要。作为项目执行机构，陕西金控通过定期举办各类项目管理培训，结合项目管理实践，不断提高子项目单位的项目及财务管理人员的能力和水平，提高贷款项目管理质量，积极防范亚行贷款项目实施中的各类风险，从而确保亚行贷款项目资金能够借得来、用得准、管得好、还得上。

（3）本项目建立和强化了项目执行机构、实施机构的能力建设水平，确保项目高效、持续和平稳运行。本项目的贷款期限为15年，项目整体实施周期较长，为保证项目长期高效运行，项目实施以来，陕西金控积极与亚行财务、法律、环境和社会等领域专家建立交流联络机制，积极邀请各领域专家为亚行贷款项目的顺利实施提供长期支持。同时，定期组织团队人员赴北京、上海、厦门等地参加财政部、亚行组织的国际金融组织贷款培训，就亚行贷款子项目的执行管理、财务管理、尽职调查、提款报账、风险审计、项目运营等方面进行系统化培训学习，逐步形成了亚行贷款项目能力建设体系，为业务团队长期保持高效运转打下了基础。同时，通过组织学习亚行贷款项目手册及国家出台的金融监管新规，开展业务研讨、技能培训等方式，不断提升团队人员专业技能和综合素质。

（4）本项目加强了与三方绿色认证机构的深入合作，确保子项目的节能效益符合亚行要求。本项目要求其子项目不能属于淘汰废弃技术或产能过剩的行业，所选子项目应严格遵守国家及陕西省工业政策，并且在国家《产业结构调整指导目录》里属于鼓励类别，或属于陕西省鼓励和优先类别，或者子项目采用国家或省政府支持的技术。为保证上述要求，项目执行机构陕西金控与第三方专业技术咨询机构积极合作，为子项目实施提供技术咨询、人员培训、评估监测等方面的服务，帮助子项目企业全面了解行业发展的最新技术，促使企业使用最新技术、新设备，帮助子项目企业加大研发投入，加快企业新技术推广和应用的步伐，根据需要对企业员工进行专业技术培训，将企业的技术风险降到最低。

（二）项目遇到的问题和不足之处

（1）项目合作金融机构数量较少，制约了项目的投放效率，未能充分体现项目的金融创新性。根据亚行相关要求和项目管理规定，亚行贷款项目的合作委贷银行仅为1家，合作融资租赁公司仅为1家，合作担保公司仅为1家。合作金融机构数量较少，受合作金融机构所在行业地位及政策影响较大，亚行贷款项目投放路径及风险防控措施选择余地小，一定程度上降低了贷款资金的审批和投放进度，不能有效体现项目金融创新性的特点。

（2）本项目的利差收益受成本利率、汇率、投放利率三个变量因素影响，贷款成本价格无法在投资初期准确计量。美元利率和汇率具有波动性，且美元利率、汇率走势受当期国际局势和相关政策的影响较大，故亚行贷款项目的成本利率、汇兑损益和投放利率受投放时的市场环境及国际经济发展趋势因素影响较大。项目执行机构无法对贷款成本及收益进行有效预估，无法对项目利差收益进行锁定，加大了项目投资风险。

（3）既符合绿色指标要求又在投资规模和投资效益上达到相关要求的项目企业相对较少。项目实施过程中发现，能够符合项目绿色认证标准的能效提升项目企业，多为大型国有工业类企业和供气供热等市政类企业，该类型企业往往面临经营困难，资产负债过高、现金流较为短缺等问题。同时，该类型企业项目往往具有一定的公益性，项目投资收益率不高，项目投资回收期较长，项目贷款实施的风险相对较大。

综合以上问题，对于本项目的建设性建议和思考如下：

（1）尝试针对可能的汇率损失风险，建立具有可操作性的货币互换机制，以及相应的补偿和减免机制。亚行贷款项目具有贷款周期长、汇率波动不确定性等特点，导致无法确定亚行贷款项目因为汇率变动实质产生的最终汇兑损益。在长周期内，锁汇、套期保值等手段不能对汇率、利率风险进行有效的控制，市场上没有与项目期限匹配的套期保值工具，结合我国外汇管理及外资审计有关规定，无论是采取风险转嫁还是锁汇对冲等方式，不但增加了项目运营难度、增加了客户接受资金难度，还不能起到实质性规避汇率风险的作用，最终无谓的增加了项目的运营成本和难度。为有效规避汇率风险，建议相关部门针对亚行贷款项目能够制定相应政策措施，建立起可以转换贷款货币种类的有效机制，同时完善项目汇率风险的补偿或减免机制，最大限度上降低项目的整体经济效益受客观汇率变化的影响。

（2）建议针对扩大亚行贷款项目投资方式和领域，形成债权与股权并用的"投贷联动"模式。在项目实际操作过程中，我们发现一些具备先进能效提升技术和节能效果的项目企业，由于企业本身资产负债率过高、抵质押和担保能力不足等原因，往往不能达到亚行贷款项目基本财务指标要求。为解决该类企业融资难题，建议可由亚行贷款、财政资金和社会机构资金按照一定的比例出资，设立一支具备一定规模的能效提升政策性基金。基金实行专业化管理，明确投资方向，对陕西节能减排领域的能效提升项目实施专业化股权投资。基金不以营利为主要目的，旨在解决由于企业资产负债率较高、轻资产、无抵押的能效提升项目企业的融资难题。

（3）建议持续加强对子项目绿色认证的援助和扶持力度，减少亚行贷款子项目的运营成本。本项目绿色评估和认证工作，主要是通过亚行贷款项目PPTA团队和欧盟"绿色信贷助力能源和环境解决方案"（FEES）项目来实施。目前项目已建立和形成了绿色项目技术、环境和社会评估机制，确定了绿色项目的认证流程和认证标准。中国船级社、德国莱茵集团和陕西企科环境等经亚行认证的三方合作机构，已对第一批亚行指定的子项目实施了绿色认证工作，相关费用已由亚行技援资金进行支付。由于目前亚行技援项目已经结束，相关项目的绿色认证费用需由子项目单位独立进行承担，从而增加了亚行贷款子项目的运营成本，子项目单位承担该笔认证费用的意愿不高，一定程度上降低了子项目单位申请亚行贷款项目的积极性。建议相关部门能够持续加强对子项目绿色认证的资金扶持力度，对项目的绿色认证费用在一定程度予以补贴，从而减少亚行贷款子项目的运营成本，为亚行贷款子项目能够顺利征集和落地提供有效支持。

新疆维吾尔
自治区

宁夏回族
自治区

甘肃省

30. 亚洲开发银行贷款甘肃天水城市基础设施发展项目

一 项目介绍

（一）基本信息

项目建设内容包括热源厂、供热管道、防洪堤和管线类配套设施、市政道路、交通干线、桥梁等（见图30-1、表30-1）。

图30-1 甘肃天水城市基础设施发展项目

资料来源：甘肃省财政厅。

表30-1 项目基本信息

项目名称	亚洲开发银行贷款甘肃天水城市基础设施发展项目
所在地区	甘肃省
行业领域	城市基础设施建设
项目参与方	亚洲开发银行、甘肃省财政厅、天水市政府、天水市城市建设投资（集团）有限公司、天水市供热公司
项目主要内容	城区集中供热管网、成纪大道及防洪综合治理、天水城市交通改善及机构加强和能力建设四部分组成
项目当前阶段	完工
多双边贷款机构	亚洲开发银行
贷款所属类型	投资贷款

（二）项目融资信息

本项目编号：43025，项目贷款号：2760-PRC，贷款金额：1亿美元。

亚洲开发银行向本项目提供1亿美元贷款，项目竣工时，亚行实际报账0.985亿美元，占项目总成本的48.2%。

（三）项目评级信息

本项目亚行总体评价为成功。本项目荣获"2018年度最佳表现项目奖"。

二 项目贷款的实操流程

（一）项目上报及立项

2009年5月27日，《甘肃省发展和改革委员会关于加快利用亚行贷款2009~2011年备选项目前期准备工作的通知》（甘发改外资〔2009〕564号）。

2009年6月17日，《国家发展改革委关于我国利用亚行贷款2009~2011年备选项目规划的请示》（发改外资〔2009〕982号）。

2009年11月2日，《天水市人民政府办公室关于利用亚行贷款建设城市基础设施项目的批复》（天政办发〔2009〕186号）。

2010年11月10日，《甘肃省发展和改革委员会关于亚行贷款天水市城市基础设施建设项目建议书的批复》（甘发改外资〔2010〕1800号）。

2011年1月17日，《甘肃省发展和改革委员会关于亚行贷款天水市城市基础设施建设项目可行性研究报告的批复》（甘发改外资〔2011〕40号）。

2011年2月15日，《天水市发展和改革委员会关于亚行贷款天水市城市基础设施建设项目资金申请报告的报告》（天发改投〔2011〕57号）。

（二）项目准备

2009年天水市成立亚行贷款天水市城市基础设施发展项目工作小组。

2010年3月2日，签署了技术援助咨询服务合同，技援咨询专家于3月16日启动项目为期8个月的技术援助工作，并于12月提交技术援助报告。

2010年6月30日，《天水市人民政府办公室关于成立天水市亚行贷款城市基础设施项目管理办公室的通知》（天政办发〔2010〕129号）；《天水市国土资源局关于亚行贷款甘肃天水城市发展基础设施项目用地的初审意见》（天国土资建〔2010〕23号）。

2010年4月14日，《天水市规划局关于亚行贷款甘肃天水城市基础设施发展项目规划意见的函》（天规函发〔2010〕10号）。

2010年11月15日，《天水市环保局关于对亚行贷款甘肃天水城市发展基础设施项目环境影响报告书的批复》（天环函发〔2010〕138号）。

2011年1月13日,甘肃省国土资源厅《关于亚行贷款甘肃天水城市基础设施项目用地情况说明》。

2011年2月22日,《天水市人民政府关于对亚行贷款甘肃天水城市发展基础设施项目移民安置计划的批复》(天政发〔2011〕22号)。

2011年4月28日,《甘肃省发展和改革委员会关于对亚行贷款天水市城市基础设施建设项目初步设计批复》。

(三)多双边贷款机构评估

天水市作为关中—天水经济区中的重要组成部分,具有承东启西、沟通南北的重要作用,也是甘肃省区域发展战略"一体两翼"的关键城市,天水市经济社会发展面临重要历史机遇。但由于地方财力相对有限,城市基础设施建设较为滞后,影响天水市经济社会加快发展步伐。为改善城市基础设施条件,完善城市综合服务功能,增强城市整体竞争力,加快天水市经济社会发展,谋划利用亚行贷款实施天水市城市基础设施建设项目。

(四)项目谈判

(1)谈判时间:2011年5月25~26日。

(2)谈判地点:亚洲开发银行北京代表处会议室。

(3)谈判参与方:财政部代表(代表中华人民共和国)、甘肃省财政厅代表(代表甘肃省政府)、天水市财政局代表(代表天水市政府)和实施机构(天水市城投公司、天水市供热公司)代表、亚洲开发银行代表。

(4)谈判主题:甘肃天水市城市基础设施建设项目贷款谈判。

(5)谈判形成以下成果:贷款协议草案、项目协议草案、初步采购计划、项目管理手册、行动备忘录。

(五)项目审批

亚洲开发银行于2010年6月29日批准利用普通资本资源向本项目提供1亿美元贷

款，以促进天水市环境可持续的城市化，并通过改善供热、交通和防洪服务改善天水的生活条件。项目贷款协议和项目协议于2011年10月25日签署，并于2012年5月14日生效。贷款原关账日期为2016年12月31日，应借款人要求，贷款延期2年，实际关账日为2018年12月31日。

（六）项目实施与执行

本项目在天水市财政局设置亚行项目办，牵头负责项目执行，天水市城市建设投资集团有限公司负责实施路桥项目，天水市供热公司负责城区供热管网改造项目。

路桥项目包括9个土建合同，其中2个设备合同包（ICB）、7个土建合同（NCB），于2012年5月开工建设，2016年8月竣工。

供热管网项目包括6个土建合同，1个设备合同包，于2016年12月开工建设，2018年12月竣工。

咨询服务于2012年10月进场，2019年12月完成咨询服务工作。

（七）项目检查和评价

2010年7月5日，亚行项目启动技术援助检查；2019年11月24~29日进行项目竣工检查，实施期间亚洲开发银行共组织13个代表团检查和评估天水贷款项目的执行情况，并在执行过程中花费大量的时间检查和指导项目实施进展。

天水市政府在项目实施期间严格执行《贷款协议》等法律文本和国内基本建设程序，充分做好环境保护措施，重视移民安置的实施，遵守亚行保障政策，严格按照质量和安全规范进行施工，优化提款报账程序，及时保障项目配套资金，加强和协调各部门的配合工作。项目管理单位高效工作，对项目存在的困难和问题及时解决和改进，有效地促进了项目的顺利实施，达到了项目的预期目标。

（八）重要日期

本项目于2011年6月29日经亚洲开发银行董事会批准，并于2011年10月25日签署《贷款协定》，2012年5月14日贷款生效。项目原关账日为2016年12月31日，经亚行批准，项目执行了中期调整，项目关账日延期至2018年12月31日，见表30-2。

表30-2 项目重要事件

日期	项目事件
2012年12月16~21日	项目启动
2012年5月28日	签订了第一份土建工程合同（C02）
2012年10月10日	签订CS1咨询服务合同
2013年6月17~21日	贷款检查团
2013年10月28日至11月5日	项目中期调整团
2014年10月20~24日	贷款检查团
2014年6月	C09合同赤峪路通车
2014年11月11日	C02合同完工
2015年5月4~6日	贷款检查团
2016年4月11~15日	贷款检查团
2016年10月	C01_C05成纪大道全线通车
2016年11月14日	CS1合同变更协议
2016年12月30日	原定关闭日期
2017年8月22~24日	贷款检查团
2017年11月	新热源厂建设完成，调试按天水市供热公司计划完成

续表

日期	项目事件
2017年11月	三台锅炉调试完毕并投入运行
2018年7月2~6日	贷款检查团
2018年9月7日	批准贷款收益再分配和增加亚行支付比例
2018年11月15日	秦州市集中供热管网建成
2018年12月30日	项目关账日期
2019年11月24日	项目竣工审查

三 项目贷款的特点

（一）本项目贷款体现的战略

1. 国别行业发展战略

本项目的实施契合我国经济社会发展的重点、西部大开发战略、"一带一路"倡议、关于天水经济区以及国家生态文明建设的产业政策，且贯彻落实了科学发展观。另外，本项目与亚行的国家伙伴关系战略、业务优先事项高度相关。

2. 本贷款项目的重点战略等

本项目与天水市发展战略吻合，结合考虑亚行贷款的特点和要求，重点安排交通、节能减排、生态和环境保护等领域的项目。

（二）本项目贷款的主要特点

（1）对象：天水市人民政府。本项目旨在推动甘肃省天水市城市经济发展的创新引领，改善各种基础设施，营造和谐友好的城镇化进程，并改善其生活环境，并提高城市管理能力。

（2）期限：贷款偿还期为25年（包括宽限期5年）。

（3）利率：本项目利率为各计息期的LIBOR加百分之零点六（0.6%）的利差之和，再根据《贷款规则》的规定扣除百分之零点三（0.3%）的信贷额。借款人应支付每年百分之零点一五（0.15%）的承诺费。承诺费自本协定签署之日后60天，按贷款总额（扣除不定期已提取金额）计收。

（4）抵质押与担保情况：天水市人民政府承贷，并负责还本付息，甘肃省财政厅提供担保。

（5）提款方式：贷款资金应按照《亚行贷款支付手册》的规定进行支付，除亚行可另行同意外，借款人要求甘肃省财政厅在贷款生效日后，立即在亚行可接受的商业银行设立一个周转金账户。周转金账户遵照亚行的《贷款支付手册》以及借款人、甘肃省政府、天水市政府与亚行商定的具体安排来设立、管理、补充和清算。周转金账户只用于本项目，账户货币为美元。存放入周转金账户的初始资金，不得超过以下两项中的较低者：一是本项目实施最初六个月的支出概算，二是贷款金额的10%。本项目采用费用报表程序，按照《亚行贷款支付手册》及借款人和亚行商定的安排细则，用于合格费用的报账，以及对周转金账户中的预付款进行清算，且采用费用报表程序报销或清算的任何单笔报账额度均不得超过20万美元。

（6）管理方法（见表30-3）。

表30-3 项目管理方法

监督机构	（1）甘肃省财政厅：负责提款报账和项目采购、资金使用情况的监督 （2）天水市项目领导小组：由天水市政府副市长任组长，成员包括天水市政府秘书长，天水市发改委、天水市财政局、天水市土地资源局、天水市住房和城乡建设局、天水市环保局等单位负责人。他们提供政策指导、实施监督和项目的总体协调

续表

天水市政府	主要负责项目实施，包括融资与管理、技术与采购方式、监测与评估和保障
亚行天水项目管理办公室(PMO)	（1）负责项目准备与实施期所有管理工作 （2）协调所有项目实施相关方和政府机构 （3）与亚行交流与协调项目管理与实施
天水城市建设与投资集团有限公司(TUCIC)	（1）负责实施项目，包括防洪和基础设施子项目 （2）管理和监测承包商和供应商的工作 （3）施工监理和质保
天水供热公司(THC)	（1）负责实施项目供热子项目 （2）管理和监测承包商和供应商的工作 （3）施工监理和质保
亚行	负责管理亚行贷款项目管理和监督

（7）最终债务人：天水市人民政府。

（8）贷款的比较：亚洲开发银行项目贷款资金期限长、利率低，适合不发达地区用于基础设施发展的需要，资金使用流向管理严格、程序规范、风险管控措施到位，材料采购方面全程监督管控，项目质量得到有效保障。

四 项目的产出和成效

（一）项目的主要产出

1. 实物类产出

（1）城区集中供热管网改造工程：项目建设与其相关联的秦州热源厂（5×116兆瓦）一座，关闭194座陈旧小锅炉，并且建设一条33.7千米的一级供热管道，建造69座换热站和1座调度中心，将城区清洁集中供热面积提高至1 500万平方米。

（2）成纪大道及防洪综合治理工程：项目位于藉河北岸，是连通秦州和麦积两区的主要道路，西起秦州区岷山路，东至麦积区峡口村，东段通过峡口渭河大桥横跨渭河与麦积区渭滨北路相连，中段通过藉河孙家坪大桥与羲皇大道相连。道路全长12千米，道路宽24米，桥梁长度1 370米，藉河防洪堤总长10.65千米，工程涵盖防洪堤及各类管线和配套设施。

（3）麦积新城路网工程：项目位于麦积区，新建4条市政道路及各类管线和配套设施，总长度3千米，红线宽度24~30米，均为城市Ⅱ级次干道。

（4）赤峪路市政道路工程：项目是连接天定高速出入口与天水市区主要交通性干道，道路东起天水郡十字，西至宝（鸡）天（水）高速公路天水西收费站出入口，道路全长1 980米，红线宽40米，包括道路桥梁及各类管线和配套设施。

（5）社棠渭河大桥工程：项目位于天水市麦积区社棠镇国家级经济技术开发区，是连接开发区南北区域的重要桥梁，线路总长836米，宽20米。

2. 非实物类产出

（1）项目管理能力提升：本项目成立了天水市项目领导小组，由天水市政府副市长任组长。领导小组提供政策指导、实施监督和项目的总体协调，支持天水市项目办公室和项目实施机构，以确保其在符合亚行要求的条件下有效地实施项目；项目先后完成管理及项目关联人员培训13次。

（2）系统研究城市交通能力发展计划，包括整体城市道路设计和道路安全审计，以人为本的城市交通规划，道路网络的管理与维护，提高出行安全，节约出行时间，调查显示当地居民的出行时间平均节省了21.3分钟／每人。节省的出行时间从10分钟到55分钟不等。

（3）节能减排：年减排二氧化碳402 600吨，二氧化硫3 300吨，总悬浮颗粒物8 900吨，氮氧化物5 130吨，年节煤237 120吨。

（二）项目的成效

1. 对项目所在地的影响

本项目有效地实现了其目标成果。从2012~2019年，天水市的国内生产总值（GDP）保持每年两位数的增长率。天水市空气质量好的天数从2012年的270天增加到2019年的305天。道路交通事故死亡人数从2012年的每一万辆机动车2.5人减少到2018年的每一万辆机动车1.0人。

项目的建成对天水市的社会、经济和生态发展起到积极的推动作用。一是通过实施成纪大道及防洪综合治理工程，既是对城市河流的保护，又能避免洪水灾害的威胁，改善了秦州、麦积两区的区域交通条件，推动了道路周围土地的开发和利用，带动沿线市政管道、电力、通信等其他城市基础设施的建设，增强经济中心城市的辐射作用，促进天水市区位优势的发挥，推动了区域社会经济的全面发展。二是通过实施城市路桥基础设施项目将城区功能区间有机地串联起来，形成外围环路与环内骨架路网的连接，有针对性地提升了城区急需解决的交通问题。三是城区供热管网工程和其关联项目——秦州热源厂项目的供热区域涵盖南北两山之间的整个主城区。通过使用高效集中供热系统和先进的排放控制设备，消耗更少的煤炭（每年减少237 120吨标准煤），取代了194座高污染、低能效的小型锅炉和上千个家庭取暖炉，显著改善了城市的空气质量，减少了TSP、PM10、SO_2、NO_X等污染物排放，有助于减少酸雨。同时项目也促进机动车污染物减排，缩短出行时间。预计2017~2036年，总共节省汽油燃烧约7.466亿升，即年均节省汽油3 733万升，从而年减少约85 859吨的温室气体排放（二氧化碳当量），环保效益和社会效益显著。

2. 对项目所属行业的影响

实践了绿水青山就是金山银山的发展理念，通过基础设施的协调发展促进地区社会经济的稳定发展，帮助贫困地区脱贫。

促进了基础设施建设领域更加系统平衡的城市建设发展理念，实现了城市总体规划的有效落实。

拓展了基础设施建设行业的融资渠道，提高了行业的综合协调能力，增强了行业的凝聚力。

3. 对项目相关方的意义

提高了项目参与方的项目管理经验和水平，形成了完整的组织构架，并通过项目的实践，系统地提高了相关方管理人员素质，培养了一批积极向上的管理人才队伍。

4. 对亚洲开发银行的意义

本项目符合亚洲开发银行的城市部门战略和亚洲开发银行在中国业务的战略发展重点，与中国倡导的绿色发展理念相契合，在发展中国家节能减排改善全球气候做出了实践，并在改善民生，帮助贫困地区系统平衡发展总结了成功经验。

五 项目的总结思考

（一）项目创新亮点及进一步优化的思考

1. 项目团队及协作

财政部、亚洲开发银行等对本项目的实施给予了大力支持和配合，且对项目顺利实施提供了重要的组织保障。政府相关职能部门分工明确，通力协作，在项目实施中的资金管理、征地拆迁与移民安置、项目评审与批复等环节中，各实施单位配合默契，各职能部门尽职尽责。项目所在地政府在财政相当困难的情况下，努力保证了项目建设所需要的资金。

2. 项目管理

本项目引入亚行先进理念和管理方式，对甘肃省城市发展起到了良好的示范作用。通过亚行所倡导的环境友好的发展理念，不仅保证了本项目的顺利实施和可持续运行能力，而且对其他城市基础设施建设和运营管理产生了良好的示范效应。

本项目还充分发挥了咨询公司和招标代理机构的作用，为项目顺利实施提供了有力的技术支撑。咨询专家由一批国内外经验丰富的工程师和基础设施工程相关领域的专家组成，在移民征地、环境监测、设计审查、招标采购、合同管理、财务管理与机构加强等方面提供了大量的专业指导，对项目的实施起到了积极的推动作用。

3. 财务管理

本项目资金专款专用，设置专用账户，专人管理、专人核算，形成了比较完善的管理体系。在提款报账等关键环节聘请有丰富经验的人员每年定期开展财务和提款报账培训，对报账手续和报账资料、会计核算、账务处理详细讲解。在报账阶段由专人认真核对报账内容，规范报账资料，严格财务管理，加强项目资金全过程管理和监督，保证了资金的规范使用。强化过程审计工作，帮助项目科学规范管理。

（二）项目不足之处及进一步改进的思考

（1）由于征地移民的影响，本项目做了一些相应的设计变更调整。对于城市基础发展项目，项目的建设会受到征地移民问题的制约，因此项目设计应充分考虑征地移民的复杂性和实施难度，并对征地移民对项目建设的影响给予高度重视，对征地移民出现的各种变化导致延误的风险进行评估，及时有效确定保障措施。

（2）由于供热管网的相关联项目——华能热电联产项目的取消，对天水的供热管网项目建设产生了较大的影响。虽然在项目初期已对该风险进行了有效识别，但在项目替代过程中造成了工期的延长和投资的增加。因此在今后的项目规划时，地方政府对关联项目的风险控制能力还需进一步加强，对多部门联合实施的系统项目，研究有效的系统管理管控措施。

农业农村部

新疆维吾尔
自治区

宁夏回族
自治区

31. 以色列政府贷款宁夏农田水利建设项目

一 项目介绍

（一）基本信息

项目建设内容包括建设高效节水灌溉13.8万亩，安装配套的灌溉、中控、施肥系统，以及建设配套的设施、泵房、输水管道等各类建筑物（见图31-1、表31-1）。

图31-1 宁夏农田水利建设项目

资料来源：宁夏回族自治区财政厅。

表31-1 项目基本信息

项目名称	以色列政府贷款宁夏农田水利建设项目
所在地区	宁夏回族自治区
行业领域	农业
项目参与方	自治区外债管理办公室、农发办，项目市县农发办
项目主要内容	（1）建设高效节水灌溉设施、泵房、输水管道等各类配套控制系统和建筑物；（2）以色列先进的节水灌溉设备和技术的可借鉴价值；（3）我国农业节水技术的推广和创新
项目当前阶段	已完工
多双边贷款机构	以色列政府贷款
贷款所属类型	投资贷款

（二）项目融资信息

本项目利用以色列政府贷款资金6 000万美元，且已全额完成提款报账。

二、项目贷款的实操流程

为有效推进农业节水灌溉工作，2012年1月国家发展和改革委员会提出利用以色列政府贷款3亿美元在西北5省区实施农田水利建设项目。通过引进以色列先进的农业高效节水灌溉技术设备和能力建设服务，建设具有示范意义和推广价值的农田水利设施。贷款资金用于引进以色列的技术设备和服务，其余贷款资金用于配套国内相应设备和土建工程，贷款由中央财政统借统还。

2012年5月，国家发展和改革委员会将"宁夏农田水利建设项目"列入2012年外国政府贷款备选项目规划。

2012年8月，宁夏农业综合开发办公室组织编制了"宁夏利用以色列政府贷款农田水利建设项目可行性研究报告"。

经过专家论证评审，2013年6月，自治区发展和改革委员会下发了《关于以色列政府贷款宁夏农田水利建设项目可行性研究报告的批复》（宁发改审发〔2013〕310号），批复项目总建设面积138 000亩。其中：银川市88 260亩，石嘴山20 340亩，吴忠市29 400亩。项目估算总投资48 196万元，其中申请以色列政府贷款6 000万美元（折合人民币36 780万元），地方配套11 416万元，地方配套资金由项目单位自筹解决。以色列政府贷款本息由财政部负责统一借入，统一偿还。

2013年12月，国家发展和改革委员会下发了《国家发展改革委关于宁夏农田水利建设项目借用以色列政府贷款资金申请报告的批复》（发改外资〔2013〕2452号），明确宁夏农田水利建设项目借用以色列政府贷款6 000万美元，主要用于银川、吴忠、石嘴山3市的8个县区实施农田水利设施建设138 000亩，采购控制器、过滤器、滴灌管、阀门等设备和材料，以及支付土建工程费用等。

根据中国进出口银行《关于财政部统借统还以色列政府贷款宁夏回族自治区农田水利设施建设项目贷款协议生效的通知》，项目贷款协议6400Y-N1和6400Y-N2分别于2015年4月12日和2016年9月29日正式生效。

按照外国政府贷款项目规定，自治区农业综合开发办公室于2014年7月通过国际公开招标的方式选择维昌国际有限公司作为项目总承包商负责整个项目工程的建设工作，项目实施合同于2014年10月30日正式签署。国外设备分别由瑞沃勒斯公司和耐特菲姆公司提供。

项目实施过程中，由于石嘴山罗家园子、永宁县杨显林场、青铜峡市甘城子3个项目区部分地块性质、土地用途等发生变化，造成项目无法按计划实施，需要进行项目区域调整。其他部分项目区种植结构、取水方式等变化，导致土建工程建设内容和国内设备数量、型号、规格需要进行调整。经自治区发展和改革委同意，于2018年9月7日下达了《关于宁夏利用以色列政府贷款农田水利建设项目可行性研究报告中期调整方案的批复》，明确项目按照原有模式开展建设，总建设规模、贷款额度、贷款使用方案等保持不变，建设期限为2014~2019年。调整后项目总投资48 196万元，其中申请以色列政府贷款6 000万美元（折合人民币37 800万元），地方配套10 396万元。调整事宜报国家相关部门备案。

项目于2019年9月完成全部建设任务。根据项目区分散、工程进展不平衡的实际情况，为确保投资效益早日发挥，按完成一片、验收一片、移交运营一片的原则，宁夏农业综合开发中心（原宁夏农业综合开发办公室）会同自治区政府债务管理中心（原自治区外债管理办公室），相关市、县（区）财政局、农业综合开发中心、项目总承包商、采购公司、监理公司、用户代表组成的验收组对项目涉及的12个片区，113个单元的134套滴灌进行了系统验收，全部竣工项目试运行1年无质量问题后移交用户管理。所有项目完工后委托第三方进行了工程量核实并签订了系统验收证书。

为了切实加强以色列政府贷款宁夏农田水利建设项目工程建后管护工作，保障工程设施正常运行，确保项目长期发挥效益，本着"谁受益、谁管护、谁使用、谁管护"的原则，对通过验收，符合设计要求，质量合格，运行正常的工程办理了工程管护移交手续，共签订由市、县农发机构作为建设方、施工单位作为移交方、用户单位作为接收方的三方管护移交协议书93份，明确接收方对移交工程只有使用权，不得擅自以转让、出售、抵押、置换等方式对项目形成的资产进行处置。

2019年12月31日前，完成全额提款报账工作。根据项目管理相关规定，通过公开招标，聘请第三方中介机构对项目工程结算和竣工财务决算进行审核，对项目建设成果和财务情况进行了整体评价，为项目建后资产移交和运行管护提供了充分的依据。

三、项目贷款的特点

（一）本项目贷款体现的战略

1. 国别行业发展战略

为贯彻落实中央1号文件有关精神，按照利用国外优惠资金促进水利改革发展，有效推进农业结束灌溉的工作要求。本项目引进以色列先进的农业高效节水灌溉技术设备和能力建设服务，建设具有示范意义和推广价值的农田水利设施，推动我国农业节水技术推广和创新。

2. 本贷款项目的重点战略

本项目的实施，一方面，为宁夏回族自治区的可持续发展做出积极贡献；另一方面，本项目可借用"知识银行"的平台，引进、借鉴和利用国际上先进的农田水利技术、设备和管理经验，进行项目建设、管理制度的创新，拓宽了同类项目建设资金来源与规模，加速了宁夏回族自治区参与国际合作，扩大对外开放的步伐。

（二）本项目贷款的主要特点

本项目短期贷款利率为1.5%，贷款期限不超过18个月，长期贷款利率为3.3%，贷款期限不超过144个月。贷款资金本息由中央财政负责偿还。提款报账采用托收方式，由采购公司、项目单位及省级财政部门对总承包商提交的有关设备及土建工程单证进行审核后，由采购公司向进出口银行提交提款申请书及支付一览表，进出口银行对采购公司提交的提款申请材料进行审核，审核无误后向以方银行（Bank Leumi Le-Israel B.M.）申请提款，由以方银行将资金拨付至总承包商账户。

四 项目的产出和成效

（一）项目的主要产出

1. 实物类产出

本项目围绕自治区确定的贺兰山东麓葡萄产业发展，重点在宁夏中北部水资源紧缺、节水潜力大、示范带动作用强银川、石嘴山、吴忠3市的7个县区及农垦系统共建设高效节水–水肥一体化滴灌示范区12个，包括银川市西夏区镇北堡镇片区、西夏区示范区片区、贺兰县金山片区、大武口片区、惠农区罗家园子片区、永宁县井子泉片区、闽宁镇片区、青铜峡市甘城子片区、青铜峡市同兴村片区、红寺堡区孙家滩片区、农垦玉泉营农场片区和黄羊滩农场片区，总建设规模13.8万亩，其中：银川市9.2万亩，石嘴山市1.5万亩，吴忠市3.1万亩。主要建设内容包括：购置安装过滤施肥系统和田间浇灌排布系统各134套，中央控制系统22套；建设泵房126座，安装水泵及机电设备；铺设输配水管道1 581千米及各类配套建筑物。

2. 非实物类产出

本项目不仅引进以色列先进的节水灌溉设备和技术，通过考察、培训、现场指导、引进、消化、吸收以色列先进灌溉技术经验，借鉴以色列农业经营管理的理念，对建设具有示范意义和推广价值的农田水利设施，和推动我国农业节水技术推广和创新都具有重要意义。

（二）项目的成效

1. 对项目所在地的价值

通过项目的实施取得了显著的经济、社会和生态效益。项目区主要种植作物为酿酒葡萄，利用管道灌溉系统，将肥料溶解在水中，同时进行灌溉与施肥，适时、适量地满足作物对水分和养分的需求，通过精准、科学的灌溉、施肥、管理，实现水肥同步管理和水肥高效利用。单位面积耕地的耗水量大幅下降，水的利用效率大大提高，经测算，每亩灌溉用水量比传统方式相比减少300立方米左右，水分利用率提高40%~60%；亩均减少肥料费用180元，肥料利用率提高30%~50%；省工40%以上；产出的葡萄含糖度高，适宜于酿造优质葡萄酒，亩均增收700元以上，项目的实施得到地方政府和农户的高度评价。

2. 对项目所在行业的影响

项目的实施充分体现了农田基础设施建设与产业相融合发展，通过引进以色列先进的节水灌溉技术和设备，建设高效节水灌溉设施，为贺兰山东麓葡萄产业发展提供了科学、精准的灌溉条件，有效推进了水资源节约集约利用。实施基于高效节水的特色产业提质增效、新型经营主体示范带动、专家指导与技能培训保障，为全区提供了基础设施建设+农艺技术服务+农机作业配套的可复制、可推广的现代化农业生产经营管理模式。通过项目的实施，进一步加深了宁夏与以色列农业技术的合作，促成了以色列耐特菲姆公司在宁夏投资建厂，这是国内首个以色列节水灌溉设备生产厂，为今后宁夏乃至西北地区推行先进的节水灌溉技术，提供了基础保障，同时，为地区采取节水灌溉大面积种植酿酒葡萄提供水资源基本保证，促进当地农民脱贫，同时通过种植业结构调整示范，有力的促进当地的社会稳定，经济发展，为贫困地区探索优势农产品的种植树立了样板，为实现宁夏"百万亩葡萄文化长廊"的战略起到很好的节水滴灌示范作用。2020年6月9日，习近平总书记视察了以色列项目银川市西夏区示范区片区的志辉农林有限公司葡萄种植基地，与工人、技术人员进行了亲切交谈，并批示宁夏要把发展葡萄酒产业同加强黄河滩区治理、加强生态恢复结合起来，提高技术水平，增加文化内涵，加强宣传推介，打造自己的知名品牌，提高附加值和综合效益。

五 项目的总结思考

（一）项目创新亮点及进一步优化的思考

按照因地制宜、统一规划、集中连片、突出重点、分步实施的原则，在项目设计上把外资项目与地方产业发展规划相结合，围绕地方确定的重点产业选择项目实施区域，把引资与引智相结合，重点引进国外先进的节水技术和水肥管理理念。项目实施过程中，自治区政府外债管理领导小组作为本项目的最高决策机构，对项目进行统一领导，集中管理。自治区农业综合开发办公室作为项目实施单位集中实施。同时，本项目成立专家组，对项目提供技术服务支撑。广泛听取项目区农户的意见和建议，合理调整项目内容。建立内部管理制度，完善运行规范。支付简洁，实行一站式的资金拨付方式，减少中间环节。项目实施具体做法包括以下几方面：

一是结合产业发展合理选项。在立项时，主要围绕自治区确定的贺兰山东麓葡萄产业发展规划，选择水源有保障、土地集约化程度高、用户积极性高的项目区，通过引进以色列先进的高效节水灌溉设备和技术，为全区农业高质量发展提供可复制、可推广的经营管理模式。

二是加强部门协作，形成一套高效运转的项目管理机制。在项目规划阶段，充分发挥地方发改部门、财政部门、行业部门的优势，共同参与项目设计，将项目与自治区重点工程规划、行业规划相衔接，建立统一规划、资金整合、部门分工协作的项目管理机制。自治区发展和改革委员会作为宏观管理部门主要负责项目总体规划、项目立项、可行性研究报告及资金申请报告的审批。自治区政府债务管理中心作为项目的监管单位，主要负责提款报账、对外协调等工作。宁夏农业综合开发办公室作为项目实施单位，负责项目设计、工程实施、货物采购等具体工作。

三是因地制宜，合理布置滴灌系统。在设计上，尽量使滴灌系统和土地经营模式相匹配，对集约化程度高、管理能力强的项目片区采用自动化控制系统，对小规模、散户经营的项目区采用操作维护简单的手动控制系统。结合作物种植结构，单个滴灌系统的控制面积一般为300~1 500亩。

四是加强培训，提高认识。共举办了4期项目培训班，分别对基层项目管理人员、设计人员、安装人员、用户进行了设计、安装、使用维护等方面的培训。了解国内外喷、滴灌应用现状以及以色列滴灌技术发展现状，学习水肥一体化技术和酿酒葡萄节水灌溉技术，现场培训滴灌的自动化控制、首部过滤系统安装、管理和维护等。使全部参与项目建设的人员认识到引进以色列滴灌的重要性，不但要把以色列的设备技术引进来，更要注重引进以色列农业经营管理的理念。引进、消化、吸收以色列先进灌溉技术经验，对提升全区高效节水灌溉具有重要意义。

（二）项目不足之处及进一步改进的思考

通过本项目的实施，针对宁夏地区多双边贷款项目管理的思考如下：

一是加大对宁夏在中央统借统还、技援和赠款外债项目上的倾斜力度。考虑到宁夏位居西部地区，与东中部地区省份相比，在经济社会发展方面存在较大差距。同时，国际金融组织和外国政府贷款项目规模要求越来越高，宁夏经济体量较小，受政府性债务管理和举债融资机制规范化等政策性影响，地方筹措配套资金十分困难，政府负有偿还责任类外债项目申报受限。建议中央进一步加大对宁夏外债项目的支持力度，推进外债资金在地区经济社会建设发挥积极作用。

二是加强外债项目纳入预算管理流程的完善力度。自财政部85号令实施以来，政府负有偿还责任贷款项目纳入预算管理和债务限额管理流程渐入正轨，但在预算执行和管理操作中，仍存在限额调整程序对接、会计统计债务核对受币种汇率限制、地方债务统计系统内外对接困难等情况，不利于政府性债务和项目管理。建议进一步出台外债项目纳入预算管理规范性操作等政策，统一内外债全盘债务核算和对账口径，强化国际金融组织和外国政府贷款项目纳入预算管理成果。

国家开发投资集团

农业农村部

新疆维吾尔自治区

32. 德国复兴信贷银行贷款新疆乌鲁木齐轨道交通1号线项目

一、项目介绍

（一）基本信息

项目建设内容包括乌鲁木齐1号线轨道交通及其配套设施，例如沿途车站（见图32-1、表32-1）。

图32-1 新疆乌鲁木齐轨道交通1号线项目

资料来源：新疆维吾尔自治区财政厅。

表32-1 项目基本信息

项目名称	德国复兴信贷银行贷款新疆乌鲁木齐轨道交通1号线项目
所在地区	新疆维吾尔自治区
行业领域	城市轨道交通
项目参与方	新疆维吾尔自治区财政厅、乌鲁木齐市财政局、乌鲁木齐市建设局（人防办）、乌鲁木齐城轨集团、德国复兴信贷银行等
项目主要内容	通过国际招标方式采购乌鲁木齐轨道交通1号线项目部分设备，其中包括：供电设备、段场工艺设备、综合监控系统、AFC、自动电扶梯和站台门系统
项目当前阶段	已完工
多双边贷款机构	德国复兴信贷银行（KfW）
贷款所属类型	外国政府贷款

（二）项目融资信息

本项目德促贷款协议金额1亿欧元（折合人民币约8亿元），约占项目总投资的3.7%，占项目设备购置费的19.3%。截至目前使用贷款额约为7 300万欧元，已完成提款报账额约6 700万欧元。

二、项目贷款的实操流程

（一）项目上报及立项

（1）2010年9月21日，财政部与德国复兴信贷银行达成谅解备忘录，德国复兴信贷银行计划向财政部提供一笔促进性贷款（以下简称"德促贷款"）；

（2）2013年，乌鲁木齐轨道交通1号线部分设备采购项目申报德促贷款1亿欧元；

（3）2013年11月，国家发改委将乌鲁木齐轨道交通1号线部分设备采购项目列入第三批计划外国政府贷款备选项目规划；

（4）2014年4月，财政部将轨道交通1号线项目列入第二批外国政府贷款备选项目。

（二）项目准备

在新疆维吾尔自治区财政厅鼎力支持下，乌鲁木齐市财政局积极协调轨道办、城轨集团开展报批工作，自治区发改委于2015年4月正式批复利用德促贷款可行性研究报告。2015年5月，自治区财政厅、市财政局、市建设局、轨道办、城轨集团相关人员到京向财政部汇报了利用德促贷款评估及配合进展情况，并与德国复兴信贷银行北京办事处进行了座谈。会后，经市政府大力支持与协调，编制完成《乌鲁木齐轨道交通1号线项目征收工作方案》和《移民安置实施计划》并提交德国复兴信贷银行，德方也正式回复表示认可。

（三）多双边贷款机构评估

（1）2014年7月8~11日，德国复兴信贷银行评估团对本项目进行现场评估；

（2）2015年12月4~6日，德国复兴信贷银行与财政部组成评审团，对本项目进行二次评估。

（四）项目审批

（1）2014年4月16日，财政部将轨道交通1号线项目列入2014年度第二批外国政府贷款备选项目清单；

（2）2015年4月，自治区发改委正式批复利用德促贷款可行性研究报告；

（3）2016年2月29日，德国复兴银行通知本项目贷款已获KfW董事会正式通过；

（4）2016年4月28日，自治区发改委将资金申请报告上报国家发改委，并于2016年8月9日获批；

（5）2016年11月3日，德国复兴信贷银行与中国财政部签订了1亿欧元贷款协议，贷款期限15年，宽限期5年，项目关账日期为2021年12月30日；

（6）2017年6月30日，自治区财政厅、市财政局与市人民政府签订了再转贷协议，项目正式生效。

（五）项目实施与执行

本项目自获批以后，根据德国复兴信贷银行采购导则，积极开展招标文件（中英文）编制工作，最终招标文件经德方正式同意后，于2016年11月29日第一批设备开始国际竞争性招标程序；2017年完成全部设备标包的合同签署；2018年9月主要设备基本到货，乌鲁木齐轨道交通1号线北段正式开通试运营；2019年6月合同项下主要设备（除部分备品备件和专用工器具外）全部到货并验收完成，1号线全线开通试运营，目前全线设备运行良好。

（六）项目检查和评价

2018年3月10~11日，德国复兴信贷银行检查团赴乌鲁木齐进行现场检查和会谈，对本项目进展表示满意并高度肯定了中方的各项工作。

三、项目贷款的特点

（一）本项目贷款体现的战略

1. 国别行业发展战略

（1）城市交通发展目标：建立和优化与乌鲁木齐城市功能和空间布局相协调、与城市发展和环境相适应、与"面向中亚的国际商贸中心城市"地位相匹配的"枢纽型、协调性、网络化"的综合交通体系。未来十年间，新增三个"200千米"交通网络设施，确保实现市民双"30，45，60"出行时耗目标。

（2）城市道路规划目标：要建成以快速路和主干路为道路的网络骨架，以次干道、支路为道路网基础，构建功能分明，层次合理，与其他交通网络方式平衡发展，布局结构合理、内外衔接紧密、主次衔接有序的高效道路交通系统。

（3）公交规划目标：大力发展公共交通，通过以轨道交通和快速公交引导主城区轴向拓展，合理发挥小汽车和慢行交通的辅助作用，确立公共交通与个体交通一体化、多元化协调的发展体系，并配以立体、多样化换乘系统，最终形成"易达、便捷、舒适、亲近"的城市客运服务网。

2. 本贷款项目的重点战略

（1）本项目的总体目标是为解决乌鲁木齐市日益增长的交通出行需求，以及缓解由此导致的交通拥堵。为了实现该总体目标，根据2011年编制的《乌鲁木齐市城市轨道交通线网规划》，乌鲁木齐市计划建设7条具备大容量的地铁线。

（2）乌鲁木齐市轨道交通1号线是乌鲁木齐轨道交通线网规划中建设的第一条轨道交通线路，其建设标准、规模、制式等对后续轨道交通线路建设具有引领作用。

（3）乌鲁木齐轨道交通1号线将会服务于城市最为拥堵的南北方向通道，从北部国际机场到南部三屯碑。在项目最终阶段（2040年后）预计将会有近100万的乘客每天使用1号线出行。

（二）本项目贷款的主要特点

（1）对象：城市轨道交通领域基础设施建设；

（2）期限：15年，包括5年宽限期；

（3）利率：固定利率为KfW再融资成本加利息差（每年0.45%）；

（4）管理方法：自治区财政厅组织和协调本项目对外工作，监督项目实施单位按照贷款法律文件的规定履行相应职责；办理贷款支付和提取，监督项目实施单位的资金使用、项目采购等情况，保障资金使用的安全、规范、有效。乌鲁木齐城市轨道集团有限公司受乌鲁木齐市人民政府指定为本项目的执行人，负责本项目的项目申报、规划审批、土地开发、资产经营、融资工作、运营管理和其他相关经营工作；根据乌鲁木齐市人民政府的授权，由乌鲁木齐市建设局（人防办）和乌鲁木齐市财政局负责对本项目建设和德促贷款资金分别进行监督和管理。同时，因本项目利用德国促进贷款资金，还应接受贷款机构方面的相关监督、检查和其他管理要求。

（5）贷款的比较：

① 德国促进贷款属于中德财政合作计划下的融资，旨在通过优惠贷款和德国联邦预算提供的赠款，且在适当情况下以德国复兴开发银行（KfW）从市场上筹集的资金作为补充，向发展中国家的经济和社会基础设施、扶贫及环保领域提供融资。

② 德促贷款项目有较为成熟和完善的管理和运行体系，遵循《德促项目采购导则》和贷款协议规定。

③ 德促贷款在外国政府贷款中属于贷款金额较大、支持领域较广且贷款条件较优惠的贷款。同时，相比国际金融组织贷款（世亚行）项目建设又具有周期较短、灵活性较强及效率更高等特点。

④ 德国促进贷款项目鼓励使用国际竞争性招标方式的采购设备，按照国际通行标准公开选择供货厂家。同时没有第三国采购比例限制，有利于采购更多的国产设备。

四、项目的产出和成效

（一）项目的主要产出

1. 实物类产出

在"一带一路"的大背景下,乌鲁木齐近年来不断推进各领域建设,本项目是乌鲁木齐建设的第一条轨道交通线路,也是世界上距离海岸线最远的轨道交通项目,以往无成熟案例参考。本项目是联通乌鲁木齐市老城区与新城区及主要对外交通枢纽的骨干路线,对打通城市南北向交通瓶颈,缓解老城区交通压力起到至关重要的作用。本项目起点为乌鲁木齐三屯碑,终点为国际机场,全长27.615千米,线路跨越天山区、水磨沟区、沙依巴克区及新市区四个行政区。本项目全线建设车站21座,全部为地下车站。

本项目在设计和建设阶段重视科技创新,围绕项目产生了22项科研成果,很多在全国都是独一无二的。同时,针对地下密闭空间人员疏散、穿越地下采空区、穿越活动断层等难点开展专项研究工作,申报了多项国家发明专利和国家实用新型专利。此外,本项目期间还在国内开展首个"轨道交通运行服务效果策划",对乘客行为、交通、商业、安全、文化、政策等方面进行了专题研究。

2. 非实物类产出

本项目通过使用德国促进贷款,有机会深入与贷款机构及其各类专业管理技术人员开展项目前期准备及建设实施中的各项活动,可以学习借鉴国际接轨的项目管理、采购与合同管理以及地铁建设和运营等方面的知识和经验,开拓了视野并提升了机构和人员能力,主要表现在:

(1)能够有效降低财务成本,弥补建设资金的不足;德促贷款利率远低于国内贷款,且贷款期限长,有利于轨道交通这类资金需求大,建设期长的准公益性项目。德国促进贷款优势:还款期12~15年,宽限期2~5年,利率为KfW融资成本+0.4%,KfW融资成本+0.45%(目前约为3.45%),承诺费0.25%/年,管理费占总投资的0.25%~0.35%。

(2)能够引进先进的项目管理经验。德促项目有一套科学规范的项目管理经验,特别是重视项目前期准备与认证,对项目的技术、机构、财务、经济、环境影响、移民安置、可持续发展等方面要求严格。在采购方面坚持最大竞争性原则,最大限度降低成本。德方要求的公平竞争、公开透明、相互监督、科学规范、诚实守信的管理理念对工程建设有重要的借鉴意义。

(3)能够引进先进的技术与理念。轨道交通工程是复杂的系统工程和民生工程,德促银行能够带来的先进技术和理念是吸引乌鲁木齐市与其合作的一个重要因素，德促贷款带来先进的技术、产品和理念，发挥他们不可替代的作用。乌鲁木齐轨道交通1号线一定会将世界最先进的技术和理念贯穿全线，为锻造精品地铁线路奠定基础，实现从单纯资金引进向资金与智力并重引进的转变。

（4）能够帮助培养高素质人才。通过与德促的合作，德方专家以其严谨细致的工作态度、具有国际视野的工作经验、做事高效的工作作风激发干部员工极大的事业心和责任感，必将锻炼一批懂技术、会管理、能创新的高素质人才，为轨道交通事业可持续发展提供人才保障。

（二）项目的成效

（1）打通城市南北向交通瓶颈，解决长期以来城市南北向的交通供需矛盾，缓解老城区道路交通压力。

乌鲁木齐市主城区空间结构呈南北狭长带状分布，尤其中部蜂腰更加明显，导致南北向的通道供给不足，贯通南北的通道有限。1号线覆盖城市南北向发展轴，加强了老城区中心、新市区中心以及机场的联系，打通了城市南北向的交通瓶颈，为中部蜂腰地段提供大运力的公共交通供给，能够解决长期以来城市南北向的交通供需矛盾，有效缓解主城区内道路交通压力。

（2）满足城市公共交通需求快速增长、优化城市交通结构。

目前，乌鲁木齐市正处于城市化、机动化高速发展时期，交通供需矛盾日益突出。慢行交通出行方式明显下降，居民机动化出行需求进一步增加。受地形条件和城市建成区的限制，主城区路网的拓展性和灵活性较低，亟须大力发展公共交通。1号线作为乌鲁木齐市规划建设的第一条轨道交通线，为城市公共交通系统增添了扩大运力，安全、快捷、准时的交通方式，能够有效调整城市公共交通结构，改变单一的常规公交方式。同时本项目具有强大的客流运输能力，增添了其他交通方式无法替代的交通服务功能，提高了公共交通运输效率，对当地公共交通发展贡献巨大，也成了乌鲁木齐市公共交通系统中必不可少的一部分。

（3）保证城市冬季交通基本需求，满足市民全天候出行的需要。

乌鲁木齐市的气候条件较为特殊，冬季寒冷而漫长，降雪期经常长达6个月，积雪期长达4个月之久，大雾天气也会在冬季频繁出现。相对于常规通行方式，本项目中的1号线基本不受气候影响，封闭的站厅、站台能够缓解冬季出行不便的问题，提高冬季公共交通服务水平。本项目的建成将为乌鲁木齐市民提供一种理想的全天候交通运输工具，并在极端恶劣气候条件下，可能成为当地唯一能够正常运转的交通方式。因此，1号线的建成不仅仅是为居民出行提供了更便捷的方式选择，更重要的是为居民出行提供了全天候的交通服务，提高了整个城市的交通应急能力。

（4）带动和引导沿线开发建设，支持城市向北发展，落实城市总体规划。

1号线贯穿了老城区、新市区中心区，所联通的地区基本是城市的建成区。北部连接机场片区，处于待开发状态，以轨道交通促进机场片区的建设和高速发展，带动城市近期重点发展区域和沿线经济发展，有效引导城市向规划的发展轴方向拓展，从而支持和引导城市空间结构布局的调整。加速城市西北部新城的建设发展和城市化进程，支持城市规模的扩大及合理城市空间结构布局的形成。同时，1号线的建成有利于调整老城区的功能结构布局，实现城市中心北移，使乌鲁木齐中心城区土地利用模式得以调整，进一步完善中心城区的功能，促进城市整体规划的实现。

五 项目的总结思考

（一）项目创新亮点及进一步优化的思考

本项目作为涉及千家万户生产生活的交通轨道系统工程，其建成将改善南北向交通堵塞现象，减少交通事故的发生，落实乌鲁木齐市战略目标和总体规划，促进乌鲁木齐市的经济和社会发展，并为乌鲁木齐市修建其他轨道交通线路提供可借鉴的建设、融资、管理经验。

（1）本项目线路走向为沿城市主客流交通走廊布设，符合《乌鲁木齐市城市总体规划（2011~2020年）》及《乌鲁木齐城市轨道交通建设规划(2012~2019)》，与城市主要拓展方向一致。

（2）本项目根据高峰小时单向最大断面客流预测，初、近、远期均采用4动2

拖6辆编组的A型车，突出了运营交通符合断面客流特征，满足运能需求，并确保行车组织方案合理可行。

（3）本项目根据沿线规划和具体条件合理地选择了车站、区间、隧道的埋深和施工方法。区间隧道结构在城市人口稠密的核心区地段，选择了安全的、施工干扰小的盾构工法；局部地段的建设结合了实际情况选用了暗挖法，车站绝大部分选用经济和较经济的支护明挖与盖挖法或暗挖法施工。车站分布和站位、站型选择充分考虑了与其他轨道交通及公共交通的衔接、换乘功能，并留有发展余地，适应发展的需要。本项目设计的车站功能合理、规模适当。

（4）本项目设备系统配置和功能匹配基本合理，其系统运输能力完全满足运能需求，并留有一定的储备。根据我国工业目前的生产技术水平及发展趋势，在满足运营功能的前提下，尽可能地选用了国产设备，极大程度减少了工程投资。且针对本项目提出的车辆和各机电系统的国产化方案均符合国家要求的综合国产化率。

（5）本项目结合乌鲁木齐特殊的安防要求，从土建到设备系统各方面，通过各种安全防范措施，建立"技防、物防、人防"相结合的机制，构建一个立体的、主动防御的安全防范体系，确保乌鲁木齐轨道交通1号线具有更全面、更有效、更综合的安全技术防范能力，为轨道交通运营安全和乘客人身安全提供保障。

（6）由于乌鲁木齐地势南高北低的特性，本项目的线路纵坡存在多处单向长大坡道，通过对线路方案优化，以及结合新技术发展对设备系统的分析研究，确保运营期间的行车安全。

（7）本项目总体方案充分考虑了节约土地及能源，提供了为保护环境以及共享网络资源等方案与措施。

（二）项目不足之处及进一步改进的思考

城市轨道交通建设是城市建设的重要组成部分，其工程规模浩大、系统复杂，与城市建设、基础设施及其规划建设密切相关，能否处理好轨道交通建设与城市规划、改造、开发建设的关系是轨道交通能否顺利实施的关键。

国内轨道交通安防系统的设置尚无统一设计标准。乌鲁木齐轨道交通安防系统应根据后期的运营体制、管理模式进行进一步研究，以便建成适应乌鲁木齐轨道交通特色的安防系统。

本项目部分段落道路狭窄、交通繁忙，且与快速公交系统（BRT）线路长距离重合，车站的布置及施工非常困难。乌鲁木齐冬季漫长，市民出行不便，因此应加强专题研究地铁施工期间的交通疏解方案。

轨道交通分流常规公交系统客流在一定程度上会损害常规公交系统利益，造成不公平现象。客流随城市经济发展而增长，由于地面道路资源有限，道路通行能力也是有限的，因此发展轨道交通以缓解交通紧张是必要的，后续应加强道路资源协调，提高管理效率。

项目包含的协议总金额未能充分利用。在自动电扶梯供货及安装1标的国际招标采购过程中，由于贷款机构的采购要求与国内相关法规和操作程序发生冲突，经国家相关主管部门财政部和商务部协调无果，导致该标包约1 500万欧元额度被放弃使用，并转由国内配套资金支付，从而造成1亿欧元的协议总金额未能充分利用。有鉴于此，在使用外国政府贷款的项目操作中，应加强对此类风险的预估判断并提前做好应对预案，以确保项目的顺利实施。

33. 亚洲开发银行贷款新疆阿克苏综合城市发展和环境改善项目

一 项目介绍

（一）基本信息

项目建设内容包括新建和改造城市道路路网、公园和街头绿地、城市供水管网、城市污水管网、集中供热管网、热站等用于改善城市基础设施服务；建设湿地防护林、湿地保护基础设施、湿地生物多样性研究试验室、检测点、繁殖/救助和疾病控制中心、湿地公共教育设施等用于多浪湿地综合整治（见图33-1、表33-1）。

图33-1 新疆阿克苏综合城市发展和环境改善项目

资料来源：新疆维吾尔自治区财政厅。

表33-1 项目基本信息

项目名称	亚洲开发银行贷款新疆阿克苏综合城市发展和环境改善项目
所在地区	新疆维吾尔自治区
行业领域	城市基础设施
项目参与方	亚洲开发银行、新疆维吾尔自治区和阿克苏市人民政府
项目主要内容	市政基础设施包括道路、公共交通、供水排水、绿化和湿地改造等
项目当前阶段	2021年4月30日全部完工
多双边贷款机构	亚洲开发银行
贷款所属类型	政策发展贷款

（二）项目融资信息

本项目贷款额1.5亿美元，目前实际使用贷款1.46亿美元。

（三）项目评级信息

本项目2018年在财政部项目中期绩效评价中被评为"优秀"项目。

二、项目贷款的实操流程

（一）项目上报及立项

本项目建议书2013年经新疆维吾尔自治区发改委批准上报国家发改委，被列入国家和亚行3年滚动计划。

（二）项目准备

2014年，北京恩瑞姆科技咨询有限公司为本项目的准备提供技术援助，并于当年年底完成项目评估工作。

（三）多双边贷款机构评估

亚行2014年开始派遣项目调查评估团到阿克苏市对项目准备进行考察和评估。2015年6月，本项目的贷款获得亚行董事会批准。

（四）项目谈判

本项目的贷款谈判于2015年5月在北京举行。

（五）项目审批

2015年11月3日签署贷款协议和项目协议，贷款协议生效日期为2016年3月1日。本项目关账日期为2021年4月30日。

（六）项目实施与执行

本项目的执行机构是新疆维吾尔自治区人民政府，实施地在阿克苏市。

（七）项目检查和评价

亚行2016年10月开始项目启动检查，至2019年12月共进行了5次项目贷款检查，2017年4月和9月亚行进行了项目实施中期检查。2019年3月本项目完成项目中期绩效评价报告并提交财政部。项目总体评价良好，并将于2021年4月30日如期关账。

三 项目贷款的特点

（一）本项目贷款体现的战略

1. 国别行业发展战略

本项目符合国家"十二五""十三五"规划的战略要求，符合亚投行构建具有包容性和可持续性的经济增长和社会发展的重要目标。关于包容性和环境可持续增长是亚行战略2020及其中期审查的关键优先事项，符合亚行中国国家伙伴关系战略2011~2015年关于包容性和环境可持续增长的要求。新疆维吾尔自治区政府为支持发展，对改善基础设施给予了高度优先权。通过中亚区域经济合作（CAREC）2计划，边境发展也将惠及边境邻国。亚行一直致力于通过该计划来推动区域交易，并致力于和其他发展伙伴一起推动边境合作。因此，本项目目标与中亚区域经济合作计划高度吻合。

2. 本贷款项目的重点战略等

一方面，本项目改善了居民生活水平，为"区域一体化"发展奠定了经验基础。本项目中的城市基础设施改善工程在提升居民生活水平和长期减贫方面作出了较大贡献。改善了阿克苏市约50.2万居民的生活和工作环境，支持了亚行战略计划2020（2008）。项目初步设计和中期调整新增项目吸取了亚行其他项目实施中的经验教训，强调战略性和整体性的城市发展方向，并支持建设全方位覆盖的宜居城市。

另一方面，本项目重点改善涉及民生的关键基础设施，从设计之初就遵循节能减排的管理原则。其重点是给现有城区提供急切需要的供水排水系统、供暖服务、交通安全和公交服务，而不是修建新区。项目还遵循亚行在新疆项目中采用的减少、再利用、回收(3R)利用的原则。本项目符合国家、地区和亚行的政策相关要求，各组成部分均考虑了经济可行性和技术合理性，项目前期设计与项目实施成果高度一致。

（二）本项目贷款的主要特点

（1）对象：本项目贷款由财政部担保，新疆维吾尔自治区政府作为借款人，通过转贷方式将贷款分配给阿克苏市使用并承担还款责任。

（2）期限：贷款本金偿付期为25年，并有5年的宽限期。

（3）利率：本贷款年利率基于伦敦同业拆借利率（LIBOR）加0.5%，平均贷款期限的到期应付溢价为0.1%/年，贷款承诺费为0.15%每年。

（4）抵质押与担保情况：本项目的贷款由项目本级财政承担还款责任。

（5）提款方式：新疆财政厅建立周转金账户，项目城市根据进度提供支付申请和相关支持文件，即可申请支付回补资金。

（6）管理方法：执行《会计基础工作规范》《会计档案管理办法》《国际金融组织和外国政府贷款赠款管理办法》等国家法律法规。

（7）最终债务人：阿克苏市政府。

（8）贷款的比较：本项目评估时预计总投资15.4357亿人民币或2.5099亿美元（按照评估时的汇率6.15），其中包括亚行贷款1.5亿美元和国内配套1.0099亿美元。

亚行贷款重视项目所在城市的基础设施和环境建设对中亚区域整体发展的影响，以及实质改善当地居民生活条件的作用，重视项目与亚行区域合作目标、国家和新疆发展规划的相关性及可持续性。坚持项目应让当地居民，尤其是少数民族、妇女和弱势群体受益，注重项目对当地长期和可持续发展的促进作用。

亚行项目在采购中重视公平和充分竞争性，反对各种限制竞争的公开或隐蔽的做法，反对各种腐败行为，措施严厉。亚行项目资金使用过程透明、规范，未发生任何资金挪用、占用及其他腐败现象。

四 项目的产出和成效

（一）项目的主要产出

1. 实物类产出

产出一：改善城市基础设施服务。

包括6个子项目：

（1）新建和改造75千米城市道路路网，包括新建道路2条总长1.073千米，改建道路19条总长为31千米，升级改造4个社区背街巷道总长为43千米，建设长度(为127米的一座过街地下通道)大十字天桥，新建2座桥梁，以及以上道路的相关基础设施的建设，包括交通信号灯、路灯、市政管道和道路绿化；

（2）5个公园和街头绿地，占地总面积122 826平方米，新建64公顷的苗圃；

（3）新建38.0千米的城市供水管网；

（4）建设78.0千米的城市污水管网，以及2 024口检查井；

（5）建设43.7千米的集中供热管网和28个换热站；

（6）购置街道清扫和垃圾清运设备及车辆，以及建设一个每天处理能力600吨的垃圾转运站。

产出二：多浪湿地综合整治。这一子项目位于阿克苏多浪河国家湿地公园生态保护和恢复区，包括：

（1）综合整治95.7公顷的湿地；

（2）建设4.5公顷的湿地防护林；

（3）建设湿地保护基础设施，包括管理站和巡护道路；

（4）加强野生动物保护，建立湿地生物多样性研究试验室，建立检测点，购置检测设备，建立繁殖、救助和疾病控制中心。

（5）建立湿地公共教育设施。

新增产出：原项目设计的3个子项或产出在实施中没有重大变化，在中期调整阶段，利用项目结余资金新增加了很多新的产出，主要集中在城市基础设施服务改善子项，有7个组成部分：

（1）城区道路工程。改建道路长度共计20.81千米，共计11条道路。建设内容包括道路工程及道路附属工程；附属工程包括道路照明、电力电讯排管设施、交通工程、预埋过路管涵、雨水井工程等。

（2）社区背街小巷工程。建设红旗坡街道背街小巷44.5千米；建设红旗坡片区给水管网26.6千米，建设红旗坡片区、英巴格社区排水管网26.8千米。

（3）园林绿化工程。卡尔斯亚防洪渠防护林工程，建设面积66.7万平方米；

导流渠两侧景观提升工程，建设面积45.7万平方米。

（4）建设东西大街给水管网总长度2.16千米；建设东西大街、团结路、解放南路排水管网总长度7.05千米。

（5）供热工程。23个老旧小区的建筑外墙保温节能改造，小区管网改造。

（6）城市公共交通工程。公交首末站建设，包括5座现状首末站建筑改扩建、新建2座首末站；公共交通设施采购，包括300辆公交车、充电桩、公交车智能调度系统购置等；280座公交停靠站改建。

（7）环卫工程。购置环卫设备、智慧环卫管理系统。

2. 非实物类产出

本项目实施后，重要非实物类产出是机构加强和能力发展两方面：

（1）项目管理——咨询服务为项目的实施提供了支持和协助，包括财务管理和监测、实施培训计划、审查设计图纸，观察工程建设子项目的实施和质量控制。

（2）通过项目实施和相关培训，参与项目管理和实施机构的人员了解了亚行项目管理中的新理念和办法，包括采购程序和要求、合同管理、移民安置、少数民族发展和妇女发展、对弱势群体的重视等。在工程领域反腐败方面，亚行项目也提供了很好的借鉴，包括：在招投标方面，严格按项目要求确定投标人资格条件；反对设置任何违反公平和充分竞争的要求；重视投诉的公平处理；严格处理腐败行为等。贷款支付程序透明，严格审计，杜绝资金滥用的可能性。

（二）项目的成效

项目准备期间进行的社会和贫困分析表明，长期以来，受多种因素影响，新疆维吾尔自治区的南疆地区社会经济发展相对落后，主要表现在城市基础设施承载力不够，总体经济实力不强。经济落后不仅影响居民生活水平的提高和自身能力的发挥，反过来也影响到城市的发展。本项目不仅提供了必要的建设资金，也带来了新的技术、新的观念和社会影响，对社会、经济和环境效益产生的影响主要表现在以下几方面：

（1）新增项目和原有项目一起，加强了阿克苏市的城市基础设施包括道路、交通管理、公交设施和服务、社区生活环境，推动城市外围生态环境的改善以及旅游发展。游客数量从2014年的93万人次增加到2018年的115.5万人次，旅游收入从8.5亿元增加到11.67亿元，少数民族妇女是主要受益者。

（2）已完成项目提高了阿克苏市城市的道路路网密度和通达性，减少交通事故的发生。街巷道路得到改造，改善了居民的生活环境。湿地整治已完成，改善了城市水源地生态环境，建成的湿地公园成了阿克苏市青少年环境教育活动基地。从2014~2018年，阿克苏人均道路从14.6千米增加到24.85千米，人均绿地从12平方米增加到15.53平方米，天然气、供水排水、供热和垃圾处理率达到100%。

（3）改善民生，促进了社会发展。亚行项目极大改善了阿克苏市基础设施条件，有利于促进阿克苏市社会经济的可持续增长。总体而言，28.32万当地居民受益于该项目，其中46.4%是少数民族。统计数据显示，自2013~2017年，阿克苏市国内生产总值显著增加，从2013年的133.6亿元人民币增加到2018年的204.3亿人民币。项目实施以来，城镇居民人均收入显著增加，2013年阿克苏市人均居民可支配收入21 840元，2019年增加到31 840元。

（4）湿地的建成取得了良好的环境效益和社会效益。阿克苏湿地公园建成开放以后，湿地的生态环境明显改善，过境候鸟的种类和数量逐年增多，许多珍稀的鸟类如白鹭、黑嘴鸥、斑头雁、白鹤、野鸭、天鹅等频繁地出现在湿地。据当地林业部门统计，有超过10万只候鸟及水禽在阿克苏国家湿地公园、阿克苏多浪河栖息、越冬和繁殖。目前，阿克苏国家湿地公园内野生动物逐年增加，并得到有效保护。特别是白天鹅、黑天鹅等诸多国家级保护动物的到来更是吸引了大量游客和鸟类摄影爱好者前来观光、拍摄，处处都呈现出人、鸟、自然和谐相处的景观。

本项目中建设的阿克苏多浪河国家级湿地公园为国家级湿地公园，是阿克苏市十大旅游景点之一。自开园以来，游客人数每日递增，高峰期时已达到日接待游客近1万人次。不仅成为阿克苏市民假日休闲的好去处，还吸引着诸多中外游客的驻足观赏。观鸟、赏花、游湖、在花团锦簇的园路里惬意散步。湿地生态功能的完善对阿克苏市生态文明建设和可持续发展发挥了重要作用。

五 项目的总结思考

（一）项目创新亮点及进一步优化的思考

本项目的实施给当地带来了明显的社会经济效益和生态环境改善。本项目已实施的部分完善了市区的城市路网，改善了车辆通行条件，完善了中心区排水、供热管网布局，新增了城市公园绿地，改善了城市水源地多浪河上游的生态环境。并且，改善区域扩大至中心城区之外的主要交通干道、城郊接合部人口密集的社区，以及城市边缘防洪渠两侧大片裸露的地带，这里是影响阿克苏环境的沙尘来源地之一。

（1）扩建民生基础设施，加大少数民族和其他居民受益范围。新增项目和存量项目的共同作用下，对阿克苏市的城市基础设施包括道路、交通管理、公共交通服务、社区生活环境，以及城市外围生态环境的改善贡献了显著的成果。新增项目扩大了城郊接合部基础设施落后社区的改造，涵盖道路、公厕、供水排水和照明系统，覆盖6个社区共8万居民，尤其是少数民族家庭都在受益范围内。2019年与2017年相比，公交服务改善明显，运营车辆从153辆增加到350辆，线路从14条增加到16条，日载客量从5.1万人次增加到9.6万人次，运营里程从332.1千米增加到386.8千米；就业员工从282人增加到553人。环卫部门项目采购的设备改善了环卫工人劳动条件和工作效率，2019年环卫部门机械化清扫率已达到54%。

城区23个老旧小区供排水、供热和住宅外墙保温改造也将使3.4万普通中低收入群体和退休人员受益，居住环境和冬季采暖将得到明显改善，对城市节能也会产生重要贡献。

（2）建设防护林绿化工程，拓展阿克苏生态保护区域。卡尔斯亚防洪渠防护林和导流渠防护林建设共112.4万平方米，使本项目生态保护从建设1个苗圃和1座城市公园扩展到城市边缘，这里有大片裸露土地，是阿克苏市沙尘灾害的来源之一。防护林绿化工程将改善阿克苏空气环境，减少沙尘灾害产生概率。

（3）建立国家级湿地生态公园，提升多浪河生态环境效益。阿克苏湿地公园2018年8月完工并开放。建设期间，在咨询专家的协助下，阿克苏市政府明确了建立湿地生态保护基地的认识,建设方按照湿地要求开展建设。湿地公园建成后,城市水源保护、迁徙鸟类回归和生态教育宣传等效益增长明显。截至目前,湿地接待了超过300万人次前往参观,包括退休人员、中小学生、市民和外地游客等。湿地公园不收费,但停车收入已足够湿地公园的日常运营和维护,同时也为附近少数民族提供了保安、维护、绿化等岗位65个。随着湿地项目的完成,多浪河生态环境得到显著提升。

(4)提升少数民族生活水平,提供其自身发展平台。本项目不仅改善了少数民族社区的居住环境,还带来了旅游业的发展,增加了就业机会,少数民族妇女通过经营手工艺品、餐饮,增加了她们的收入和社会交流空间,提高了其自身发展能力。

(二)项目不足之处及进一步改进的思考

项目实施初期,采购环节部分存在竞投人资质标准不够明确,财务能力审查不够严格和履约保函未及时提交的情况。实施中出现不及时办理施工许可证开始施工、合同延期未及时办理延期手续,以及保函未及时延续的情况。到项目中期,这样的情况已经得到很大改善。尽管如此,仍需进一步加强项目管理的采购和合同管理能力。

项目实施初期,提款报账进展缓慢的情况,不符合《国际金融组织与外国政府贷款赠款管理办法》(财政部38号令)及《国际金融组织贷款项目提款报账管理办法》中有关规定。主要原因是财务人员不熟悉提款报账程序。到项目中期,提款报账基本达到规范要求。但项目财务人员变动频繁,项目财务管理仍需要加强。

施工管理中需要加强环境保护和施工安全措施。道路施工多在市区人口稠密和交通繁忙地段,阿克苏气候干燥,施工中土方不及时遮盖或降尘容易引起环境污染,土方开挖和交通组织不好容易引发安全事故,所以需对这方面的措施进行加强。

国家开发
投资集团

农业农村部

34. 亚洲开发银行贷款农业综合开发长江绿色生态廊道项目

一、项目介绍

（一）基本信息

项目建设内容包括现代农业工程、面源污染防治工程和机构能力建设三部分，具体而言：建设灌排渠道、截排水沟、渠系建筑物、农村道路、小型人工生态湿地、净化池、秸秆发酵池、农作物废物收集池，疏浚灌溉和排水沟渠，实施土地平整、保护性耕作、测土配方施肥、地膜回收示范、河堤生态护岸护坡、河堤绿化带、坡改梯等，推广有机肥、生物农药、秸秆还田，建设生态种植示范区，营造水保林、生态经济林，开展国内、外培训和村民技术培训等（见图34-1、表34-1）。

图34-1 农业综合开发长江绿色生态廊道项目

资料来源：农业农村部。

表34-1 项目基本信息

项目名称	亚洲开发银行贷款农业综合开发长江绿色生态廊道项目
所在地区	湖北、湖南、重庆、四川、云南和贵州6省市47个县（市、区）的142个乡镇
行业领域	农林水利类
项目参与方	亚洲开发银行，财政部，农业农村部农田建设管理司（国家项目管理办公室，以下简称"国家项目办"），云南、湖北、湖南、四川、重庆和贵州六省市财政厅、农业农村厅（省级项目管理办公室，以下简称"省项目办"）及县级项目管理办公室
项目主要内容	现代农业工程、面源污染防治工程、机构能力建设
项目当前阶段	正在实施
多双边贷款机构	亚洲开发银行
贷款所属类型	投资贷款

（二）项目融资信息

本项目亚行贷款金额3亿美元（本息全部由中央财政统借统还），占总投资的66.14%。

目前六省市以及国家项目办已开设美元账户，并陆续进行提款报账。截至2020年12月31日，项目已收到亚行贷款3619万美元。

二 项目贷款的实操流程

2018年，为贯彻落实中共中央、国务院的有关精神，加快推进长江流域生态文明先行示范带建设，提高绿色生态廊道项目建设成效，财政部党组经过认真研究，决定申请亚行3亿美元贷款，在湖北、湖南、重庆、四川、云南、贵州6省市实施农业综合开发长江绿色生态廊道项目。为推进本项目的实施，国家项目办和6省市项目办组织人员、聘请专家和专业的咨询公司，积极开展项目前期调研和可行性论证，最终形成了"利用亚洲开发银行贷款农业综合开发长江绿色生态廊道项目"。2018年9月，财政部和国家项目办及地方有关人员一起，与亚行项目经理和亚行北京代表处有关人员就本项目《执行协议》《贷款协定》《项目管理手册》等文件进行技术磋商和谈判，提出了修改意见并初步达成一致，顺利完成项目谈判和有关文件的草签工作。2018年11月16日，本项目通过亚行执行董事会批准。

财政部授权代表于2019年4月30日签署该项目《贷款协定》，2019年8月26日协定生效。贷款关账日为2024年11月30日。本贷款由财政部负责还本付息付费，相应金额分年度列入中央财政预算。农业农村部可指定人员为本贷款提款签字人，直接向亚行办理提款报账手续。同时根据财政部和亚行的规定和要求，农业农村部为本贷款单独开设一个美元指定账户，并负责管理该指定账户。指定账户的利息收入按照财政部有关规定进行管理和使用。

为做好项目管理工作，农业农村部印发了《农业农村部办公厅关于做好利用亚洲开发银行贷款农业综合开发长江绿色生态廊道项目管理工作的通知》（农办建〔2019〕2号）。通知要求，一是要提高认识，高度重视生态廊道项目实施和管理工作，切实加强领导，明确项目管理人员和职责，落实项目管理经费，认真做好项目实施前各项准备工作，保证项目按时开工建设。二是切实加强沟通协调。各地财政特别是农业综合开发机构为本项目立项实施做了大量工作，按照机构改革要求，主动对接有关部门，理顺职责关系，密切协作配合，共同做好项目承接和后续工作，特别是按照要求及时足额落实地方财政资金投入，为项目顺利实施提供有力资金保障。三是按时完成招标采购和年度计划编制。根据亚洲开发银行项目管理要求，及时开展项目招标代理、技术支持、监测评价等机构的选聘工作，及时编制、备案和批复项目实施计划。按照已经确定的18个月采购计划，落实好年度采购任务，稳步推进项目过程招标采购，为项目顺利开工建设创造必要条件。同时，及时开展培训工作，提高项目管理人员素质和技能，提升项目管理水平。

三 项目贷款的特点

（一）本项目贷款体现的战略

1. 国别行业发展战略

本项目契合亚行发展理念，其实施对改善环境和应对气候变化均有积极响应，也同时符合亚行"2016~2020年国别合作伙伴战略"提出的实现"生态文明"。除此之外，本项目还符合以下亚行发展方向：一是亚行2020战略重点关注的环境友好可持续发展和环境保护及应对气候变化；二是亚行"2011~2020年水运营计划"提出的提高供水服务效率和生产率；三是亚行"2013~2020环境运营指南"提出的促进绿色发展和应对气候变化目标；四是亚行"农业和自然资源运营计划"提出的提高资源使用效率和生产率，并加强食品安全和质量。

2. 本贷款项目的重点战略

一方面，本项目符合我国"十三五"规划和全国农业可持续发展规划：中国"十三五"规划（2016~2020年）提出实现"生态文明"发展目标；全国农业可持续发展规划（2015~2030年）提出的促进农业改革和现代化目标。另一方面，本项目符合《长江经济带生态环境保护规划》等政策规划要求，项目实施可以改善所在区域农业生产基础条件，提高土地综合生产能力、生态承载力和农业农村经济可持续发展能力，提高水源涵养和水土保持能力，有效控制和减轻水土流失与农业面源污染。

（二）本项目贷款的主要特点

本项目贷款的对象为我国政府。我国政府将贷款资金以赠款形式提供给湖北、湖南、重庆、四川、云南和贵州6省市，也将通过6省市以亚行接受的条款将贷款资金以赠款形式提供给6省市47个县（市、区）的142个乡镇。贷款的年限为25年，包括5年的宽限期。年利率是采用基于伦敦银行同期拆利率（LIBOR）来确定的，每年承担0.15%的承诺费。根据上述贷款条件和借款人选择的等额本金还款方式，贷款平均期限为15.25年，每年向亚行支付0.1%的到期风险溢价。

国家项目办和各省项目办在贷款协定生效后立即在一家亚行可接受的商业银行分别开设专用的预付款账户（共7个预付款账户），该预付款账户的币种为美元，且该预付款账户中的资金仅用于合格费用中应由亚行承担的部分。其中国家预付款账户由国家项目办统筹管理，各省账户由省财政部门管理和使用。贷款资金将通过省项目办的预付款账户、根据省项目办提交的市/县/区项目办申请发放。贷款账户中的资金可以用于本项目生效之前发生的由合格子借款人为合格子项目提供的子贷款费用支出，但该费用支出的发生日期不得早于本协定签署日前的12个月，追溯报账的额度不可超过贷款总额的20%。

本项目是亚行支持长江经济带20亿美元投资的第一个项目，该投资将展示生态文明建设的系统方法，以改善长江中上游的水污染控制和水资源管理。一是引入现代和气候智能型农业实践和技术，减少污染，提高生产力，提高气候适应能力。二是通过当地民众的参与，提高他们的能力并改善其生计。三是采取流域干预措施，最大限度地提高环境修复的效益，改善自然资源管理。四是支持跨省合作与协调，改善流域综合管理。五是项目成果推广，作为中国其他流域和发展中国家有效区域合作的范例。

四 项目的产出和成效

（一）项目的主要产出

1. 实物类产出

（1）建立现代化农业体系。该产出将解决目前传统和低效的农业生产体系问题，重点是改善农业生产体系，提高生产力，使其更高效、清洁。具体包括：建设1 326千米的灌排设施，覆盖农田32 900公顷；1 610千米农村和机耕道路；3 535个灌溉蓄水池和其他附属设施；通过建立159个生态农业点，平整土地8 104公顷，对3 287公顷农田进行秸秆还田，对2 320公顷农田进行保育性耕作，支持采取可持续的、适合当地和气候变化的土壤和作物管理实践；提供设备和材料，实施可持续的现代化农业实践，包括23套农机具、80公顷的温室大棚和12 000平方米的柑橘集散场。

（2）废物和环境管理体系得到加强。该产出将解决畜牧和作物废物管理问题，并通过实施水土保持措施来改善环境质量。具体包括：应用和推广作物废物管理体系（塑料薄膜，肥料和农药容器回收）；通过建设沼气池（21 400立方米），村级废物处理设施（20 308立方米）和有机肥加工厂（400立方米）来建立畜禽粪便管理体系；推广使用有机肥和平衡施肥，优化作物养分需求（25 193公顷）；通过新建和改造生态防护林（11 000公顷），种植高产、气候适应性强的经济林（23 425公顷）及坡改梯工程（2 652公顷），促进流域保护和水土流失治理；提供31套设备用于流域污染监测；25 193套病虫害综合治理设备。

2. 非实物类产出

（1）本项目能够弥补支持农业发展资金的不足，进一步加大对农业农村发展的投资力度。同时能够借鉴国外发展现代农业的成功经验，探索我国发展现代农业的途径，引进亚行先进的项目管理理念、管理方法，有助于进一步丰富农业综合开发的管理经验，完善管理模式，健全管理机制，提高项目管理水平，增加项目管理及执行单位在国际中的竞争力。

（2）本项目的实施加强了沿江发展及环境保护的机构技术管理水平和协调能力，同时将会提高农民和农民组织的认识，提高实现更加协调发展的机会。具体包括：加强意识，推广现代农业新技术；支持农业现代化的实施；增强项目省的环境保护，包括体制和机构能力建设；开展研究项目和政策研究，如与环保部、中国环境与发展国际合作委员会共同推行生态补偿政策；推广新技术，如灌溉技术；支持各部门的合作；建立跨省合作协调机制。

（二）项目的成效

（1）建立健全规章制度。组织6个项目省市起草编制了本亚行项目财务管理手册，明确规范了今后5年项目资金和财务管理、会计核算、账户管理等相关工作，手册已提交亚行，为项目实施提供了制度保证。

（2）及时开展招标采购。开展亚行项目管理信息系统（MIS）招标采购工作，并拿到了项目第一份采购批准文件，为整个项目实施开了好头、做了样板、鼓了士气。

（3）积极组织、参与各类培训学习活动。一是按照亚行年度实施计划的要求，组织相关项目管理人员一行13人赴美国开展农业区域生态治理培训，为本项目实施提供国际经验借鉴。二是按照亚行和发改委、财政部要求，按时组织项目省（市、区）人员参加有关会议、学习、培训、研讨等活动，提高业务本领。三是督促地方按照项目管理要求，制定具体的项目管理办法和实施细则，加大基层管理人员培训，湖南、四川、贵州、重庆等省市分别举办了有针对性的亚行项目业务培训会，进一步提升基层项目管理人员工作能力。

（4）开展项目现场观摩交流。2019年12月3日至5日，国家项目办在云南腾冲成功举办现场观摩交流活动，国家、省、县三级项目办共计100多名项目管理人员参加。活动邀请财政部、审计署和亚行北京代表处的有关负责人和专家，针对招标采购、财务管理、外资项目审计等多方面进行政策讲解，组织观摩腾冲市界头镇亚行项目建设情况，并对下一步项目管理工作提出明确要求。亚行就此次活动以及2019年工作整理了备忘录，高度认可国家项目办的工作。此外，省级项目办多次深入项目县调研走访，召开座谈会，了解项目实施情况，解答相关政策和业务方面的疑惑，指导业务人员熟悉外资项目政策程序，及时协调解决各类问题，确保项目顺利推进。

（5）开发建立项目管理信息系统。按照规定，国家项目办牵头组织了项目管理信息的开发工作。在充分调研的基础上，通过公开招标采购委托一家具有亚行项目管理经验的机构开发项目管理信息系统。积极协调相关部门,督促开发机构按时完成信息系统开发、运转、维护等任务,保证项目管理需要。

(6)加快推进账户开设工作。国家项目办与农业农村部计财司密切协作配合,有序推进本项目银行账户开设工作,保证项目建设资金需求。同时,与六省市财政部门保持密切沟通,指导尽快完成美元账户开设工作。6省区和国家项目办已开设美元账户,并陆续进行提款报账。

(7)加快推进项目建设。截至2021年5月中旬,四川、云南、湖南、贵州、重庆5省市项目均已开工建设。各级项目办共签订合同90个、合同金额44 501.29万元人民币,其中土建类合同80个、合同金额43 566.36万元人民币,货物类合同9个、合同金额901.51万元人民币,咨询服务类合同1个、合同金额33.42万元人民币。

五 项目的总结思考

(一)项目创新亮点及进一步优化的思考

本项目的创新点包括:一是在技术层面,项目设计吸收了国际和国内在农业、环境和生态系统改善和管理方面的最佳做法,其中包括气候智能型农业实践、流域水资源综合管理方式,加强流域管理和保护的协调。二是将生态建设和产业发展有机结合,实现可持续的农业高质量发展。三是从产业基础做起,将绿色可持续发展理念贯穿农产品全供应链,实现农业全程全面绿色发展。四是将小农户和合作社、龙头企业统一纳入绿色农田建设中,实现产业链和价值链的有机统一。五是将国内外相关典型的借鉴和引进、国内建设经验的总结和推广结合起来,实现真正的"科学交付"。

(二)项目不足之处及进一步改进的思考

长江经济带各省之间需要进一步改善跨部门的项目协调和经验分享机制,以最大限度的发挥这些项目的协同效应,促进可持续发展。建议提出一个可跨部门交流协助的管理方法,加强各省之间的合作,最大限度地提高各省之间的影响和利益,以实现长江经济带发展规划的总体目标。

国家开发
投资集团

35. 亚洲开发银行贷款京津冀大气污染防治项目

一 项目介绍

（一）基本信息

项目建设内容为针对北京、天津、河北、河南、山东、山西、辽宁、内蒙古八个省区市的清洁能源、节能减排、绿色交通，以及废弃物能源化利用类的合格子项目提供资金支持。目标客户主要包括符合要求的节能环保业主单位、节能环保公司、融资租赁公司、绿色中小企业、早期低碳技术公司等（见图35-1、表35-1）。

图35-1 京津冀大气污染防治项目

资料来源：国家开发投资集团。

表35-1 项目基本信息

项目名称	亚洲开发银行贷款京津冀大气污染防治项目
所在地区	北京、天津、河北、河南、山东、山西、辽宁、内蒙古共八个省区市
行业领域	清洁能源、节能减排、绿色交通、废弃物能源化利用
项目参与方	国家发改委、财政部、环保部、大京津冀地区省政府代表；亚洲开发银行；中国投融资担保股份有限公司；北京银行
项目主要内容	利用亚洲开发银行主权贷款，通过增信担保、委托贷款以及股权投资等多种金融工具，建立绿色金融平台，为京津冀及周边地区的大气污染防治子项目提供金融服务，促进中小企业信用体系建设与区域空气质量改善
项目当前阶段	实施阶段
多双边贷款机构	亚洲开发银行
贷款所属类型	金融机构转贷（FIL）

（二）项目融资信息

本项目贷款总额4.58亿欧元，截至2020年6月30日，累计取款3.32亿欧元（折合人民币约25.61亿元），达到贷款总额的72.48%。

二、项目贷款的实操流程

2016年1月4日，为积极响应国家利用外资战略，全力服务大气污染防治攻坚战，项目方应邀参加由发改委和亚行在亚行驻北京办事处召开的相关工作会，并在会上提出了可为特定领域提供订制金融服务的方案。

在发改委和财政部的指导下，本项目依照国家规定程序报批和推进，主要历程如下：

（一）项目上报及立项

2016年5月30日，项目方向发改委递交《关于请将使用亚行贷款进行大气污染治理项目纳入国际金融组织贷款备选项目的请示》，并于同年6月17日和30日，两次在发改委外资司和财政部国合司联合召开的"亚行贷款京津冀大气污染防治项目工作会"汇报和沟通项目方案，获准项目可以启动。

（二）项目准备

2016年1~7月，项目方多次与发改委、财政部、亚行能源处和金融处就规划支持大气污染防治新金融工具、多层次项目目标指标、风险防控、实施路径方案等进行探讨完善。

（三）多双边贷款机构评估

2016年7月11日~9月2日，亚行完成对项目方尽调，发改委参加并主持实情考察阶段性评估总结会。同年10月4日本项目通过了亚行管理层（MRM）评审会。

（四）项目谈判

2016年10月17日，项目方向发改委递交了资金使用计划报告（FCUP）。2016年11月1~2日，贷款谈判在亚行驻北京办事处举行。

（五）项目审批

2016年12月12日，亚行执董会批准通过本项目。2017年2月23日，国务院批准发改委所报本项目规划。2017年4月25日，发改委批复本项目资金使用计划（FCUP）。

（六）项目实施与执行

2017年5月25日，贷款协定和项目协议签署。2017年8月14日，贷款协定和项目协议生效。2017年10月7日，财政部完成签署转贷协议，项目开始正式实施。本项目实施期限15年（包括宽限期10年），贷款关账日期为2022年9月30日，项目结束日期为2031年12月1日。

（七）项目检查和评价

亚行项目实施期间，项目方将根据亚行要求，按时编制半年度进度报告和年度项目进度报告，定期提交环境与社会管理系统（ESMS）实施报告、环境监测报告等文件资料，通过项目绩效管理系统对亚行项目实施进度、结果和产出进行监测。同时，项目方需每年配合亚行完成春、秋两季审查，接受亚行年度、中期综合评审、审计署年度审计及项目方内部审计，并定期向财政部、发改委等汇报项目进展。

三 项目贷款的特点

（一）本项目贷款体现的战略

1. 国别行业发展战略

本项目目标同《亚行国别合作伙伴战略》（CPS）战略优先发展领域相吻合，后者具体包括管理气候变化和环境、促进区域合作与一体化、支持包容性经济增长、促进知识合作及支持机构和治理改革。此外，本项目战略也与中国在《巴黎协定》中承诺目标相匹配，即在2030年左右达到碳排放峰值，并在2030年前将非化石能源占一次能源消耗的比重提高到20%。

2. 本贷款项目的重点战略

本项目旨在杠杆使用亚行主权贷款，促进目标区域大气质量改善与中小企业信用体系建设，项目目标聚焦《2013~2017年空气污染防治综合行动计划》（CAAP）设定的低碳和清洁能源目标，响应国家利用外资战略，符合国家绿色金融政策及"十三五"规划政策导向。

（二）本项目贷款的主要特点

（1）对象：本项目为北京、天津、河北、河南、山东、山西、辽宁、内蒙古八个省区市清洁能源、节能减排、绿色交通，以及废弃物能源化利用类的合格子项目提供资金支持。目标客户主要包括符合要求的节能环保业主单位、节能环保公司、融资租赁公司、绿色中小企业、早期低碳技术公司等。

（2）期限：本项目于2017年10月正式实施，项目实施期限为15年（含宽限期10年）。

（3）利率：根据本项目《贷款协议约定》，借款人根据各计息期就提取但未偿还的贷款本金按照一定的比例向亚行支付利息，利率为欧洲银行间欧元同业拆借利率+0.50%。借款人每年按贷款未提取部分的0.15%的比率向亚行支付承诺费。

（4）抵质押与担保情况：国投集团针对本项目向财政部提供保证担保。

（5）提款方式：针对委贷资金的提款，项目方就内部审批合格的用款子项目向亚行递交提款申请及相关资料，经亚行审批通过后结汇放款。针对担保损失准备金的提款，项目方需确保为合格子项目提供的担保额度达到亚行放款标准，并提供相关证明及提款申请，经亚行审批通过后结汇放款。

（6）管理方法：项目方设立亚行项目业务中心，对亚行资金进行专项运营和管理。在本项目实施过程中，项目方严格按照亚行及国内相关制度要求，落实项目贷款协议、转贷协议等法律文件与项目管理手册的各项约定，承担资金运营管理盈亏结果。为了安全、规范、有效地使用亚行资金开展项目建设，项目方建立健全针对亚行项目的流程与内部管理制度，同时上线亚行项目信息系统以推进项目提款、绩效评价及相关管理工作。项目方综合亚行及其内部针对子项目的甄选标准和审批流程，从技术、经济、财务、环境等多个维度对申请企业和用款项目进行尽调、初评、审批，确保项目提款工作稳步有序推进。此外，项目方积极配合亚行、财政部及相关部门开展项目检查、绩效管理及审计等工作，同时按照亚行与公司内部合规要求，对已承做项目持续进行贷后跟踪与环保运营监管，积极防范、化解债务风险，及时总结、推广项目实施经验，使亚行项目资金的社会效益、生态效益以及经济效益得到最大发挥。

四 项目的产出和成效

（一）项目的主要产出

1. 实物类产出

截至2020年6月30日，亚行项目平台累计审批通过子项目47个，支持建设子项目39个，实现项目目标地域和目标领域的全覆盖。其中，使用贷款子项目37个，贷款金额21.83亿元；担保支持子项目2个，担保金额5.84亿元。

2. 非实物类产出

作为亚行项目执行机构，项目方通过申请、实施亚行项目积累了丰富的国际项目管理经验，形成了一支践行绿色发展理念、具有国际化视野的专业项目团队。通过培训学习、实践总结，项目团队在技术、环境、经济、财务、外语等方面的综合管理能力不断提升，为未来探索更多国际资金在绿色领域的合作模式奠定了坚实的基础。截至2020年6月30日，项目方亚行项目团队累计参加国际项目管理相关培训十余场，完成储能、绿色交通、光伏发电等细分领域的专题研究报告20多篇，与美国能源基金会开展的绿色金融相关研究课题全部顺利结项。

通过实施亚行项目，项目方的国际竞争力与项目平台的影响力不断增强。通过倡导"基于自然的解决方案"，实施环境与社会管理系统（ESMS）评估、推行环境、社会和公司治理（ESG）投资标准，项目方引入国际先进理念标准并形成本土化实践，实现与国际接轨，有助于推动更多深度国际合作。通过知识分享、成果交流、新闻宣传等方式，亚行项目平台对外影响力初步显现，截至2020年6月30日，项目方已累计主办、参加40多次国内外交流活动，发布新闻稿件超过20篇，本项目获得"亚行2018年度最佳表现项目奖"，并被收录至中国节能协会节能服务产业委员会（EMCA）2019年度节能服务产业工作汇编，同时还入选2019年联合国气候行动峰会"基于自然的解决方案"领域优良实践案例。

此外，本项目的实施有助于进一步规范、优化我国多双边贷款项目的实施与管理，切实提高国际资金使用效益。在亚行项目实施期间，中投保一直与亚行、财政部、发改委等相关机构保持良好的沟通渠道与合作界面，针对项目执行过程中遇到的问题与难点，相关各方能够通过积极协商及时予以协调解决，为后期同类型项目的开展提供了有益的借鉴。

（二）项目的成效

1. 对项目所在地影响

本项目的实施为项目所在地带来了较为良好生态效益。截至2020年6月30日，本项目已支持建设子项目39个，已承做子项目投产后有望每年减少煤炭用量78万吨、汽油用量31万吨；约每年减排二氧化碳235万吨、二氧化硫3万吨、颗粒物7万吨以及氮氧化物0.7万吨，对于区域空气质量改善具有显著推动作用。

2. 对项目所属行业的影响

本项目灵活运用多种投融资方式，积极引导社会资金投入绿色环保领域，大力推动包括垃圾发电、绿色交通、乙醇汽油等战略性新兴绿色行业发展。截至2020年6月30日，本项目共带动社会总投资77.52亿元，贷款资金（不包括担保额）实现直接杠杆放大率300%，担保实现杠杆放大率150%，为相关绿色行业提供了有力的资金支持。

3. 对项目相关方的意义

对于用款企业，特别是绿色中小企业，本项目不仅能为其提供资金支持，还有助于提升其自身"软实力"。通过参与本项目的ESMS专题培训、项目公参辅导等方式，用款企业能够不断强化自身在节能减排技术应用、环境影响评估、财务评价、贷后管理等方面的能力建设，进一步提高融资成功率。截至2020年6月30日，本项目平台累计举办7期能效管理及环境和社会影响评价培训班，有300余人（其中120多位来自中小企业）接受培训。

对于金融机构，在亚行项目框架下开展合作不仅能够提高其参与环境保护的意识，推广绿色发展理念，也有助于促进金融机构联合融资，加大对绿色低碳领域的资金投入。

对于政府机关，作为本项目的指导、管理机构，接受来自亚行项目的反馈，有助于帮助其进一步规范、优化多双边贷款项目管理流程，持续提高扶植绿色融资项目政策的科学性与连续性。

4. 对多双边贷款机构的意义

作为亚行在中国资金量最大的单体项目之一，本项目的实施有效降低了京津冀及周边区域的大气污染水平，有助于亚行实现《亚行国别合作伙伴战略》（CPS）目标。通过密切合作，双方进一步深化合作伙伴关系，为未来共同应对气候变化、促进包容性绿色发展创造有利条件。此外，本项目的承做经验也有助于为其他国家，特别是发展中国家同国际金融机构开展合作、共同促进绿色可持续发展提供创新思路和可行路径。

五 项目的总结思考

（一）项目创新亮点及进一步优化的思考

（1）助力京津冀区域"蓝天工程"，提供全球准公共产品。本项目采用商业化风控理念运营准政策贷款资金，为企业提供相对优惠的融资成本，利用项目收益弥补运作成本及可能的损失，建立长效作用机制，在产生切实的大气污染治理效果的同时实现盈亏平衡与可持续发展。

（2）杠杆使用亚行贷款支持项目投融资，搭建立体低碳领域绿色金融平台。本项目依托项目方专业投资增信服务的杠杆效应优势，最大化亚行贷款的杠杆放大功能。通过与银行、地方平台、融资租赁公司等机构的合作，综合运用各种金融工具撬动更多社会资本进入环保产业，充分发挥各方优势形成多赢格局。

（3）开展定制化金融服务，运用多种形式支持中小企业参与大气污染防治。本项目通过提供担保、融资租赁公司转贷以及与区域担保公司合作等创新型投融资方式为企业提供定制化服务。在融资金额、期限和还款方式上，针对借款人和用款子项目的特点制定相应方案，满足借款人个性化融资需求。

（4）注重平台示范效应，践行绿色可持续发展理念。通过会议分享、成果交流、培训组织等方式，项目方积极推广自身在绿色投融资领域的实践经验，提升相关各方筛选和把控绿色目标项目的能力，促进绿色发展目标的实施。

（5）与国际接轨，遵循倡导环境、社会和公司治理（ESG）绿色投资标准。本项目所支持的每一个子项目，与国际的ESG投资标准保持一致，除经济、财务评估合格之外，还需要对项目的环境影响进行评估。

通过实施、推广国际ESG绿色投资标准，使用款项目得到全方位的评估，一方面可以使国内企业了解国际标准，另一方面可以提前发现问题，降低项目的风险。

（二）项目不足之处及进一步改进的思考

1. 亚行项目承担国家宏观政策变化风险及压力

不同时期，国家政策导向及战略发展规划会根据政治、经济、技术等宏观环境因素作出相应调整，且调整内容、幅度、范围均不可预知。宏观政策的不确定性显著提升了亚行项目在指定目标领域进行投融资等业务活动的风险，同时加大了业务开发和管理的压力。

对于新增业务，不考虑社会效益，仅衡量经济效益的目标领域项目投资经济性欠佳，项目开发难度增大。目标客户群体相对较弱的财务、管理能力以及主管机构监管加码，导致业务开发管理成本增加。

对于存量业务，行业洗牌企业经营风险加大、环保趋严造成部分相关企业停工停产、政府支付部分企业工程款滞后、金融机构减贷、早期项目短贷长投等因素导致部分项目贷后管理投入加大。

此外，新冠肺炎疫情对经济的影响及疫情过后的经济环境，进一步加大了新增业务的开发难度和存量项目风险的不确定性。

进一步改进思考：助力国家政策引导资金，利用准政策资金进行商业化运作的风控理念，平衡社会效益和经济效益，在保障存量项目顺利开展的基础上，加大对重点领域项目的开发力度，做到大项目保安全、小项目做示范、担保增信讲特色。在对存量项目开展风险排查的同时，不断探索创新对绿色企业的支持方式，积极化解新冠肺炎疫情带来的冲击，保证亚行项目平稳运行，努力打造可配合国家生态文明建设战略布局的绿色金融促进平台。

2. 对公众绿色意识的培养有待加强

公众意识对于保持加强生态文明建设成果至关重要。近年来，尽管我国在ESG体系建设等领域频频发力，相应制度也在日趋完善，但在实践方面仍有所欠缺。在亚行项目实施过程中，由于存在公众缺乏对绿色发展理念的理解，所涉金融机构、企业对于ESMS、ESG等环保评价体系认知程度参差不齐等情形，不仅大幅降低项目执行效率，也为所涉机构和企业可持续发展造成很大障碍。

进一步改进思考：在项目实施过程中，加大对绿色发展项目参与方的培训和能力提升，同时，尝试引入科技金融手段，让普通公众参与项目并从中获益，提高公众绿色生活、绿色生产的意识。

宣传片及部分项目展示

《多双边贷款项目案例集》宣传片

宁波城镇生活废弃物收集
循环利用示范项目

安徽巢湖环境恢复项目